长沙马王堆
汉墓文库

《长沙马王堆汉墓文库》编辑出版领导小组

《长沙马王堆汉墓文库》编辑出版领导小组办公室

《长沙马王堆汉墓文库》编辑委员会

长沙马王堆汉墓文库

甲编 01

湖南博物院◎编

马王堆一号汉墓纺织品

（第一卷）

喻燕姣◎主编　李明洁◎著

湖南省哲学社会科学基金重大项目
（『学术湖南』精品培育项目，项目编号 20ZDAJ008）阶段性成果

岳麓書社·长沙

出版说明

1972—1974 年发掘的长沙马王堆汉墓，出土了数以千计又独一无二的珍贵文物，向世人展示了西汉早期在经济、天文、地理、历史、哲学、艺术、医学等方面的辉煌成就，是中国古代文明的历史见证，是世界文明的宝库，被赞誉为“20 世纪中国与世界最重大的考古发现之一”。

发掘 50 年以来，马王堆汉墓一直都是世人和学界关注的重心和热点，多学科的学术研究长盛不衰，经过国内外大批学者的潜心研究，取得了显著成果，可谓硕果累累，某些方面甚至填补了历史空白，改写了传世文献的记载。如今，马王堆汉墓研究已经成为一门显学——马王堆学，一批又一批学界英杰，以其风流文采，壮志情怀，谱写着辉煌灿烂的新篇章。

为总结马王堆汉墓发掘 50 年以来的研究成果，开启马王堆汉墓研究的新纪元，湖南博物院策划出版《长沙马王堆汉墓文库》大型丛书，此项目已纳入湖南省文物保护利用“六大工程”。

《长沙马王堆汉墓文库》编辑出版以“保护、传承、研究、创新”

为基本方针，分甲、乙、丙三编，其内容涵盖马王堆汉墓文物资料、已有的相关研究成果与最新的研究成果。

一、甲编为马王堆汉墓文物资料，对马王堆汉墓出土的所有文物按墓葬、材质进行分类编纂，以弥补马王堆汉墓发掘报告有大量文物没有录入的不足。

二、乙编为已有马王堆汉墓研究成果的选编、汇编、翻译及述评，系已有代表性研究成果的总汇，包括国内外研究马王堆汉墓文物的论文、学术著作等。

三、丙编为最新研究成果，依托马王堆汉墓文物，组织专家撰写相关研究论著。

四、除少数图书以外，一律采用简体汉字横排。

五、每种图书均撰写引论一篇。甲编图书引论，主要简述该书文物出土情况、主要种类、研究现状及本书特色等。乙编图书引论，对该书涉猎的某类研究问题进行综合性的评述。丙编图书引论，则重在阐释该研究课题的研究视角和主要学术观点等。

总目录

目　录

引　论

——马王堆一号汉墓纺织品撮要

湖南博物院、科技考古与文物保护利用湖南省重点实验室　喻燕姣

一、马王堆一号汉墓纺织品出土情况

1972—1974 年，考古工作者在湖南长沙马王堆发掘了西汉初期长沙国丞相、第一代轪侯利苍一家三口的墓葬（图 1），一号墓墓主为利苍夫人辛追，二号墓墓主是利苍本人，三号墓墓主是他们的儿子。三座汉墓共出土了 3000 多件（组）珍贵文物，种类十分庞杂，包括日用饮食器具、乐器、兵器、书籍、衣物（图 2）、食品等，几乎涉及当时社会生活的各个方面，足可反映墓主一家活着时的生活状态，再现了西汉初期上层贵族高品质的物质生活和精神生活。其中马王堆一号汉墓出土纺织品种类之丰，数量之多，工艺之精，部分衣物保存之好，均为中国考古史上罕见。它们全面反映了汉初的纺织成就和工艺水平，被人们誉为“地下丝绸宝库”。

一号墓纺织品在四个边厢和内棺里外均有不少发现，具体分布情况如下：

北边厢：此边厢象征墓主人辛追生前生活的空间，该边厢四壁挂有丝织的帷幔，底部铺有纺织品包裹边缘的竹席。边厢里有 18 件穿有衣服的侍女俑和歌舞俑，有夹袍、绣枕、几巾、香囊

◆ 图 1　马王堆三座汉墓墓坑模型

◆ 图 2 一号墓盛有衣物的竹笥

◆ 图 3 一号墓盛有单幅丝织品的竹笥

各 1 件，枕巾 2 件，鞋 2 双，还有包裹在双层九子漆妆奁和五子漆妆奁外面的 2 件夹袱，以及置于漆妆奁内的丝绵絮巾、手套、镜衣、针衣、组带、丝绵粉扑、丝绸镜擦、辛追印章上的丝带、漆小奁所绷绛色绢等。另有包裹木杖的杖衣、锡铃形器上的丝带、竹熏罩绢边、短柄小扇上的锦条等。

东边厢：出土盛有竽律管的绣袋，置于 65 号竹笥里的 3 个香囊和 1 双鞋，戴冠男俑服饰残件及竹笥上的麻绳。

南边厢：仅有戴冠男俑服饰残件、竹笥上的麻绳和草席的丝织品包缘。

西边厢：此中有 6 个竹笥，保存完整的纺织品和衣物大部分集中在这里。其中 329 号和 357 号竹笥共出土绵袍 11 件、单衣 3 件、单裙 2 件、袜 2 双、袍缘 1 件，340 号、354 号竹笥共出土单幅丝织品 46 卷（图 3），337 号、346 号竹笥各出土有不少丝织品碎块聂币，327 号竹笥出土盛土珠黄棕绢囊 1 件，341 号竹笥出土黄绢盛豆袋 1 件，355 号竹笥出土褐色绢药袋 6 件。置于竹笥上的瑟、竽各套有 1 件锦衣，还有长柄竹扇绢缘、草席绢缘和锦缘、盛放粮食或其他物品的麻布袋及竹笥上的麻绳等。

锦饰内棺的内外：棺内有覆盖和包裹辛追遗体的 22 层丝、麻织物，捆扎包裹遗体的 9 道组带（图 4）及系缚两臂、足履的丝带，脚穿的丝履，辛追手握的香囊，覆盖脸和眼睛上的丝织物，掩鼻的丝织物，遗体周围还填塞一些用绢、罗、绮夹丝绵的丝织物。内棺的部分丝织物，尤其是紧贴遗体的丝织物，因腐朽太甚，无法提取，已不能辨识，

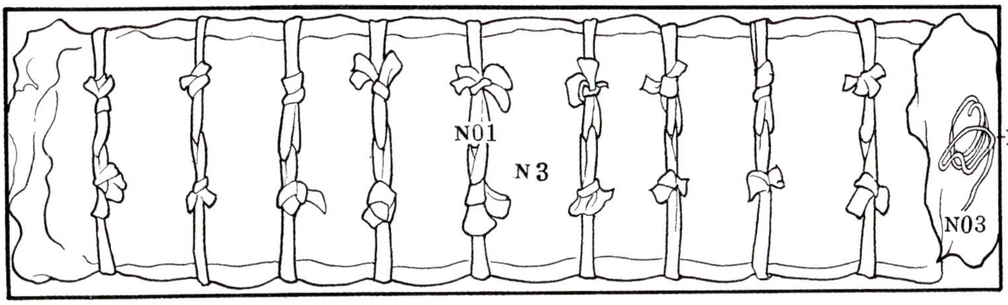

◆ 图 4 一号墓内棺包裹的遗体用 9 道组带捆扎情形

诸如手握的香囊、脸上的丝织物、系缚足臂的丝带等，遗体头上的发饰也有用丝线编连的。内棺外有铺饰在棺板上的铺绒绣、菱形羽毛贴花绢，以及头端夹缝中玳瑁璧上的丝带，棺上辟邪木俑穿的麻衣、丝衣，编连桃木小俑的麻绳，内棺上的帛束及泡钉上的丝织物残片。

这些纺织品大部分为丝织品，包括平纹织物、绞经织物、提花织物、刺绣织物、印绘织物、编织物等几大类，织物品种有绢、纱、罗、绮、锦、绦、组带、麻等，主要有绵袍、夹袍、单衣、单裙、夹袜、手套、鞋、组带、绦带、绵衾、绣枕、香囊、枕巾、几巾、针衣、镜衣、镜擦、瑟衣、竽衣、杖衣、夹袱、聂币、竽律袋、土珠袋、药草袋、盛物袋、帷幔，以及丝绵等四季服装、起居用品、衣物饰品和绢、纱、罗、绮、锦丝织面料等，一应俱全。制作工艺有印染、刺绣、印花、彩绘等。另有一定数量的麻织物，保存较好的均出土于内棺中。边厢中盛放粮食的麻布袋已糟朽，基本无存，捆扎竹笥的麻绳也大多朽烂，保存不佳。

二、马王堆一号汉墓纺织品种类分析

马王堆一号汉墓纺织品所涉及的品种有绢、纱、罗、绮、锦、绦、组带、麻等[①]，下面着重阐述它们的制作工艺、纹饰特色、文化内涵，其中在绢、纱、罗、绮地上刺绣

① 本书研究数据除采用湖南博物院院藏资料外，主要参考了以下著作：a. 湖南省博物馆、中国科学院考古研究所：《长沙马王堆一号汉墓》，文物出版社，1973 年；b. 上海市纺织科学研究院、上海市丝绸公司文物研究组：《长沙马王堆一号汉墓出土纺织品的研究》，文物出版社，1980 年；c. 陈建明主编，王树金著：《马王堆汉墓服饰研究》，中华书局，2018 年。

的丝织品也是我们重点介绍的内容。

（一）绢类

绢是一种平纹组织丝织物，以两根经线和两根纬线一上一下交织组成。汉代的平纹丝织物，一般称之为缟、素，也就是绢，而其细密者则称之为缣。由于疏密程度现已无法确知，绢和缣很难区分，因此在平纹织物中，除将经纬线稀疏得可以看出明显方孔者称之为纱外，其他平素的平纹织物，一概统称之为绢。这是当时使用最普遍的一种平纹丝织物，在出土的各种衣物中，绢的使用最为普遍。

马王堆一号汉墓出土的单幅和成品类绢织物保存较完整的共有 32 件，其中竹笥内出土保存完整的单幅绢织物共 18 幅（图 5），不包括用作绣品地的 4 幅；成品有白绢单衣、绢裙、绢袜、袍缘等；生活用品类有盛土珠的绢囊、盛黄豆类的缣囊、褐色绢药袋及捆扎成幅丝织品的绢扎带等。丧葬礼仪中用的有菱形羽毛贴花绢、黄棕色绢盖鼻等。

除只包含绢品种的绢织物外，绢大量地作为衣物及其他用品类的面、缘、里使用（见附表 28、附表 29），如绢面的青丝履、针衣，手套的掌面、指、腕，镜衣的底、筒，帷幔的缘、襻等以及聂币、器物边缘包裹的绢片、绢条等。结合绢的粗细、经纬疏密程度，可以得出以下规律。大体说来，经密每厘米 100 根以上的细绢，多用作绵袍（包括夹袍）、几巾、枕巾、夹袱等的缘，并用以制作香囊和手套等。经密每厘米 60—100 根的绢，主要见于绵袍、夹袱、几巾和枕巾的里，并用以制作裙、袜等。经密每厘米 60 根以下的粗绢，使用较少，仅见于个别衣物的里部和若干盛物袋（如药草袋）。最粗的绢是作为一号汉墓 441 号单层五子漆妆奁夹袱的里，经密每厘米为 34 根。

◆ 图 5 褐色绢及立体显微镜照（院藏编号 6235，分类号 340-8）

◆ 图 6 藕色方孔纱及立体显微镜照（院藏编号 6262，分类号 340-2）

（二）纱类

纱是指经纬丝加捻，密度稀疏得呈现方孔的平纹组织，即所谓的“假纱罗织物”。马王堆一号汉墓出土的完整的单幅纱共有 7 幅。其中有藕色纱 4 幅（图 6）、印花敷彩纱 1 幅和金银色火焰纹印花纱 2 幅。7 幅纱的经纬丝都较均匀，密度相同或相近，经密每厘米 58—64 根，纬密每厘米 40—58 根，纱孔方正，质地轻薄，厚度为 0.05—0.08 毫米。每平方米纱重较轻的仅略高于 12 克。边维为双经单纬，两边有明显的幅撑眼。纬丝强捻，捻向一致，多为 Z 向；经丝弱捻，呈 Z、S 向交错的不规则排列，因而幅面有皱纹现象。这种结构精密细致、方孔均匀清晰的纱，纺织时如果没有纺车和筘，那是不能设想的。

马王堆一号汉墓竹笥中出土的用纱制作的衣物共有 5 件。其中 329-5 号和 329-6 号 2 件为素纱单衣，329-12 号、329-13 号、329-14 号 3 件丝绵袍的面都是用的印花敷彩纱（见图 4.2.2.15- ③印花敷彩纱制作示意图）。由此可知，纱在当时是一种只在一定用途上使用的质量较好的织物。

除了单幅纱及成衣之外，还有纱类聂币等。另外，马王堆一号汉墓内棺从外至里的第二层、第六层是用印花敷彩纱做面料的绵袍和绵衾（见附表 8、附表 11）。

（三）罗类

罗是一种质地轻薄、丝缕纤细、绞经线与地经线相互绞转形成网纹的绞经提花织物。马王堆一号汉墓边厢竹笥出土了 8 件整幅的菱形纹罗料，3 件菱形纹罗丝绵袍，以罗为地的“信期绣”绵袍 3 件、衣料 2 件。其他有手套、香囊、聂币、夹袍、部分着衣俑服

①Ⅰ型菱形纹罗纹样图

②朱红色菱形纹罗局部纹饰（院藏编号 6252，分类号 354-1）

◆ 图 7 Ⅰ型菱形纹罗纹样图及局部纹饰

饰、帷幔残片、针衣是以菱形纹罗为料制作而成的。内棺出土朱红色菱形纹罗丝绵袍 1 件（见附表 23），以罗为地的绵袍、夹衣、单衣 4 件（见附表 12、附表 14、附表 22、附表 26），另内棺有填塞遗体四周空隙的夹丝绵菱形纹罗残片及一些无法归类的罗类残片（见附表 30）。

马王堆一号汉墓出土的罗全部都是菱形纹罗，图案为纵向的瘦长菱形，两侧各附加一个不完整的较小菱形，通过叠加组合形成的纹样，形状与俯视的耳杯相似，所以也称为杯纹。菱形纹线条简洁明了，有一种向四周无限延伸的张力，寓意着繁衍生息、福寿延绵，因此也成为汉代丝织物主要的装饰纹饰。它以粗细线条构成耳杯状菱形图案，虚实两行相间排列，粗花纹线条挺秀，菱环相扣，大小套叠组成四周对称的图案；细花纹工整精细，上下对称，图纹清晰可见，地部网孔雅致均匀，花地分明。罗的经纬密度一般为每平方厘米100根×35根左右，也有较稀疏的，如竹笥340-20号和340-21号两幅罗，为每平方厘米64根×40根，菱形图案虚实两行相间排列，全幅实纹11—14个单元，虚纹11—13个单元，每一单元长5厘米左右，宽2厘米左右，两侧邻近边维的往往稍大。这些罗的菱形图案，轮廓基本相同，内部结构可分为两型。

Ⅰ型：菱形瘦长，粗花纹上下、左右对称，双耳内有单菱形“田”字纹左右对称的耳杯图案，上下则以双菱形“田”字纹图案对称。细花纹以双菱形“田”字纹图案为

①Ⅰa 型菱形纹罗

②内棺菱形纹罗残片局部纹饰（院藏编号 MS4422）

◆ 图8 Ⅰa 型菱形纹罗纹样图及局部纹饰

①Ⅰb 型菱形纹罗纹样图

②褐色菱形纹罗丝绵袍局部纹饰(院藏编号 6284，分类号 357-1)

◆图 9 Ⅰb 型菱形纹罗纹样图及局部纹饰

中心，上下、左右图案对称（图 7）。褐色菱形纹罗丝绵袍（357-4）、褐色菱形纹罗手套（443-2 ①②）、诸多聂币及成幅衣料等使用这种花纹。

Ⅰ型菱形纹罗，根据细花纹的不同，还可以分为Ⅰa 型和Ⅰb 型。

Ⅰa 型：粗花纹和Ⅰ型一致，细花纹略有差异。细花纹以双层菱形图案为中心，左右图案呈单菱形“田”字纹对称（图 8）。此种图案内棺朱红色菱形纹罗丝绵袍上可见（见附表 23）。

Ⅰb 型：此种图案发现在褐色菱形纹罗丝绵袍上（357-1）。粗花纹和Ⅰ型一致，细花纹以双层菱形图案为中心，左右花纹呈菱形对称（图 9）。

II 型：粗花纹双耳上下、左右对称，内部由菱形纹构成。细花纹上下对称，图案中心以变体“3”字纹贯穿上下，左边为双菱形“田”字纹，右边则为单菱形“田”字纹，呈现一种不对称的美感（图 10）。这种花纹罗在马王堆一号墓中多见，如成幅的褐色菱形纹罗（340-20）、黄褐色菱形纹罗香囊（65-4）等均属于此。

从织造技术来看，罗的工艺是比较复杂的。地纹部分为大罗孔，四纬一个循环，菱形纹部分为小罗孔，两纬一个循环。用在衣服上的菱形纹罗较细密，香囊等物品上的较稀疏。以 340-18 菱形纹罗为例，一个组织循环有经丝 332 根、纬丝 204 根。经丝中，地经和绞经各占一半，即均为 116 根，二者相间排列。地经有 81 根是对称的（在实纹处），

①II 型菱形纹罗纹样图

②褐色菱形纹罗局部纹饰（院藏编号 6256，分类号 340-18）

◆ 图 10 II 型菱形纹罗纹样图及局部纹饰

需41个提升动作，其余85根为非对称性的动作，共需126个单独提升动作加以控制。而绞经则可由绞经综统一控制。纬丝的半数系绞经动作，可由踏木控制，另外102根因图案上下对称，需52个动作。据推测，这样错综复杂的动作，上机时需要有提花束综装置和绞经综装置相配合，并需二人协同操作，一人专司绞综和下口综踏木，并投杼工作，另一人专司挽花，才能织成这种罗孔清晰、花地分明的菱形纹罗。

罗作为当时较好的丝织物，在出土衣物中使用较少，一号汉墓边厢中绵袍、夹袍、香囊、手套、帷幔等10多件衣物、用具使用罗作为面料（见表1），其中6件用作“信期绣”的地。7件袍的用料，表面为菱形纹罗，其中4件用罗作“信期绣”的地。值得注意的是，在马王堆汉墓出土的菱形纹罗织物只用作“信期绣”的地。

表1　马王堆一号汉墓出土完整衣物、用具使用菱形纹罗情况表

序号	分类号	名称	部位	经纬密度（根/平方厘米）	备注
1	65-2	香囊	腰	88×30	信期绣
2	65-4	香囊	腰	76×34	信期绣
3	357-1	绵袍	面	120×40	/
4	357-4	绵袍	面	120×40	/
5	329-8	绵袍	面	88×32	/
6	329-10	绵袍	面	96×34	信期绣
7	329-11	绵袍	面	120×38	信期绣
8	357-2	绵袍	面	96×34	信期绣
9	437-1	夹袍	面	96×34	信期绣
10	443-2	手套	掌面	112×32	
11	443-3	手套	掌面	104×38	/
12	476	帷幔	面		/
13	337-2③	聂币	面		
14	443-12	针衣	里		

（四）绮类

绮是使用一组经丝和纬丝交织的单色、素地、生织、练染的提花织物，属于平地起斜纹花类的织物。质地较松软，光泽柔和，色调匀称。《说文解字》将绮定义为一种有图案的纺织物，即：“绮，文缯也。”《释名·释采帛》则云：“绮，攲也，其文攲邪，不顺经纬之纵横也，有杯文形似杯也，有长命其彩色相间，皆横终幅，此之谓也。言长

①菱形纹绮纹样图

②菱形纹绮局部纹饰（院藏编号 6269，分类号 340-1）

◆ 图 11 菱形纹绮纹样图及局部纹饰

命者服之使人命长，本造者之意也。有棋文，方文如棋也。”[①] 这些记载说明，花纹图案不顺经纬方向，而由斜向线条构成，是绮的重要特征，也是绮独特的设计美学。因为绮以斜向线条构图为特点，所以菱形纹为主的各类几何纹构成绮中常见的纹饰单元。马王堆一号汉墓出土的绮类织物相对较少。竹笥内出土完整的绮有 3 幅，其中 2 幅为菱形纹绮，1 幅为对鸟菱形纹绮。以绮地刺绣的成品仅见香囊（65-1）、竽律衣（78-1）、枕巾（446）3 件，以及着衣俑上的菱形纹绮残片。内棺有 2 件绵衾是在绮地上绣“乘云绣”（见附表 9），现均为残片。另内棺还有 50 多片对鸟菱形纹绮夹丝绵残片（见附表 31），最大的尺寸为长 34 厘米，宽 33 厘米（院藏编号 ZMS2031）。

① ［清］王先谦撰集：《释名疏证补》，上海古籍出版社，1984 年，第 225、226 页。

菱形纹绮花纹为粗细线条组成的重层菱形，两侧各附加一个较小的菱形，图案单元纵横呈连续式排列，横贯终幅（图 11）。其图案形状与俯视的耳杯相似，文献记载中所说的“七彩杯纹绮”，或即指此。因菱形纹可以无限向四方扩展连续，也被称为“长命纹”，是一种吉祥纹饰。

对鸟菱形纹绮是对鸟变形纹和花卉纹相结合组成的菱形四方连续图案纹饰，在汉绮织物上第一次出现。以一号墓出土的黄褐色对鸟菱形纹绮（340-25）为例，此绮经纬密度为每平方厘米 100 根 ×46 根。图案为纵向的连续菱形纹，再在菱形内填以横向的花纹，每组三层，分别为对鸟和两种不同的菱形花草纹。全幅 6 组，每个菱形纹长 6.2 厘米，宽 4.8 厘米。在一个花纹循环内，上下左右以细线条回纹组成菱形几何图案，竖向用上下对称形以平纹式分成两排，对鸟纹、两种菱形花草纹交替分布在菱形线条框内，纹样达到变化多样、生动活泼的效果（图 12）。这种对鸟菱形纹绮的组织，地部为平纹，单层平织，

①对鸟菱形纹绮纹样图

②对鸟菱形纹绮局部纹饰（院藏编号 6271，分类号 340-25）

◆ 图 12 对鸟菱形纹绮纹样图及局部纹饰

花纹为三上一下右斜纹经面组织，由于花纹组织循环大，一般素机无法织制，要用提花束综装置才能达到织制要求。

（五）锦类

锦是由两根或两根以上的经丝和一根纬丝交织的二重织物，经线起花，织纹精巧，色彩有两色、三色，以两色为多，经密纬疏，紧实华丽，是战国至西汉初年发现的丝织品中非常珍贵的一种，比其他种类的丝织品价值要高。从出土实物和古文献的记载来看，到战国时期，锦的纹饰已经非常多样化了，且颜色鲜艳。至汉代，锦的种类和工艺都有新的进步。

马王堆一号墓出土鹿纹锦、花卉纹锦、波折纹凤纹锦、茱萸纹锦、几何纹锦、几何纹绒圈锦等几种。除几何纹绒圈锦外，其余种类不见运用于出土的成品服饰。

从出土的位置来看，锦类织物主要出土于边厢竹笥、边厢成品服饰及内棺中。

边厢竹笥：一号墓西边厢 340、354 号竹笥中出土花卉纹锦、波折纹凤纹锦、几何纹锦三种 4 幅，均成卷放入竹笥内，作为衣料陪葬。

边厢：边厢出土成品用锦的情况，一号墓茱萸纹锦仅见于北边厢出土的绣枕两侧，鹿纹锦见于西边厢瑟衣、竽衣，几何纹锦见于木俑服饰，几何纹绒圈锦见于香囊、镜衣的底部和绵袍、夹袍、几巾、枕巾的边缘。西边厢 329 号、357 号竹笥中出土 3 件保存完好的以几何纹绒圈锦为缘的绵袍（329-10、357-3、357-5）。

内棺：发掘报告记载一号墓内棺中包裹遗体的纺织品、遗体贴身所穿衣物及覆盖物共 22 件，其中可明确有 2 件绵衾（内 3）、2 件绵袍（内 14、内 32）用几何纹绒圈锦为缘，经过研究分析，内 7 罗地“信期绣”丝绵袍也用几何纹绒圈锦为缘。由于内棺衣衾保存不好，作为衣衾缘的锦大多为残片，无法归类（见附表 32）。

这些锦类织物均用桑蚕丝，经染色后织造。经丝的排列有两根为一组，或三根为一组，也有甲、乙、丙、甲、丙五根为一组的。锦经密每厘米 112—156 根，纬密每厘米 40—58 根。绒圈锦一般为四组经丝，经密每厘米 176—224 根，纬密每厘米 41—50 根。

绒圈锦是马王堆汉墓出土丝织物中织造工艺最高级、最复杂的种类。第一次使用了双经轴机构，并巧妙利用织“假纬”方法起绒，是汉代新出现的一种创造性的工艺织锦品种，它是以多色经丝和单色纬丝交织而成，织物表面的几何纹图案部位，呈现立体效果的环状绒圈。这种绒圈锦为后世织造漳绒、天鹅绒等织物提供了成熟的技术条件。根据绒圈锦上各种几何纹的组合、疏密、有无地纹等，可将绒圈锦纹样大致分为以下四型。

Ⅰ型：残片上观察到有 4—5 种几何图形，均以空心线条勾勒，几何纹在纵向上循环重复。此型图案排列整齐有规律，主要见于一号墓出土几何纹绒圈锦衣衾缘残片

①Ⅰ型几何纹绒圈锦纹样图

②内棺衣衾缘局部纹饰（院藏编号 6423，分类号内 15-1）

◆ 图 13 Ⅰ型几何纹绒圈锦纹样图及局部纹饰

上（图 13）。

Ⅱ型：几何纹呈斜排有规律排列，每斜排 2—4 种纹饰循环。从现存残片观察，每片所选取的几何纹无明显规律，纹饰相对其他绒圈锦更密集和复杂。近距离看纹饰多样，远距离看成行成列，整齐规律（图 14）。此型绒圈锦纹饰见于一号墓北边厢绣花夹袍领缘、袖缘（院藏编号 6282，分类号 437-2）。

①Ⅱ型几何纹绒圈锦纹样图

②北边厢绣花夹袍腰带局部纹饰（院藏编号 6282，分类号 437-4）

◆ 图 14 Ⅱ型几何纹绒圈锦纹样图及局部纹饰

Ⅲ型：此型绒圈锦在纵向上排列 1—2 种几何纹，在横向上有几何纹样 20 多种，几何图形之间饰以断续的虚线点纹，使得每个纹样都在一个近似菱形的格子中（图 15）。此型绒圈锦纹饰见于一号墓内棺几何纹绒圈锦残片（院藏编号 6360，分类号内 9 叠内 6）和北边厢五子漆妆奁内的镜衣（院藏编号 6317，分类号 441-3）等。

Ⅳ型：此型绒圈锦在Ⅲ型的基础上增加了地纹，地纹为曲折的菱形纹，几何绒圈锦纹饰分布其间，排列相对较稀疏。绒圈锦纹样与地纹相映衬托，错落有致，层次分明（图 16）。此型绒圈锦纹饰见于一号墓 357 号竹笥出土的绛紫色绢地“长寿绣”

①Ⅲ型几何纹绒圈锦纹样图

②五子漆妆奁内镜衣底部局部纹饰（院藏编号 6317，分类号 441-3）

◆ 图 15 Ⅲ型几何纹绒圈锦纹样图及局部纹饰

①Ⅳ型几何纹绒圈锦纹样图

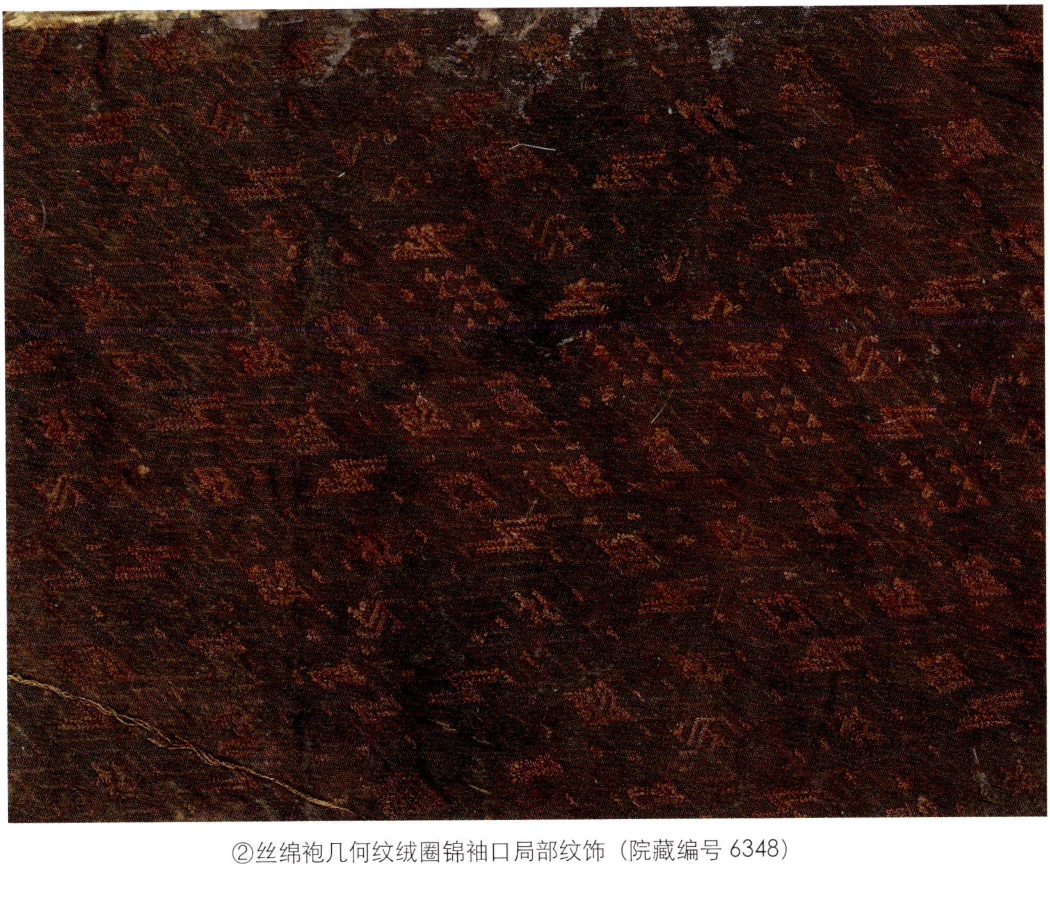

②丝绵袍几何纹绒圈锦袖口局部纹饰（院藏编号 6348）

◆ 图 16 Ⅳ型几何纹绒圈锦纹样图及局部纹饰

丝绵袍锦缘（院藏编号 6290，分类号 357-3）和一号墓丝绵袍几何纹绒圈锦袖口（院藏编号 6348）等。

（六）绦类

绦是装饰衣物用的一种丝织窄带。一号墓出土衣物中所用的绦有两种。

一种为“千金绦”。因为这种绦上织有篆书的“千金”二字，而一号汉墓出土的饰有这种绦的三副手套，简 266、267、268 称之为“千金绦饰”，故名。三副手套的掌面上下及锦饰内棺上的羽毛贴花绢边缘所用“千金绦”较窄，宽仅 0.9 厘米。绦面分成三行，各宽 0.3 厘米，纹样由“千金”文字、雷纹和波折纹三种组成（图 17）。每 5.8 厘米、6.2 厘米或 6.5 厘米一个反复，阴阳纹交替。阴纹者，中行在白地上织出绛红色的细线和两处白文“千金”字样，“千金”字样的上下和中间大体等距，两边则是在绛红色地上织出白色的细线和两个雷纹，雷纹与“千金”字样左右相应；阳纹者，与此正好相反。阴纹和阳纹的中行，除织出“千金”字样外，又有黑线组成的波折纹。

◆ 图 17 褐色菱形纹罗手套上的“千金”绦带（院藏编号 6298，分类号 443-2）

◆ 图 18 内棺内 26 麻布包裹层上的“千金”绦带（院藏编号 6551，分类号内 30-16）

棺内包裹遗体的灰色麻布（内 26）上所饰“千金绦”较宽，达 2.7 厘米。绦面也分三行，各宽 0.9 厘米，阴阳纹交替，每 4.5 厘米一个反复。织纹与较窄的一种基本相同（图 18）。

一种为褐色波折纹绦。宽 1.6 厘米。绦面分成三行，各宽 0.5 厘米，每 5.25 厘米一个反复。一段的两侧，在白地上织出黑细线，中行在绛红色地上织出黑线组成的波折纹，波折处又有两处并列的三条白色横杠。一段的两侧，在白地上织出绛红色细线，中行在白地上织出黑线组成的波折纹，波上又有两处并列的三条绛红色横杠。棺内包裹遗体的内7层罗地“信期绣”丝绵袍残片、内17朱红色菱形纹罗地丝绵袍上饰有这种绦（图19），包裹九子漆奁的绢地“信期绣”夹袱（443-1），上有褐色波折纹绦带，简256提到该夹袱时称为“繻缓绦饰”。

①“信期绣”夹袱上的褐色波折纹绦带（院藏编号6310，分类号443-1）

②内棺内17朱红色菱形纹罗地丝绵袍上的褐色波折纹绦带（院藏编号LMS4620）

◆ 图19 褐色波折纹绦带

褐色波折纹绦与“千金”绦均属于编织物的结构类型，它们只有经线，没有纬线，即用一组左经线与一组右经线呈45°角相互编织，利用双层组织结构原理，编成图案和文字的花纹，以使其华丽美观。

（七）组带类

见于出土物中的，有捆扎辛追遗体包裹的九条组带（N01），是缝成筒状的纂组织物。长150—180厘米，宽13厘米左右，用褐色和黄色的丝质经线纂织而成，织纹周正，为几何纹（图20）。另外，九子漆奁盛放的淡黄色组带（443-5）一条，也为纂组织物。

◆ 图20 组带（院藏编号6519，分类号内25-2）

（八）麻布类

一号墓麻织品未发现单幅的。边厢中的麻布袋残损严重，仅剩余数小块。棺内包裹尸体的衣衾中有三层为麻织物，即从外至里第十、二十、二十一层，共计 59 块，是出土麻纺织物保存最好的实物。肉眼分辨有四种，灰色细麻布一种、白色细麻布两种、褐黄色粗麻布一种。灰色细麻布 18 块（见附表 15），白色细麻布共 35 块（见附表 24、附表 25），粗麻布 6 块（见附表 24）。

（九）刺绣品类

马王堆一号汉墓出土的刺绣是在绢、纱、罗、绮等丝织物上，以针刺添加彩色丝线，绣出各种绚丽彩色的花纹，品种多样，保存较好，证实了西汉时期刺绣的发达。与同墓出土的遣册记载进行对照，可知其中纹样最多的是“信期绣”“长寿绣”和“乘云绣”。根据对 21 件保存较好的衣物和内棺所出 13 件衣衾残片的统计，属“信期绣”的最多，有 19 件，其中 12 件用罗做坯料，6 件用绢做坯料，1 件用绮做坯料；“长寿绣”7 件，全用绢做坯料；“乘云绣”8 件，其中 3 件用绮做坯料，5 件用绢做坯料。此外，在“聂币”笥中见有用纱做坯料的“信期绣”，但数量极少。“信期绣”图案纹样，单元较小，线条细密，做工精巧，并用较好的罗做坯料，而另外两种绣的图案纹样，单元较大，线条比较粗放，不用罗做坯料。可见这三种绣是当时社会上流行的高贵绣品，而“信期绣”更是刺绣中的上佳珍品。马王堆汉墓出土的各类精美绣品，针法细腻流畅，艺术性比锦更高。除见于遣册记载的三大绣外，还有茱萸纹绣、方棋纹绣、蚕纹绣。纹样均运用锁绣法绣出。锁绣针法为第一针刺在花纹的开端，由底部向上单线起针，将绣线绕成一个圈形，在第一针的附近下第二针，在圈内的第一、二针的上方起针，便形成锁绣的第一环，依次循环往复，绣出图稿设计的线条，这种针法是由绣线环圈套锁而成，绣纹效果酷似一条锁链，因此称为锁绣法，又因为绣纹的外观像辫子形，所以俗称辫子股绣（图 21）。[①] 锁绣擅长表达整洁流畅的线条，绣面规整，同时又添出无限生机。以锁绣法用绛红、朱红、土黄、金黄、深蓝、藏青、橄榄绿、草绿等各色丝线，绣出穗状

① 傅举有：《同云霞媲美 与日月争辉——百年来考古发现的汉代刺绣（上）》，《收藏家》2011 年第 12 期。

流云、卷草、花蕾、叶瓣、凤鸟等。粗细线条结合，明纹暗纹相间，花纹既瑰丽奇特，又飘逸浪漫。这些都显示了汉代刺绣的艺术性和熟练的技巧。刺绣品类最多的为以下三种。

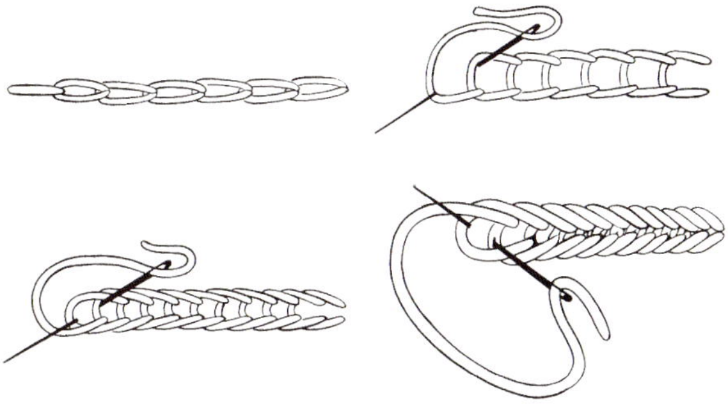

◆ 图 21 锁绣针法示意图

1. 信期绣

“信期绣”图案用朱红、棕红、深蓝、深绿、橄榄绿、绛红、紫灰和金黄等多色丝线，绣成穗状流云纹、卷枝花草纹等。“信期绣”穗状流云纹中有似燕的长尾鸟图案，燕为信期归来的候鸟，故遣册称之为“信期绣”。单元图案较小，针脚一般长 0.1—0.2 厘米。整体以云气纹为主，以变形卷枝花草纹为辅，烘托鸟纹，极富艺术色彩与浪漫情调。根据花纹繁简的不同，可以将其分为三型。

I 型：图案单元长 9.5 厘米，宽约 7.5 厘米。以朱红、浅棕红、深蓝、深绿色丝线绣成。主要特点是图案单元仅有两朵穗状流云，上面一朵为浅棕红色，云头一侧与深蓝色卷枝花草相连，下面一朵为朱红、深绿二色。两朵流云周围是卷枝花草，基本为深蓝色或深绿色，间以若干朱红色的叶瓣。“信期绣”中，此种类型的花纹出现最多，一号墓 354 号竹笥中就出土有多幅（图 22），部分绣线已褪色。

II 型：图案单元长 11.5 厘米，宽 5.5 厘米。以绛红、朱红、黄色丝线绣成。“信期绣”的针脚长 0.16 厘米，线径长 0.05 厘米。主要特点是图案单元的穗状流云有三朵，其形态写意，似长尾燕，中间一朵为绛红，上下两朵均为黄、绛二色，流云周围的卷枝花草基本为黄色，间以若干朱红色叶瓣（图 23）。此型“信期绣”见于马王堆一号墓 329-10 菱形纹罗地“信期绣”丝绵袍和内棺内 14 黑色菱形纹罗地“信期绣”丝绵袍上。

III 型：图案单元长 14 厘米，宽 9 厘米。以深蓝、浅棕红、紫灰与橄榄绿四色绣成。主要特点是图案单元有两朵比较肥大的穗状流云纹，纹饰饱满飞扬，色彩层次丰富。上面一朵为浅棕红色，云头一侧与深蓝色卷枝花草相连，下面一朵为橄榄绿色。流云周围的卷枝花草基本为橄榄绿、紫灰和深蓝色。此型“信期绣”目前在一号墓内棺内 11 绢地“信

①Ⅰ型“信期绣”纹样图

②绢地“信期绣”局部纹饰（院藏编号 6233，分类号 354-20）

◆ 图 22 Ⅰ型“信期绣”纹样图及局部纹饰

①Ⅱ型“信期绣”纹样图

②菱形纹罗地“信期绣”丝绵袍局部纹饰（院藏编号 6287，分类号 329-10）

◆ 图 23 Ⅱ型“信期绣”纹样图及局部纹饰

①Ⅲ型“信期绣”纹样图

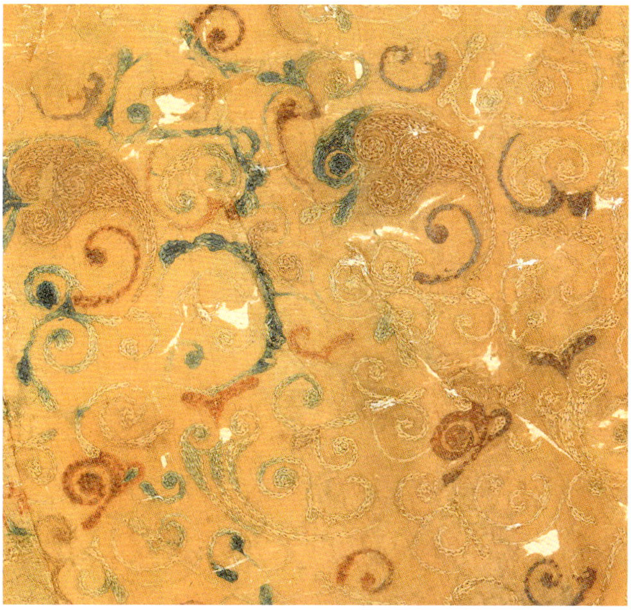

②内棺绢地“信期绣”单衣残片局部纹饰（院藏编号 6415，分类号内 11-2）

◆ 图 24 Ⅲ型“信期绣”纹样图及局部纹饰

期绣”单衣（图 24）上有发现，部分绣线已褪色。

2. 乘云绣

“乘云绣”名称来自随葬遣册，因为绣有这种类型花纹的枕巾，在遣册上均称为“乘云绣”。该绣采用锁绣法以朱红、浅棕红、橄榄绿、深绿、金黄、深蓝等多色丝线绣出飞卷的流云和云中隐约露头的凤鸟，寓意“凤鸟乘云”。根据花纹繁简的不同，可以将其分为五型。

Ⅰ型：图案单元长 17 厘米，宽 14.5 厘米。采用锁绣法以朱红、棕红、浅绿和深绿等多色丝线绣成。纹样中有带凤眼状的桃形花纹、S 形花纹和云纹，其中桃形花纹与 S 形花纹皆以凤眼对称。几何纹、植物纹和动物纹相互交替分布，构图形式为二方连续，单元纹样分布错落有致，线条配置匀称，画面生动活泼。属于此型的“乘云绣”有竽律衣（78-1）、枕巾（446）和内棺的 2 件绮地“乘云绣”绵衾（内 3）等（图 25）。

Ⅱ型：采用锁绣法以棕红、深绿、紫灰、深蓝和草绿等色丝线绣成。其整体结构与

I 型相同，但凤首与细节有所不同。凤首变窄长，整体线条较 I 型更粗犷些。桃心形凤首一侧为嘴，吐出祥云，靠近深绿或深蓝色祥云骨架的一侧，为回钩状桃心形状，S 形纹样以眼睛为轴对称分布，此型绣品在一号墓几巾（444）、内棺内 8 绢地“乘云绣”单衣上有典型纹样（图 26）。

①Ⅰ型“乘云绣”纹样图

②内棺绮地“乘云绣”绵衾残片局部纹饰（院藏编号 6373，分类号内 3-1）

◆ 图 25 Ⅰ型“乘云绣”纹样图及局部纹饰

①Ⅱ型“乘云绣”纹样图

②内棺绢地“乘云绣”单衣残片局部纹饰（院藏编号 6474，分类号内 8-13）

◆ 图 26 Ⅱ型“乘云绣”纹样图及局部纹饰

III型：凤首纹样明显区别于II型纹样，与II型纹样相较，以眼睛为轴对称的S形纹样变化为C形，靠近靛蓝色云纹的一侧为圆弧形。此种纹饰的“乘云绣”，也见于一号墓内棺内8绢地“乘云绣”单衣上（图27）。

Ⅳ型：“乘云绣”纹样中凤首纹样的轮廓由两个圆弧形相对而成，眼部呈水滴形。此型“乘云绣”在一号墓内棺内8绢地“乘云绣”单衣上也有发现（图28）。

①III型“乘云绣”纹样图

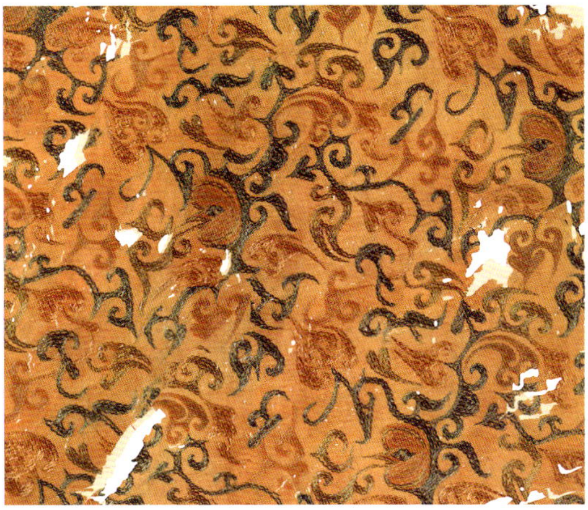

②内棺绢地“乘云绣”单衣残片局部纹饰（院藏编号6394，分类号内8-1B）

◆ 图27　III型“乘云绣”纹样图及局部纹饰

①Ⅳ型“乘云绣”纹样图

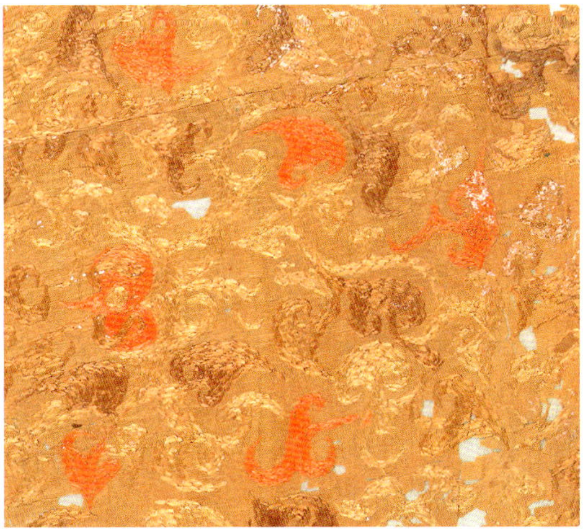

②内棺绢地“乘云绣”单衣残片局部纹饰（院藏编号6473，分类号内8-12）

◆ 图28 Ⅳ型“乘云绣”纹样图及局部纹饰

①Ⅴ型“乘云绣”纹样图

②内棺绢地“乘云绣”丝绵袍残片Ⅴ型“乘云绣”局部纹饰（院藏编号 6487，分类号内 13-1）

◆ 图 29 Ⅴ型“乘云绣”纹样图及局部纹饰

Ⅴ型：在残片中没有发现整片规则的单元纹样，零星出现于残片中，此纹样以凤首眼部为圆形、尖嘴，眼周绣出以圆眼为对称的图形，似两个尾尾相对的桃心形。此型“乘云绣”在一号墓内棺内 8 绢地“乘云绣”单衣、内 13 绢地“乘云绣”丝绵袍上有发现（图 29）。

3. 长寿绣

“长寿绣”名称来自随葬遣册，因为在一号墓中绣有这种纹样的几巾（439）、镜衣（443-7）和夹袱（441-1），在遣册中均称之为“长寿绣”，故名。该绣品是在绢上用绿、黄、红、青、灰、蓝等色丝线，以锁绣针法绣出穗状流云纹、花蕾、枝叶及流云中的凤鸟纹、龙首纹。马王堆汉墓出土的各种刺绣品中，“长寿绣”图案单元中的穗状流云最为丰富。根据花纹繁简和细部的不同，发掘报告将“长寿绣”分为四型。

Ⅰ型：图案单元长 23 厘米，宽 16.5 厘米。含有十余朵穗状流云、藤蔓式卷草、花蕾和单花蕾冠的凤鸟纹等。图案单元中的凤鸟纹、略呈“品”字形分布的三种穗状流云和单元中部有两组三个圆点等特征，是Ⅰ型“长寿绣”的典型特点。这种类型的“长寿绣”花纹在一号墓中出现最多，如有几巾（439）、镜衣（443-7）和夹袱（441-1），以及棺内包裹遗体的绢地“长寿绣”绵衾（内4）等，都属于此型“长寿绣”（图30）。

Ⅱ型：图案单元长21厘米，宽15.5厘米。用朱红、绛红、橄榄绿和深蓝等多色丝线绣成。穗状流云为绛红、橄榄绿二色，流云间填以深蓝色的云纹，以及若干朱红色的花蕾和叶瓣。单元中央有一带蓝色眼状的朱红色龙首花纹，是其显著的特点。这种类型的“长寿绣”，仅见于一号墓内棺覆盖在遗体包裹上部的内1层绛红绢地“长寿绣”丝绵袍上（图31）。

①Ⅰ型“长寿绣”纹样图

②内棺绢地“长寿绣”丝绵袍残片局部纹饰（院藏编号6433，分类号内4-12）

◆ 图30 Ⅰ型“长寿绣”纹样图及局部纹饰

①Ⅱ型“长寿绣”纹样图

②内棺绢地“长寿绣”丝绵袍残片局部纹饰（院藏编号6366，分类号内1-1A）

◆ 图31 Ⅱ型“长寿绣”纹样图及局部纹饰

①Ⅲ型“长寿绣”纹样图

②绛紫色绢地“长寿绣”丝绵袍局部纹饰（院藏编号6290，分类号357-3）

图32 Ⅲ型“长寿绣”纹样图及局部纹饰

Ⅲ型：图案单元长30厘米，宽21.5厘米。用朱红、金黄、土黄和绿等多色丝线绣成。每个单元共有穗状流云二十余朵，分别为朱红、金黄和绿三色，穗状流云间填以土黄色的云纹。单元的一端有朱红色的一个头状花纹和两个如意状花纹，另一端有朱红和土黄色的如意状花纹各一个，是其显著的特点。这种类型的“长寿绣”，仅见于一号墓竹笥357-3号绛紫色绢地“长寿绣”丝绵袍上（图32）。

Ⅳ型：图案单元长30厘米，宽23.5厘米。用朱红、浅棕红、橄榄绿、深蓝等多色丝线绣成。穗状流云为朱红、浅棕红和橄榄绿三色，流云间则填以深蓝色的云纹，构图较为疏朗，没有眼状纹样。这种类型的“长寿绣”，也仅见于一号墓内棺覆盖在遗体包裹上部的内1层绛红绢地“长寿绣”丝绵袍上（图33）。

①Ⅳ型“长寿绣”纹样图

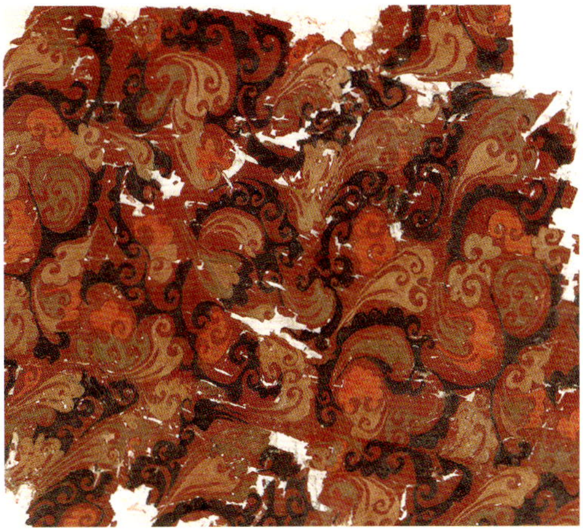

②内棺绢地“长寿绣”丝绵袍残片局部纹饰（院藏编号 6372，分类号内 1-7A）

◆ 图 33 Ⅳ型“长寿绣”纹样图及局部纹饰

三、马王堆一号汉墓纺织品研究现状及本书特色

（一）研究现状

马王堆一号汉墓纺织品出土至今已有 50 多年，除了《长沙马王堆一号汉墓》发掘报告、《长沙马王堆一号汉墓出土纺织品的研究》、《马王堆汉墓服饰研究》及《长沙马王堆汉墓陈列》展览图录收录了部分较完整的衣料、衣物外，尚有大量的纺织品残片没有分类整理研究。据不完全统计，目前以已公布资料为基础发表的有关马王堆汉墓纺织品研究著作、论文 180 余种（篇），主要涉及纺织品的历史、品种、原料、工艺和分析检测，成品服饰和用具的保护与复原、综合比较等，研究成果仍停留在早期考古数据公布、历史文化和艺术研究，少数实验室测试数据分析上，涉及面较广，但深入研究力度不够。如权威的上海市纺织科学研究院组织编写的《长沙马王堆一号汉墓出土纺织品的研究》一书，分析了纱、罗、绮、锦等织物的组织结构、纹样风格、织造工艺，但选择个例太少，像“羽毛贴花绢”等制作难度较大的纺织品就没有提及。

目前，国外既往研究成果中尚无对马王堆汉墓纺织品的专门研究，只有少数国内学者在国外期刊中涉及马王堆汉墓纺织品的研究。如在研究古代纺织工艺、图案纹样等方面的研究论文中提及马王堆汉墓出土纺织品。此外俄罗斯、德国等国学者注意到中国汉代纺织品的对外交流问题[1]，并阐述马王堆汉墓出土纺织品文物的重要性。目前外文文献中对于马王堆汉墓纺织品的研究，只有零星文章关注其样式图案、织造方式和古代长距离物质交流等方面，其他方面涉猎很少。

总之，马王堆一号汉墓纺织品深化研究的空间还非常大[2]，表现在三个方面：其一是由于还有大部分资料尚未整理公布，因此资料整理的空间还很大；其二是研究内容还不够全面和深入，有很多方面有待突破，如纺织纤维的材质分析，纺织品织造、编织、印染工艺，成品衣物及用品的复原，重点文物的修复保护及仿复制技术等均需加强；其三是研究方法需要突破，目前的研究方法基本停留在传统的考古学和器物学研究上，加强科技检测和数据分析，运用考古类型学、自然科学检测法、比较学研究法、文化因素分析法等社会科学和自然科学相结合的跨学科综合研究方法已非常必要。

（二）本书特色

本书是湖南省哲学社会科学基金重大项目（“学术湖南”精品培育项目）“马王堆汉墓纺织品整理与研究”的阶段性成果之一。为了深化马王堆汉墓纺织品的研究，我们采取了跨学科综合研究方法，加大科技检测力度，在纺织品的宏观及微观形貌特征，物质的定性、定量分析，纺织品的劣化特征、次生产物及埋藏状态研究等方面，取得了一些新的学术成果，这是本书最大的特色之一，颠覆了以往的一些认知，下面列举数例。

比如羽毛贴花绢，通过对羽毛的细微生物结构判断，羽毛贴花绢上并未使用生物分类学中的翠鸟羽作为其原材料，而是使用的雉鸟羽毛。

比如部分纺织品上可观察到使用特定颜料勾勒或印制的底稿或底图，这种现象除出现在印花敷彩纱和金银色火焰纹印花纱外，很多刺绣品上也存在大量使用模板印制法（阳模）施以纹饰（或底稿）（图 34）的状况，这类以阳模盖印而成的纹饰所使用颜料可能有富有机碳型（黑色），含铜、铅离子型（深灰色），硫化汞型（红色）等几种。

再如织物上的颜料、染料，经过科技检测，我们也得出了一些新的结论：如金银色

---

① （俄）鲁金科著，孙危译：《匈奴文化与诺彦乌拉巨冢》，中华书局，2012 年。

② 喻燕姣：《深化马王堆汉墓纺织品研究之我见》，《湖南博物院院刊》第十八辑，岳麓书社，2023 年，第 22-27 页。

①内棺绢地“信期绣”单衣残片刺绣朱色底稿痕迹（院藏编号6235，分类号内20-2）

②内棺菱形纹罗地“信期绣”丝绵袍残片刺绣墨线底稿痕迹（院藏编号6391，分类号内7-2）

③内棺绢地“长寿绣”绵衾残片红外光谱照所见刺绣底稿痕迹（院藏编号6433，分类号内4-12）

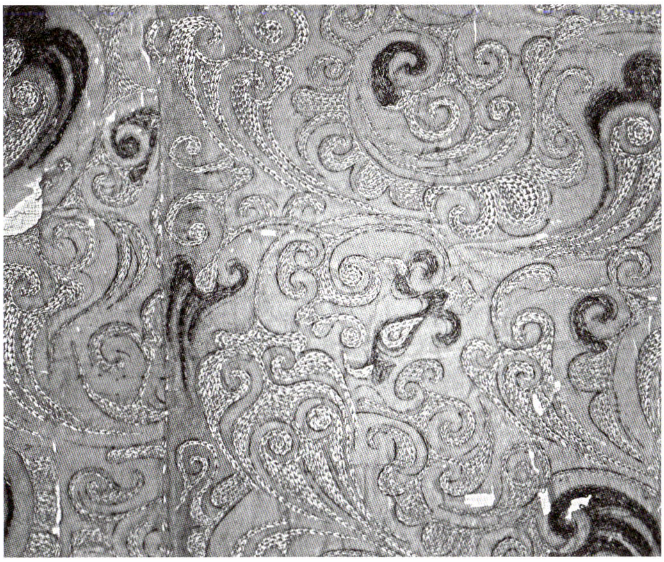

◆ 图34 内棺衣物上刺绣墨线底稿痕迹

◆ 图 35 内棺绢地茱萸纹绣单衣残片上的白色结晶（院藏编号 6403）

火焰纹印花纱，其颜料中并没有金、银成分，应是用含铁和铜的硫化物制成的颜料；印花敷彩纱、红色菱形纹罗等织物上的红色颜料为朱砂（HgS），其成分纯净，缺乏天然朱砂颜料中常见的石英、方解石和云母等矿物杂质，故推测其可能使用人工炼制得到的“银朱”；纺织品上的红色植物性染料是东南茜草，黄色染料是川黄檗，黑色染料是单宁类如麻栎的壳斗，蓝色染料来自含靛植物如蓼蓝等。

马王堆一号墓内棺出土丝织品结构间存在大量的白色针状晶体（图 35），这类晶体在保存于外棺边厢中的纺织品上罕见，说明在同一墓葬中，不同微条件和微环境中，丝织品的劣化行为有明显差别。通过激光共聚焦拉曼光谱仪、X 射线晶体衍射仪及傅里叶变换红外光谱仪等设备检测，我们发现白色结晶是丝绸丝胶蛋白降解后析出的络氨酸，这些结晶穿插在不同层的纺织品内，并充填于纺织品纤维之间，对纺织品造成一定程度的机械破坏。

除了科技检测取得的一些新成果之外，其他在纹饰方面也有一些新的突破，如“乘云绣”图案纹饰，由发掘报告的两型增加到五型，“长寿绣”上抽象动物形头应由原来的“龙纹”更名为“凤纹”等。

此外，本书还有以下几个特色：

其一，本书是经过系统科学整理、首次对外公布马王堆一号汉墓出土纺织品的全部资料，它囊括了该墓出土的所有完整的成件衣物、衣料、用具及成千上万件纺织品残片，是马王堆一号汉墓纺织品的集大成之作。

其二，本书编排依据考古学的研究方法，按四个边厢、内棺里外的纺织品顺序进行排列。每个边厢又依据纺织品的用途不同分节阐述，内棺里面的纺织品则按从外至里的二十二层顺序依次叙述，而对内棺里面的其他物品则单列一节进行表述。这样的编排，能使读者清晰地明了每件纺织品所处位置及其作用。

其三，本书把纺织品的品种、主要纹饰及其纹样形制的解读放在了“引论”部分，一方面是为了使读者能更整体、更准确地了解马王堆一号汉墓纺织品的类型、纹饰的多样性，另一方面也避免了同样一种纹饰在后面正文中需要反复解释的现象。

其四，本书按照考古发掘报告的形式，对重点织物标本进行了介绍，一般织物则以列表形式予以归类，使读者对该墓的纺织品有更深入的了解。

总之，马王堆一号汉墓纺织品数量庞大，种类丰富，是西汉时期纺织品的典型代表，是研究中国纺织品史极其重要的实物资料，具有重要的研究价值和应用价值。本书的出版，将丰富人们对汉代纺织文化的知识，加深对汉代作为“丝国”的理解，为研究汉代纺织品提供较为全面、翔实、可靠的科学数据资料，为学界更好地总结、检索、利用汉代纺织品提供帮助。

第一章

CHAPTER Ⅰ

北边厢内的纺织品

北边厢四壁张挂着丝织的帷幔，底部铺以竹席，厢内陈设各类家具、梳妆用具、饮食器、歌舞俑、奏乐俑、侍女俑、纺织品等，象征着墓主生前居室的前堂部分，也就是歌舞宴享的地方。

其中出土的纺织品主要集中在边厢的中部和西部，按照用途可分为着衣俑上的纺织品、器物上的纺织品、纺织用品、纺织品服饰、双层九子漆妆奁内外的纺织品以及单层五子漆妆奁内外的纺织品六类。

据发掘报告和出土实物统计，北边厢共出土纺织品 52 件（组）。由于部分出土纺织品保存状态较差或已经朽烂，部分着衣俑上的丝织物和草席缘边均已不存。

第一节
着衣俑上的纺织品

北边厢共出土着衣俑 18 件，其中着衣女侍俑 10 件、着衣舞俑 4 件、着衣歌俑 4 件，这些木俑应是象征服侍墓主人的贴身侍女或进行宴乐表演的歌女、舞女，反映墓主人生前多蓄奴婢，过着“极滋味声色之乐”的生活。

着衣俑出土时衣着均已残破，现有 13 件着衣俑上留存丝织物。另外 5 件着衣女侍俑出土时衣物已残，从残存部分观察，她们应穿着长袍，衣料有绢、纱、罗、绮、锦，并有刺绣和印花。由于丝织物保存状态较差，这 5 件俑上的丝织物大部分已缺失。

除此以外，还有 8 件（组）着衣俑服饰残件无法确认属于哪一件木俑，故将无法归类的着衣俑服饰残件统计成表，详情可见附表 1。

标本 1　5078 着衣女侍俑服饰残件

两袖通长 64 厘米，绢缘宽 3.5 厘米，锦缘宽 3.2 厘米
绮、锦、绢
分类号：396

着衣女侍俑出土于北边厢东部（图 1.1.1-①），应是象征服侍墓主人的贴身侍女。出土时其衣着残破，支撑两袖的细竹条已不见。从衣物残存部分观察，她身穿菱形纹绮长袍，袖缘为几何纹锦，外亦有棕黄绢缘。

长袍已从俑上脱落，残存数小块，根据实物可分辨出尚存的衣物部位，现留存菱形纹绮长袍上衣（图 1.1.1-②、③）、下围衣（图 1.1.1-④）、衣领（图 1.1.1-⑤）和几何纹锦袖缘（图 1.1.1-⑥）残片。

◆ 图 1.1.1-①　着衣女侍俑出土情景

◆ 图 1.1.1- ② 菱形纹绮长袍上衣

◆ 图 1.1.1- ③ 菱形纹绮长袍上衣局部

◆ 图 1.1.1- ④ 菱形纹绮下围衣

◆ 图 1.1.1- ⑤ 菱形纹绮衣领

◆ 图 1.1.1- ⑥ 几何纹锦袖缘

标本 2　5079 着衣女侍俑服饰残件

衣长 33 厘米，袖口宽 13 厘米

锦、绢、绢地刺绣

分类号：393

着衣女侍俑出土于北边厢东部，应是象征服侍墓主人的贴身侍女。出土时衣着残破，从残存部分观察，她身穿绢地“信期绣”长袍，袖缘为几何纹锦，外亦有棕黄绢缘。

长袍已从俑上脱落，残成数块。现留存几何纹锦袖缘（图 1. 1. 2- ①）、领缘（图 1. 1. 2- ②），绢地“信期绣”长袍上衣（图 1. 1. 2- ③）、下部围裙（图 1. 1. 2- ④）和衣袖等残片（图 1. 1. 2- ⑤），面上均有不同程度的破损和深色污染。

绢地上的刺绣纹样为 I 型“信期绣”，其纹饰精美，色彩层次丰富，刺绣之下还清晰地保留着绣工所绘制的朱红色底稿（图 1. 1. 2- ⑥），反映了西汉时期高超的刺绣技巧和印染工艺。

◆ 图 1.1.2- ①　几何纹锦袖缘

◆ 图 1.1.2- ②　几何纹锦领缘

◆ 图 1.1.2- ③　绢地“信期绣”长袍上衣

◆ 图 1.1.2- ④　绢地“信期绣”长袍下部围裙

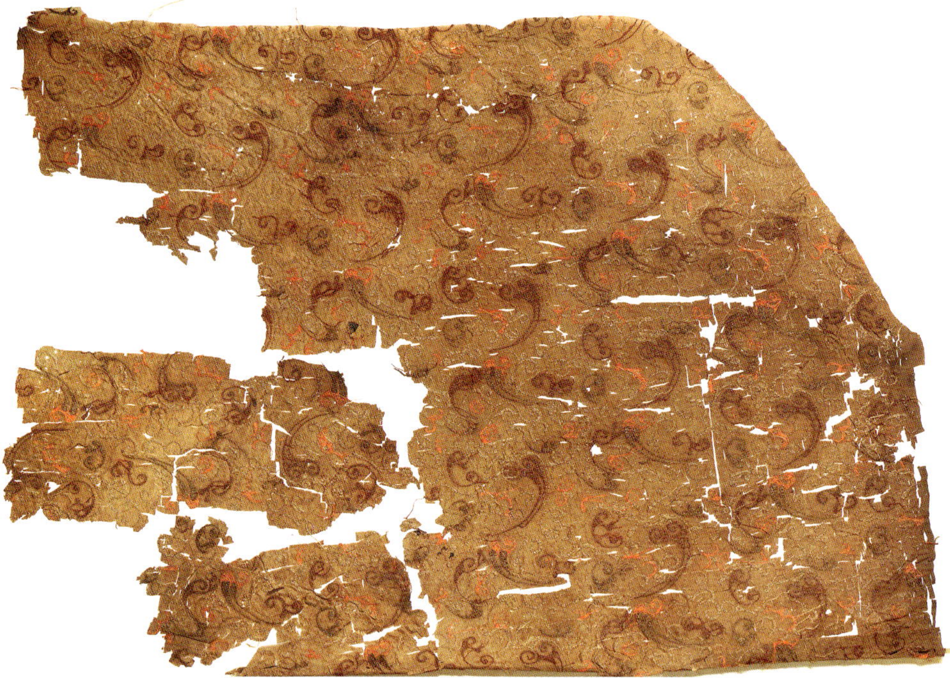

◆ 图 1.1.2- ⑤ 绢地“信期绣”长袍衣袖

◆ 图 1.1.2- ⑥ 绢地“信期绣”衣袖局部细节及朱红色底稿

标本 3　6093、6215 着衣女侍俑服饰残件

6093：俑高 72.3 厘米，肩宽 18 厘米
6215：俑高 69.1 厘米，肩宽 14 厘米
绮、锦、绢

此 2 件着衣女侍俑（图 1. 1. 3- ①、②）出土于北边厢东部。出土时其衣着残破，从残存部分观察，她们穿着菱形纹绮长袍，衣袖为几何纹锦缘，领口为绢缘。这 2 件俑制作讲究，衣着华丽，身穿长袍并以锦为缘，应是象征服侍墓主人的贴身侍女。

◆ 图 1.1.3- ①　着衣女侍俑（6093）

◆ 图 1.1.3- ②　着衣女侍俑（6215）

标本 4　6094 着衣女侍俑服饰残件

俑高 68.5 厘米，肩宽 19 厘米

纱、锦、绢

分类号：415

着衣女侍俑出土于北边厢东部，应是象征服侍墓主人的贴身侍女。出土时其衣着残破（图 1.1.4-①、②），从残存部分观察，她身穿交领右衽、印花敷彩纱袍服，领缘为几何纹锦，外有棕黄绢缘，袍服下摆亦为棕黄绢缘。

此服饰残件经检测，系以蚕丝纤维通过单股加捻的方式平织而成，经线较粗，纬线较细，经纬密度为每平方厘米 67 根 ×64 根。此俑及服饰保存较好，造型优美，是研究汉代木俑造型和服饰艺术难得的实物资料。

◆ 图 1.1.4-①　着衣女侍俑

◆ 图 1.1.4- ② 着衣女侍俑（背面）

标本 5　6102 着衣歌俑服饰残件

俑高 32.5 厘米，头高 10 厘米，肩宽 10 厘米
绢
分类号：404-1

着衣歌俑出土于北边厢，应是象征为墓主人表演歌舞的歌女。歌俑服饰（图 1.1.5）保存较为完整，着黄绢交领右衽广袖衣，双袖交叉屈膝前，广袖垂胡，窄袖口。此歌俑面容清秀，气质姣好，服饰保存较好，不仅反映了汉代歌舞俑服饰造型的艺术风尚，也是墓主人生前宴乐场景的生动体现。

◆ 图 1.1.5　着衣歌俑

标本 6　6103 着衣歌俑服饰残件

俑高 33 厘米，肩宽 10 厘米

绢、绮

分类号：404-2

着衣歌俑出土于北边厢，应是象征为墓主人表演歌舞的歌女。歌俑着黄褐色交领右衽广袖绢袍（图 1.1.6-①），将下身完全包裹；广袖垂胡，袖缘为菱形纹绮（图 1.1.6-②、③）；腰部有黄褐色宽绢带，双层，将上下两片衣料连在一起。该俑形象娟秀，刻绘精细，且衣饰保存基本完整，实属罕见，展现了汉代奴婢阶层穿着的服饰，是研究中国服装史的珍贵资料。

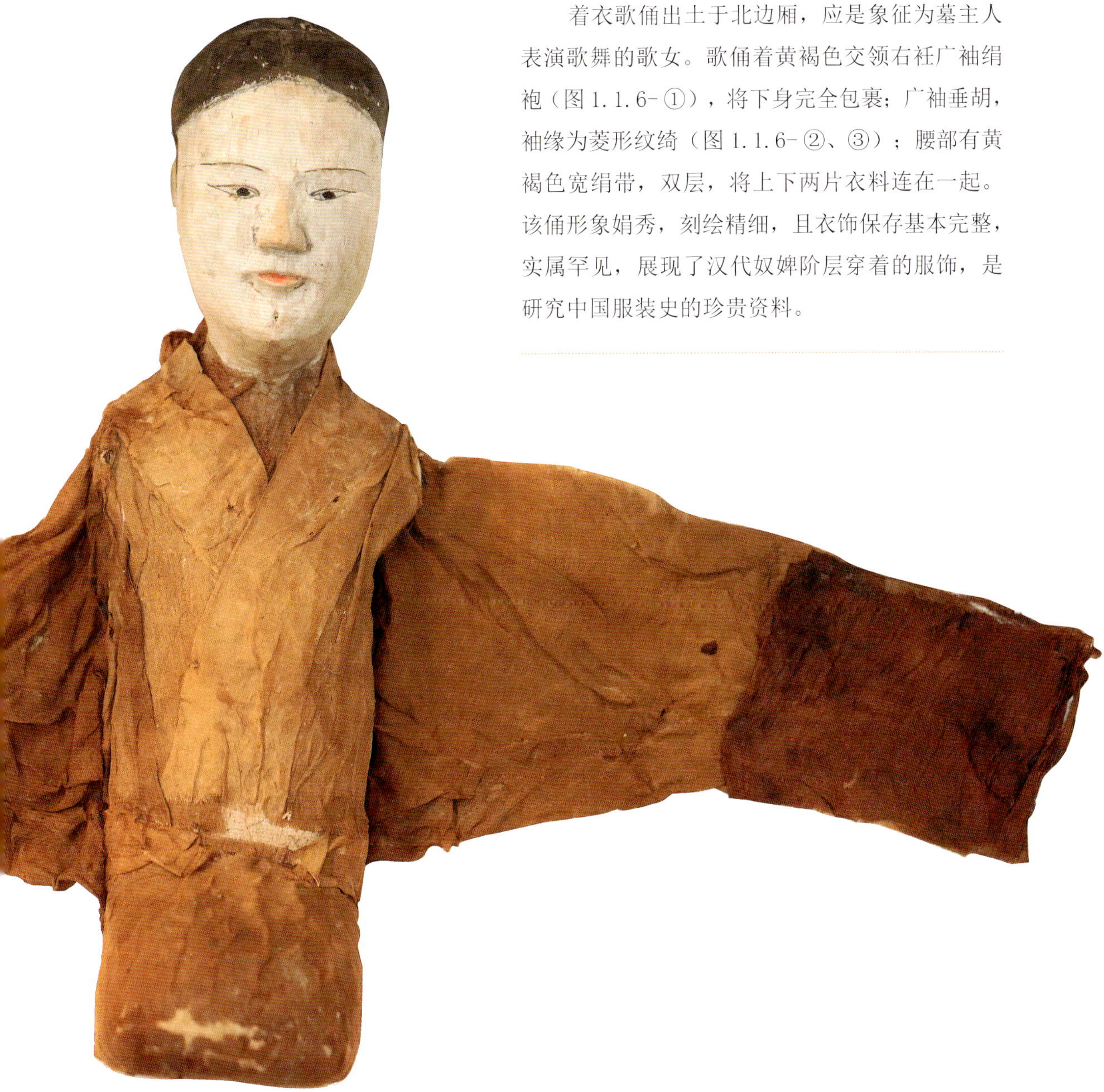

◆ 图 1.1.6-① 着衣歌俑

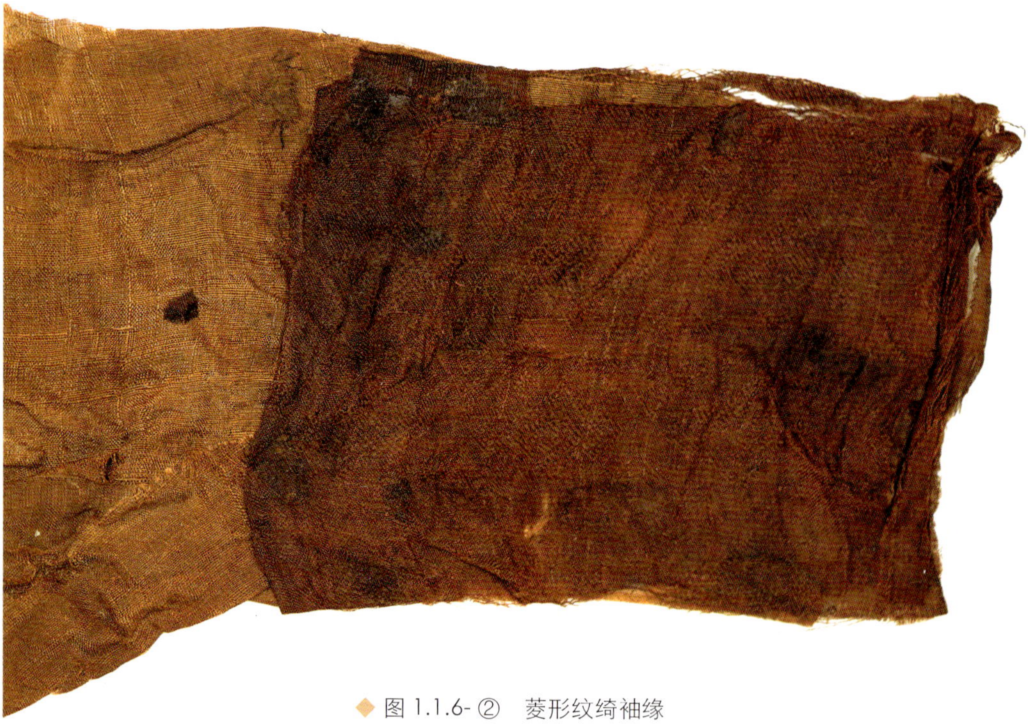

◆ 图 1.1.6- ② 菱形纹绮袖缘

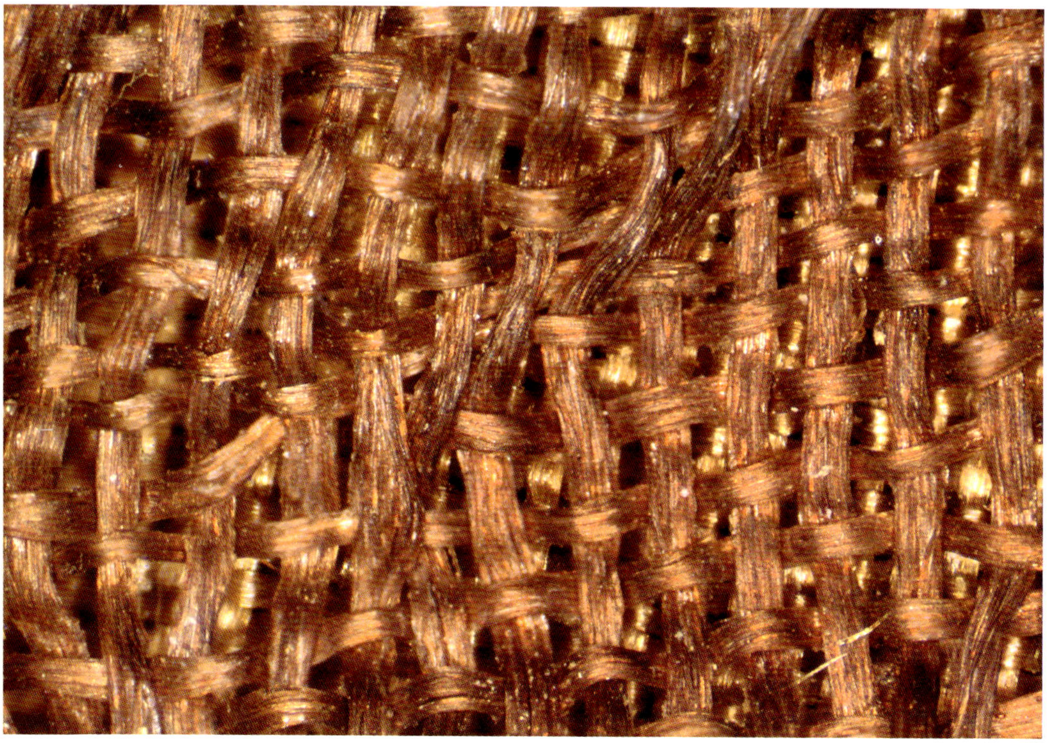

◆ 图 1.1.6- ③ 衣袖处菱形纹绮立体显微镜照

标本7　5075着衣歌俑服饰残件

残长21厘米，宽6.5厘米

绢、绮

分类号：405-1

着衣歌俑出土于北边厢，应是象征为墓主人表演歌舞的歌女。出土时衣着残破，已从俑上脱落，现尚存衣领和围腰（图1.1.7），均为小块残片，面料为绢和菱形纹绮。其中黄褐色绢微有破损，且有深色污染痕迹。

◆图1.1.7　着衣歌俑服饰残件

标本 8　5076 着衣歌俑服饰残件

残长 16.2 厘米，宽 9.5 厘米

绢

分类号：405-2

着衣歌俑出土于北边厢，应是象征为墓主人表演歌舞的歌女。出土时衣着残破，已从俑上脱落，现仅存黄褐色绢衣袖缘（图 1.1.8），衣袖缘上有针线孔和轻微破口。

◆ 图 1.1.8　着衣歌俑袖缘

标本 9 5073 着衣舞俑服饰残件

俑高 46.8 厘米，头长 9 厘米，肩宽 10.2 厘米

绢、罗

分类号：400

着衣舞俑出土于北边厢，应是象征为墓主人表演歌舞的舞女。出土时其衣着残缺（图 1.1.9），胸前尚存交领右衽绢衣残片，领缘处尚存菱形纹罗痕迹，裙摆尚存曳地绢缘。此俑容貌清秀恬静，衣着得体，神态娴静，折射出汉代舞俑造型的端庄大气之美。

图 1.1.9 着衣舞俑

标本 10　5077 着衣舞俑服饰残件

俑高 47.2 厘米，头长 10 厘米，肩宽 10 厘米

绢、罗

分类号：402

着衣舞俑出土于北边厢，应是象征为墓主人表演歌舞的舞女。出土时其衣着华丽，但已残缺（图 1.1.10-①），从残存部分观察，衣为绢质，交领右衽，绢缘。领缘处尚存菱形纹罗痕迹。裙摆呈鱼尾状紧贴于俑身，系以两绢片左右缝合而成（双层）。墓中成组出土的着衣歌舞俑组合（图 1.1.10-②），不仅是研究汉代木俑造型和服饰艺术的重要资料，也说明汉代贵族追求享乐的社会风尚。

◆ 图 1.1.10-① 着衣舞俑

◆ 图 1.1.10-② 着衣歌舞俑组合

标本 11　6096 着衣舞俑服饰残件

俑高 45 厘米，肩宽 11 厘米

绢

分类号：409

着衣舞俑（图 1.1.11- ①、②）出土于北边厢，应是象征为墓主人表演歌舞的舞女。舞俑衣着仅存残片，从残存衣着观察，她似穿着长袍。裙摆呈鱼尾状紧贴于俑身，系以两绢片左右缝合而成。长裙曳地，行不露足，以表示出女性的文静和优雅。

◆ 1.1.11- ②　着衣舞俑局部

◆ 图 1.1.11- ①　着衣舞俑

标本 12　6097 着衣舞俑服饰残件

俑高 45 厘米，肩宽 10 厘米，
头宽 7 厘米，头高 10 厘米
绢、罗
分类号：410

着衣舞俑（图 1.1.12）出土于北边厢，应是象征为墓主人表演歌舞的舞女。出土时其衣着残破，舞俑胸前尚存交领右衽绢衣残片和菱形纹罗残片，底部残存高 8 厘米的黄绢曳地裙缘。衣着虽残，但为汉代木俑服饰造型研究提供了重要资料，也为确定墓中木俑的身份地位提供了参考依据。

◆ 图 1.1.12　着衣舞俑

第二节

器物上的纺织品

北边厢出土器物上的纺织品共 6 件（组），包括 2 件竹熏罩上的细绢、1 件短柄小扇上的锦条、锡铃形器上所系丝带 1 组、竹席绢包边 1 组和草席丝织品包缘 1 组。

北边厢出土的草席（438 号）周缘应包有绢或锦，但保存情况较差，文物已残，其上纺织品现已不存。

标本 1　5216 蒙有细绢的竹熏罩

竹熏罩高 21 厘米，顶径 10 厘米，底径 30 厘米
绢、锦
分类号：417

◆ 图 1.2.1　蒙有细绢的竹熏罩

标本 2 5215 蒙有细绢的竹熏罩

竹熏罩高 15 厘米，顶径 6.5 厘米，底径 19 厘米

绢、锦

分类号：418

标本 1—2 这 2 件竹熏罩均出土于北边厢，应是与陶熏炉配合使用的。竹熏罩大致呈锥形，用宽约 1 厘米的细竹篾编成，孔眼甚大，底缘用绢包边，锥顶用锦封住，周围蒙以细绢。

417 号竹熏罩（图 1.2.1）保存基本完整，绢、锦残破。遣册简 281 提到的“熏大篝一素鞔赤掾（缘）下”，应即指此。418 号竹熏罩（图 1.2.2）亦保存完整，绢、锦残破。简 282 提到的“熏小篝一素鞔缋掾（缘）下”，应即指此。

◆ 图 1.2.2 蒙有细绢的竹熏罩

◆ 图 1.2.3 裹有锦条的短柄小扇

标本 3 5226 裹有锦条的短柄小扇

锦条宽 1.5—2 厘米

锦

分类号：420

短柄小扇（图 1.2.3）出土于北边厢东部，保存基本完整，部分朽脆。扇面呈梯形，内侧缘用细竹竿做骨，延伸缘骨并用竹篾编成管状的柄，再裹以锦条。扇面用两经一纬的细竹篾编成，没有图案花纹。边缘包缝 1.5—2 厘米的锦条。遣册简 280“小扇一锦缘”，应即指此。

标本 4 5000 锡铃形器上的丝带

锡铃形器长 4.6 厘米，下宽 2.9 厘米

丝

分类号：448

锡铃形器（图 1. 2. 4）出土于北边厢，共 16 件，器上残存首尾连接的红色丝带，丝带用于悬挂，已残缺。在北边厢西壁正中离边厢顶板 40 厘米处钉有一个竹钉，因部分铃形器上尚残存首尾连接的红色丝带，故推测锡铃形器原来是由一长丝带串起挂在竹钉上的。

锡铃形器大小相同，均为顶部圆角，下缘两角下垂，器身两面各有两个对称的长方形镂孔，近顶部有一圆孔，用以系带，器内无悬舌。铃形器在长沙战国、西汉墓中曾多次与车马器同出，但均为铜质，有悬舌。此次出土的铃形器系锡质，又无悬舌，显然与车马器无关，应是挂在室内帷帐上的坠饰。

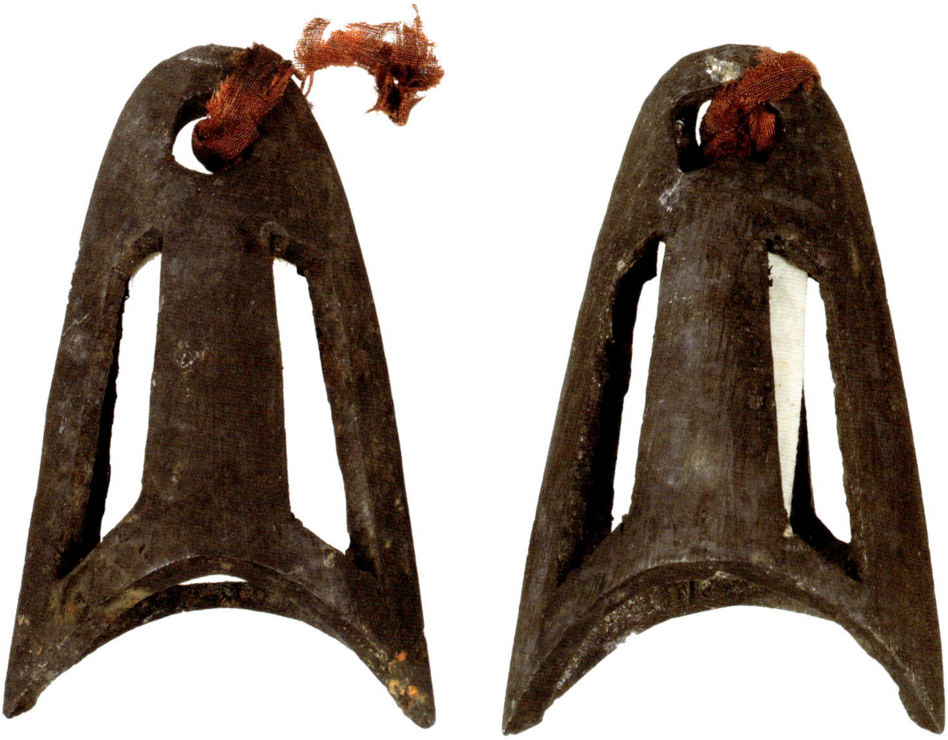

图 1.2.4 系有丝带的锡铃形器

标本 5　ZMS1729—1734、1789、C1232 竹席绢边

长 40—54 厘米，宽 19.5—24 厘米

绢

分类号：449

449 号竹席平铺于北边厢底部，根据北边厢的尺寸大小，大致推测竹席长 296 厘米，宽 92 厘米。竹席出土时已残破，现留存竹席绢边 13 块，绢边呈深褐色，上有破洞和污染痕迹以及竹席印纹（图 1. 2. 5- ①、②）。遣册简 287、288 提到的“滑辟席”应即指此。

◆ 图 1.2.5- ② 绢边局部及竹席印纹

◆ 图 1.2.5- ① ZMS1733 竹席绢边

第三节

纺织用品

北边厢出土纺织用品 7 件（组），包括杖衣 1 件、几巾 1 件、枕 1 件、枕巾 2 件、香囊 1 件和北边厢四壁张挂的帷幔残片 1 组。以上纺织用品出土时除帷幔残破严重外，其他均微有破损，但基本保存较好。

标本 1　5228 杖衣

杖长 130 厘米，宽 10 厘米

绢、纱

分类号：436

杖衣内装木杖一根，斜立于北边厢南壁的西端，与漆屏风、漆几和绣枕相邻。杖衣（图 1.3.1）呈筒状，用绛紫色绢和印花敷彩纱缝制而成，顶端用带束紧，现已残破成数条。

◆ 图 1.3.1　杖衣及木杖

标本 2 6308 绢地“长寿绣”几巾

长 152 厘米，宽 106 厘米

绢、锦、绢地刺绣

分类号：439

绢地“长寿绣”几巾（图 1.3.2-①、②）出土于北边厢，保存较好，巾面受污染处呈色各异。“长寿绣”绢面，周缘镶以 10.8 厘米宽的几何纹绒圈锦和 5.8 厘米宽的素绢（图 1.3.2-③），里衬素绢。遣册简 255 记载“素长寿绣机巾一缋周掾（缘）素緂”，应即指此。其经纬密度如下：绢面为每平方厘米 88 根 ×46 根，绢缘为每平方厘米 114 根 ×56 根，绢里为每平方厘米 44 根 ×36 根。

刺绣纹样为Ⅰ型“长寿绣”（图 1.3.2-④），采用锁绣法以黄、绿、红、褐等色丝线绣成，刺绣的针脚长 0.2 厘米，线径 0.08 厘米。图案单元中的凤鸟纹和略呈“品”字形分布的三种穗状流云纹是其主要特征。

遣册记载“缋周缘”，与几巾实物对照，“缋”指的是几巾四周缘拼接的锦，其纹样为Ⅰ型几何纹绒圈锦，各种几何纹提花绒圈交替分布，具较强的立体效果。

几是战国至汉代常用家具，几巾则是覆盖在几上的丝织物。马王堆汉墓出土的几巾制作精美，用料华贵，展现了西汉贵族精致奢华的生活。

◆ 图 1.3.2-② 绢地“长寿绣”几巾局部

◆ 图 1.3.2-③ 几何纹绒圈锦及绢边

◆ 图 1.3.2- ① 绢地“长寿绣”几巾

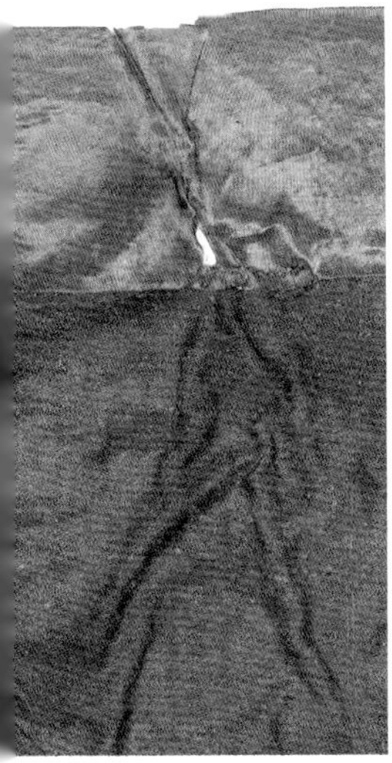

◆ 图 1.3.2- ④ “长寿绣”局部纹饰

标本 3　6307 绢地“长寿绣”枕

长 45 厘米，宽 10.5 厘米，高 12 厘米
绢、锦、绢地刺绣
分类号：440

绢地“长寿绣”枕（图 1.3.3-①）出土于北边厢，上下两面为绢地“长寿绣”，两端的枕顶为几何纹绒圈锦，两个侧面则用红色茱萸纹锦。遣册简 254 记载“绣枕一”，应即指此。此枕锦、绣并用，富丽华贵，展现了汉初高超的织造技艺，体现了西汉贵族卓越的艺术品位。

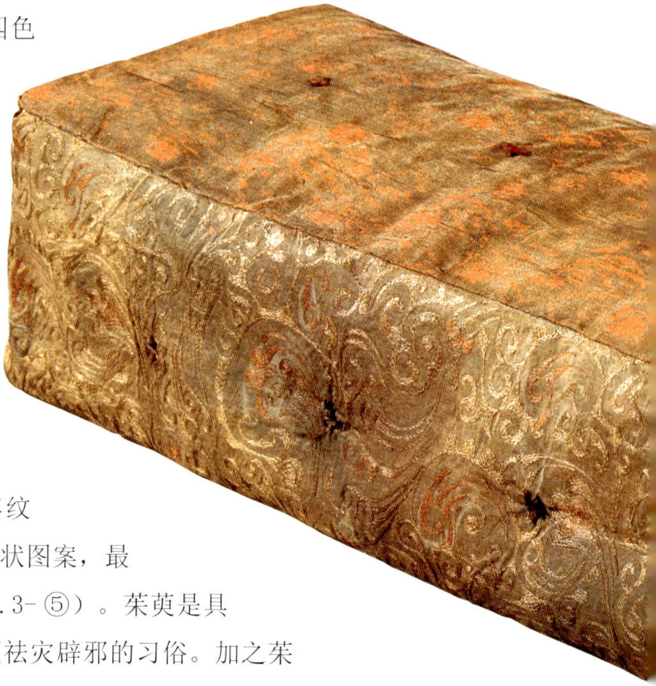

上下枕面的绢地“长寿绣”（图 1.3.3-②）为 I 型“长寿绣”，使用棕红、淡黄、橄榄绿和棕褐四色丝线绣制，针脚长 0.2 厘米，线径 0.08 厘米。流畅飘逸的穗状流云纹和卷枝花草纹连续错落排布，起伏绵延，象征长寿，寓意吉祥。

绣枕顶面的 I 型几何纹绒圈锦（图 1.3.3-③），均以空心线条勾勒，花型层次分明，表面呈现立体感。

绣枕两侧的红色茱萸纹锦（图 1.3.3-④）为两重三枚经线提花组织，经纬密度为每平方厘米 156 根 ×40 根，其纹样为不分叉的尖状花头和穿插其间的方折点状图案，最为明显的特征是图案中的三瓣花头（图 1.3.3-⑤）。茱萸是具有浓烈香味的植物，可入药。汉代有佩茱萸祛灾辟邪的习俗。加之茱萸与重阳民俗有关，有长寿寓意。

绣枕出土时，下部因糟朽而开裂，露出内部填塞的佩兰。上下和两侧面的中部，各有一行绛红色丝缕钉成的四个“十”字形穿心结，每个结都是横线压竖线，两端也各有一个“十”字结，以便约束枕内填塞的佩兰。佩兰早在战国时期就作为香料使用，《楚辞》中有“纫秋兰以为佩”。使用香枕、香囊及熏香是战国时期楚地的习俗，从马王堆汉墓出土的绣花香枕、香囊等文物可知汉传习楚俗。

◆ 图 1.3.3- ② 绢地“长寿绣”局部

◆ 图 1.3.3- ③ 几何纹绒圈锦局部

◆ 图 1.3.3- ① 绢地“长寿绣”枕

◆ 图 1.3.3- ④ 红色茱萸纹锦

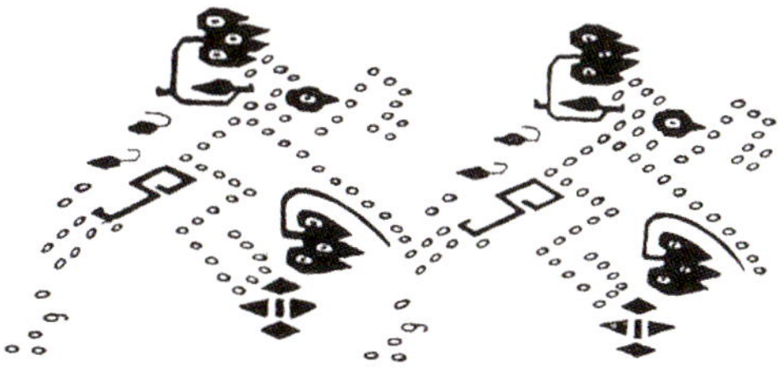

◆ 图 1.3.3- ⑤ 红色茱萸纹锦纹样图

标本 4　6313 绢地“信期绣”香囊

通长 32.5 厘米，口径 10.5 厘米，囊长 12 厘米

绢、罗、锦、绢地刺绣

分类号：442

绢地“信期绣”香囊（图 1.3.4-①）出土于北边厢，出土时内装花椒。香囊尺寸较大，应为卧室用品，悬挂于内室帷帐之间，古人用之辟邪、避虫叮咬等，也符合乐府古诗《孔雀东南飞》“红罗复斗帐，四角垂香囊”的记载。

香囊分为领部、腰部和底部。腰部有用于封口的系带，为朱红色菱形纹罗缝制而成（图 1.3.4-②）。领部和囊里用斜裁的两块三角形素绢缝制，腰部用绢地“信期绣”缝制，底部用几何纹绒圈锦和两片绢相间拼接（图 1.3.4-③）。领部绢的经纬密度为每平方厘米 164 根 ×70 根，囊身绢为每平方厘米 78 根 ×40 根。遣册简 269 提到的“白绡信期绣熏囊一素掾（缘）”，应即指此。

缝纫方法是腰部与领部结合处用一上一下的平针缝合，针间距 0.5 厘米，针脚长 0.1 厘米；囊领和囊里的绢面料也用平针缝合而成，针脚长 0.3 厘米。腰部的“信期绣”针脚长 0.15 厘米，线径宽 0.06 厘米。

香囊上的刺绣纹样为 I 型“信期绣”，是“信期绣”中出现最多的一种类型。整体以云气纹为主，以变形卷枝花草纹为辅，烘托鸟纹，以极其精简而优美的纹样呈现出汉代工匠的巧思与创造力，是刺绣中的上乘珍品。

◆ 图 1.3.4-①　绢地“信期绣”香囊

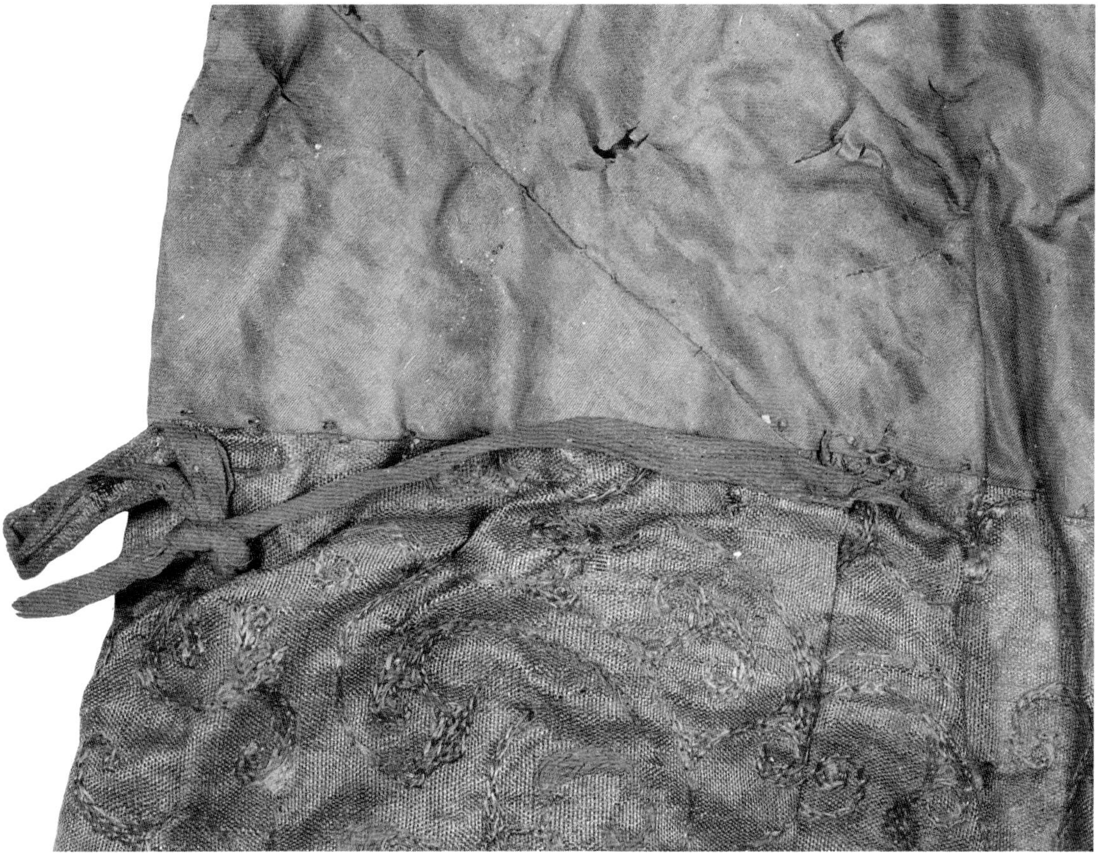

◆ 图 1.3.4- ② 朱红色菱形纹罗系带

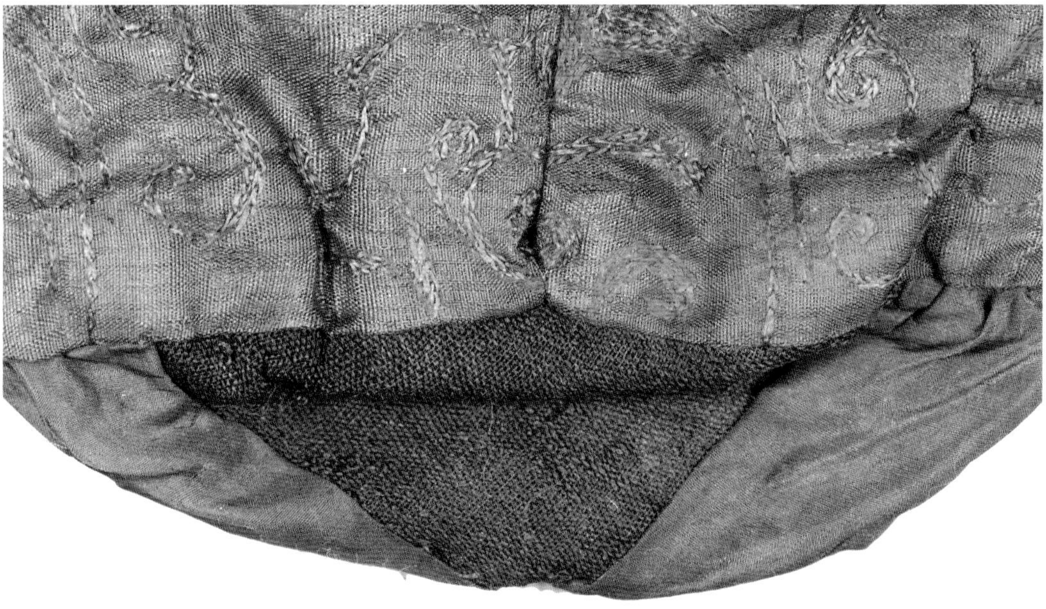

◆ 图 1.3.4- ③ 香囊底部绒圈锦

标本 5　6311 绢地“乘云绣”枕巾

长 87.5 厘米，宽 65 厘米

绢、锦、绢地刺绣

分类号：444

绢地“乘云绣”枕巾（图 1.3.5-①）出土于北边厢，以淡黄色绢为地，上绣“乘云绣”。周缘镶以 6.5 厘米宽的几何纹绒圈锦和 4 厘米宽的淡黄绢，里衬素绢。绢面经纬密度为每平方厘米 140 根 ×60 根，绢里经纬密度为每平方厘米 68 根 ×46 根。遣册简 253 记载“素乘云绣枕巾一缋周掾（缘）素缕”，应即指此。

刺绣纹样为Ⅱ型“乘云绣”（图 1. 3. 5-②），采用锁绣法，以朱红、棕红、金黄和灰绿四种丝线绣成。绣线针脚长 0. 2 厘米，线径 0. 08 厘米。翻滚旋转的流云卷草中穿插着隐约露头的凤首，构成了奇异多变、韵律感十足的图案，寓意“凤鸟乘云、吉祥安康”。

枕巾周缘的几何纹绒圈锦（图 1. 3. 5-③）纹样似空心线条勾勒，属于Ⅰ型绒圈锦。绒圈锦织造技艺是汉代的创新技术，也是迄今世界上所见最早的绒类丝织品。

◆ 图 1.3.5- ①　绢地“乘云绣”枕巾

◆ 图 1.3.5- ② 绢地“乘云绣”局部纹饰

◆ 图 1.3.5- ③ 几何纹绒圈锦局部纹饰

标本 6　6312 对鸟菱形纹绮地“乘云绣”枕巾

长 100 厘米，宽 74 厘米

绮、绢、绮地刺绣

分类号：446

对鸟菱形纹绮地“乘云绣”枕巾（图 1.3.6- ①）出土于北边厢，以对鸟菱形纹绮为地，上绣“乘云绣”，四周边缘镶以宽 14.5 厘米的褐色绢，衬里亦为褐色绢。绢缘经纬密度为每平方厘米 102 根 ×50 根，绢里为每平方厘米 44 根 ×20 根。

对鸟菱形纹绮图案为纵向的连续菱形纹，再在菱形纹内填以横向的花纹，每组三层，分别为对鸟和两种不同的菱形花纹。绮面经纬密度为每平方厘米 78 根 ×46 根。

刺绣纹样为Ⅰ型“乘云绣”（图 1.3.6- ②），其中线条圆润的朱红色凤首纹和棕红色桃形纹是此型“乘云绣”的突出特征。刺绣花纹与对鸟菱形纹绮地上下叠压，画面生动活泼，色彩层次丰富。枕巾之华丽，反映了西汉贵族的精致生活。

图 1.3.6- ①　对鸟菱形纹绮地“乘云绣”枕巾

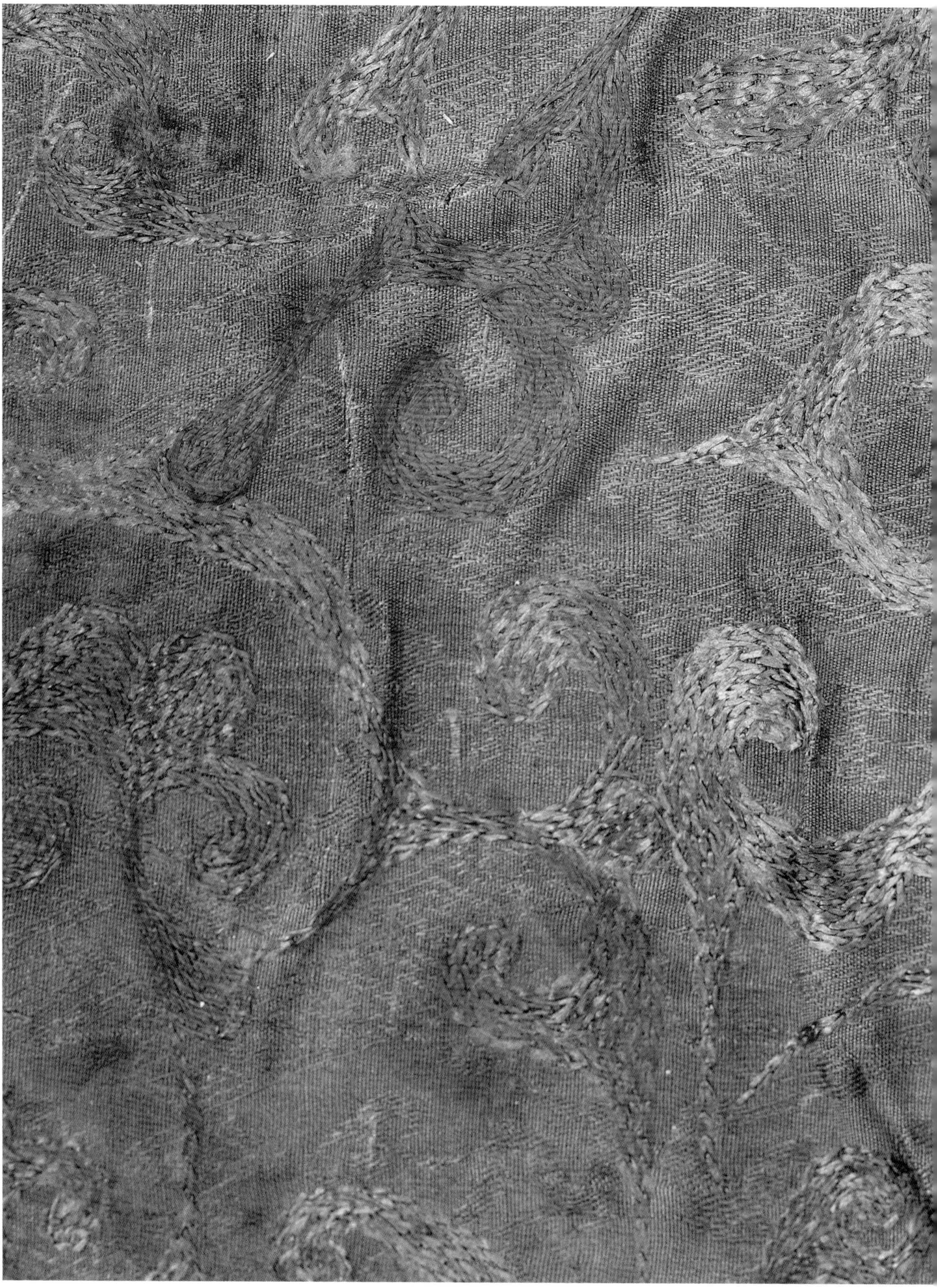

◆ 图 1.3.6- ② 对鸟菱纹绮地“乘云绣”局部纹饰

标本 7　6351、6349、ZMS1516-1517 帷幔残片

绢缘长 210 厘米；罗长 19.5—64 厘米，宽 5.7—20 厘米

罗、绢

分类号：476、450

帷幔出土于北边厢，张挂在北边厢四壁的周围（图 1.3.7-①、②）。用幅宽 48 厘米的三整幅单层的褐色Ⅱ型菱形纹罗（图 1.3.7-③、④）缝制而成，两端和上侧又加以绛紫色的绢缘（图 1.3.7-⑤、⑥）。上侧的缘边，另加有几个长 2.5 厘米、宽 1 厘米的襻，以便用竹钉将帷幔挂到边厢的壁上。悬挂时，从南壁的东头开始，环绕一周又折回原处，末尾与开头的上角相压。

全长约 730 厘米，宽约 145 厘米，出土时残损较甚，下部浸泡于边厢的积水中，并已有部分掉落和残断。现残存褐色菱形纹罗 18 块，绢缘 6 块。遣册简 251 提到的“郭（椁）中綳（绢）印繁（縠）帷一缋掾（缘）素校衷（衺）二丈二尺广五尺青绮帉素里掾（缘）”，似即指此，但尺寸不符。

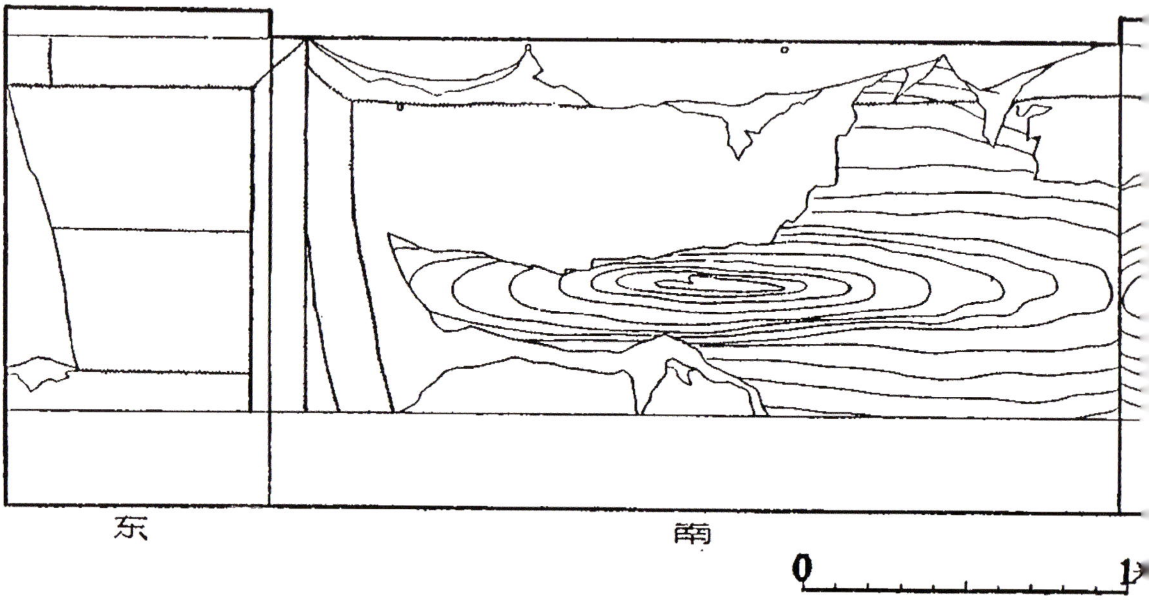

◆ 图 1.3.7- ① 帷幔出土情景

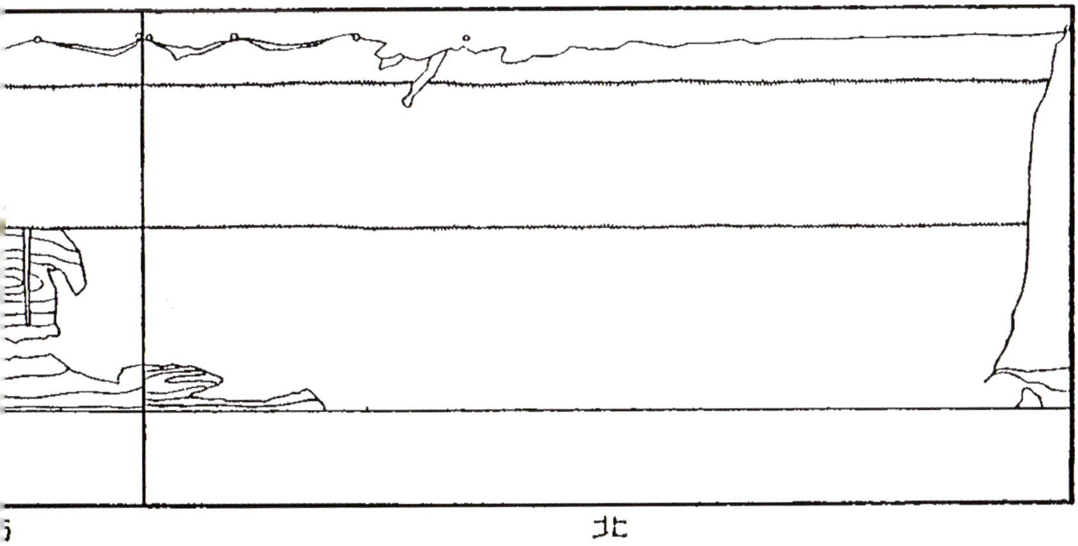

◆ 图 1.3.7- ② 帷幔张挂情形示意图

◆ 图 1.3.7- ③ 褐色菱形纹罗残片（6351）

◆ 图 1.3.7- ④ 褐色菱形纹罗局部纹样（6351）

◆ 图 1.3.7- ⑤ 绛紫色绢缘残片（6349）

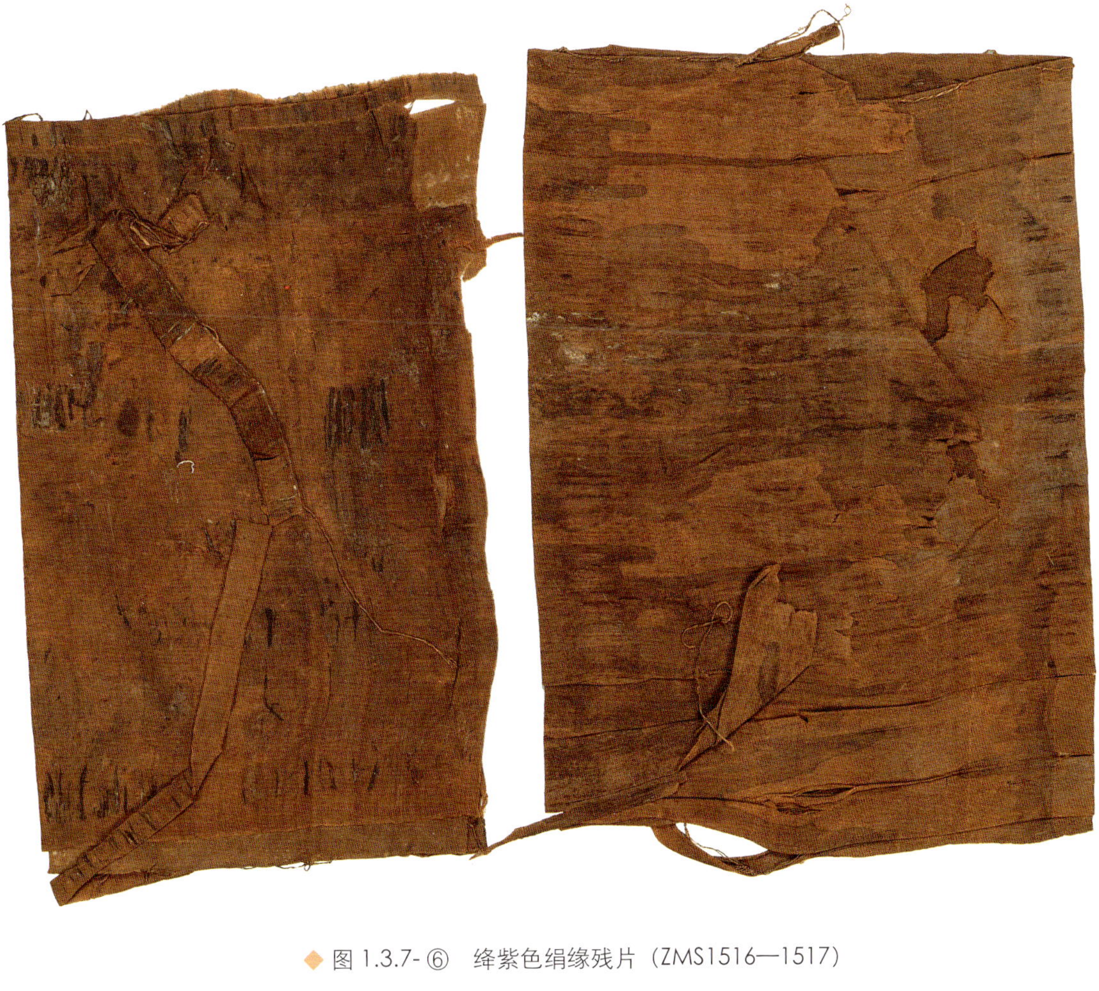

◆ 图 1.3.7- ⑥ 绛紫色绢缘残片（ZMS1516—1517）

第四节

纺织品服饰

北边厢出土纺织品服饰共 7 件（组），包括“信期绣”夹袍 1 件，夹袍上袖口、腰带、怀带 4 件，丝履 2 双。其中夹袍和丝履保存情况较差，出土时残损严重，丝履已糟朽变形。

标本 1 6279 绛紫色菱形纹罗地“信期绣”夹袍

身长 162 厘米，两袖通长 235 厘米

罗、绢、罗地刺绣

分类号：437-1

绛紫色菱形纹罗地“信期绣”夹袍（图 1.4.1-①）出土于北边厢，出土时残损严重，有多处污染痕迹，现已开展文物修复工作。夹袍衣袖宽 30 厘米，腰宽 60 厘米，袖口宽 23 厘米，下摆宽 60 厘米，领缘宽 20 厘米，袖缘宽 27 厘米，摆缘宽 20 厘米。

衣襟形制为曲裾，曲裾袍又被称为绕襟袍，即将衣襟从领曲斜绕至腋下，在裤子未推广的先秦至汉代较为流行，是汉代最具代表性的服饰形制。衣领为交领，即衣襟与衣领相连，交叉在胸前，领口亦较低，以便露出里衣。如穿几件衣服，每层领子必露于外，最多时达三层以上，时称“三重衣”。衣衽为右衽，即将左襟压于右襟上，再由系带固定在衣身右侧腋下。

夹袍以绛紫色Ⅱ型菱形纹罗为面料，上绣“信期绣”，素绢为里和袍缘。绢缘、绢里的经纬密度为每平方厘米 112 根 ×70 根，罗面为每平方厘米 96 根 ×34 根。刺绣纹样为Ⅰ型“信期绣”（图 1.4.1-②），纹饰繁复细密，目光所到之处皆是细长的燕尾和花枝叶蔓所形成的一道道优美弧线，呈现无限的生机与诗意，极具浪漫主义色彩，使用此种刺绣制作而成的夹袍更是服饰中的珍品。

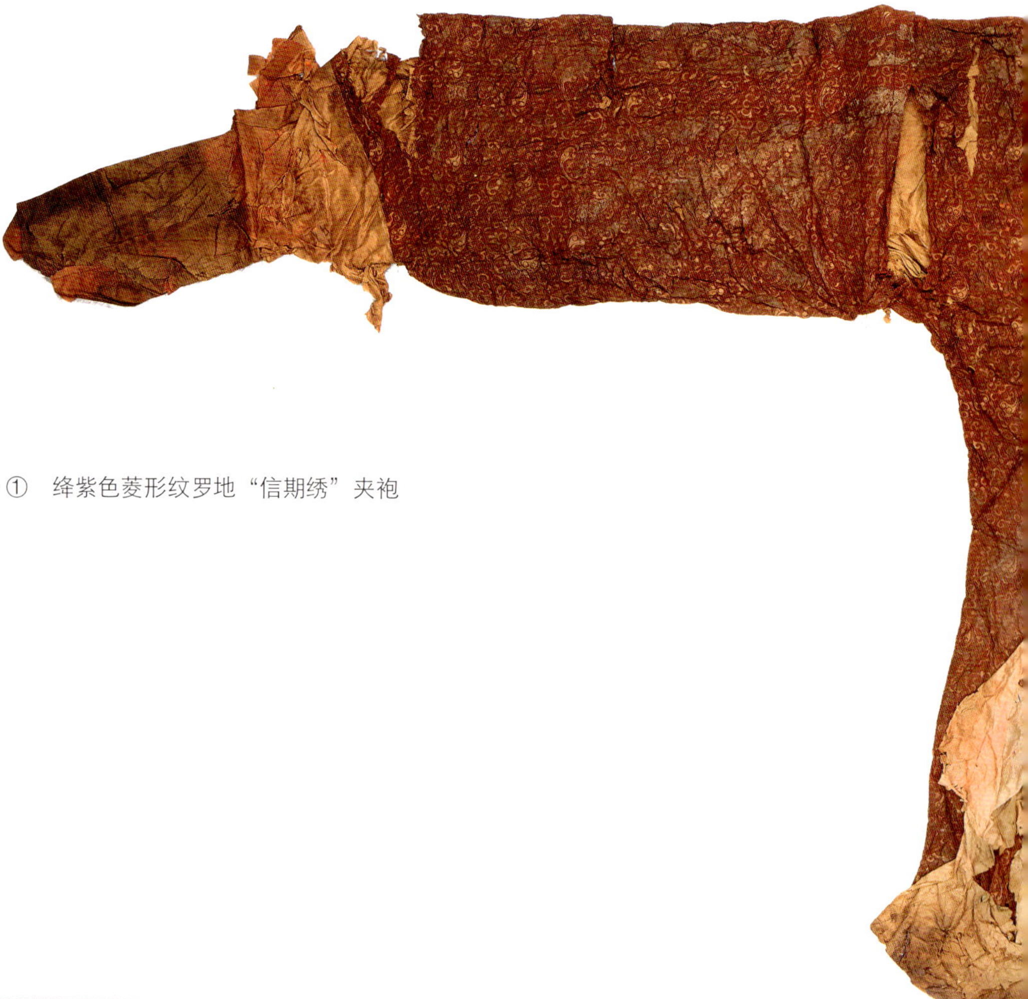

◆ 图 1.4.1- ① 绛紫色菱形纹罗地“信期绣”夹袍

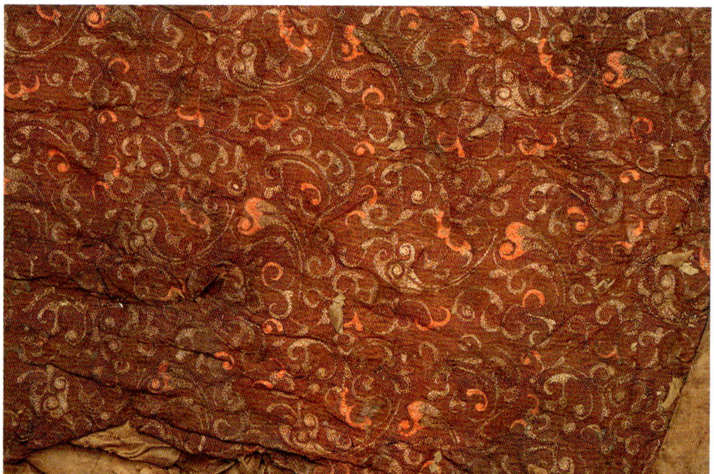

◆ 图 1.4.1- ② “信期绣”局部纹饰

标本 2　6280 几何纹绒圈锦腰带

长 198 厘米，宽 7.5 厘米

锦

分类号：437-2

◆ 图 1.4.2- ①　几何纹绒圈锦腰带

◆ 图 1.4.2- ②　局部细节图

标本 3　6281 几何纹绒圈锦袖缘

长 65 厘米，宽 7.5 厘米

锦

分类号：437-3

◆ 图 1.4.3　几何纹绒圈锦袖缘

标本 4　6282 几何纹绒圈锦袖缘

长 32.5 厘米，宽 7.5 厘米

锦

分类号：437-4

◆ 图 1.4.4- ①　几何纹绒圈锦袖缘

◆ 图 1.4.4- ②　局部细节图

标本 5　6283 素绢怀带

长 60 厘米，宽 2.1 厘米

绢

分类号：437-5

标本 2—5 腰带、袖口缘、怀带（图 1.4.1—图 1.4.5）出土于北边厢，可能是 437 号绛紫色菱形纹罗“信期绣”夹袍上的衣物配件。

袖缘及腰带质地均为Ⅱ型几何纹绒圈锦，是当时最昂贵的丝织品之一。两件袖缘尺寸一致，由两幅长条几何纹绒圈锦边缘内折后相对缝合，再上下缝合为一圈。最长的一条为腰带，有残损，缝合方式与袖口一致。怀带为素绢缝制。

腰带为穿深衣时绕襟使用，多系在衣襟的尖端，防止衣服散开。秦汉时期男子主要用革带，也用丝带，而女子以丝带为主。从出土木俑、帛画等资料看，腰带所系高度视衣襟的高度而定，从后向前以活结方式系在腰前右侧。这种用彩锦制成的腰带被称为“锦带”。从先秦古籍记载看，腰带的尺寸、种类、颜色以及所挂装饰、垂下来的长度均有等级差别。

◆ 图 1.4.5　素绢怀带

标本 6　6305 丝履

长 16 厘米，宽 9 厘米

绢、麻

分类号：434 ①②

此丝履（图 1.4.6）出土于北边厢，出土时保存情况较差，已糟朽变形。双尖翘头方履。从实物残状与检测化验结果来看，履面应用丝线编织而成，履底为麻线结成，履底很有可能曾用大漆髹过。遣册简 260、261 中提到的“丝履”“青丝履”，应即指此。

◆ 图 1.4.6　丝履

标本 7　6306 丝履

长 22 厘米，宽 7.5 厘米

绢、麻

分类号：435 ①②

此丝履（图 1.4.7）出土于北边厢，形制与前一双相同。在各类材质的鞋履中，丝履的使用最为普遍。但至秦朝时期，以丝帛制成的鞋子还属于高级奢侈品。到了汉代，随着丝织技术的提高和丝织品产量的增加，以及汉代政策上也逐渐放松，以丝帛做履的现象十分普遍。马王堆汉墓出土的鞋履实物与随葬奴仆木俑、帛画中人物穿着丝履情况，即可印证当时丝履普及的情况。

◆ 图 1.4.7　丝履

第五节

双层九子漆妆奁内外的纺织品

北边厢双层九子漆妆奁内外出土纺织品共 9 件(组)。奁外有用以包裹双层九子漆妆奁的夹袱 1 件，奁内有手套 3 副、针衣 1 组 2 件、丝绵粉扑 1 组 2 件、组带 1 件、丝绵絮巾 1 件、镜衣 1 件。除用以包裹漆妆奁的夹袱稍有破损外，漆妆奁内的纺织品均基本保存完好。

标本 1　6310 绢地“信期绣”夹袱

长 104 厘米，宽 93 厘米
绢、绦、绢地刺绣
分类号：443

此件绢地“信期绣”夹袱（图 1.5.1-①、②）出土于北边厢，用以包裹双层九子漆妆奁（图 1.5.1-③）。以绢地“信期绣”为主体纹饰，周缘镶以 1.6 厘米宽的褐色绦带和 7 厘米宽的红褐色绢（图 1.5.1-④）。整体保存较为完整，有轻微破损和污染，中间有一圆圈形深色污染痕迹，为包裹双层九子漆妆奁时所留下的印记。袱，意为包袱，这里指用于覆盖的布单。遣册简 256 提到“素信期绣检（奁）戴一素周掾（缘）缥缓缩（绦）飭（饰）”，应即指此。

夹袱绢面经纬密度为每平方厘米 98 根 ×52 根，绢缘为每平方厘米 100 根 ×54 根，绢里为每平方厘米 92 根 ×58 根。

刺绣纹样为Ⅰ型“信期绣”，针脚长 0.15 厘米，线径 0.06 厘米。刺绣步骤是先在绢料上绘制出纹样线描图，再用彩色绣线勾勒出纹样。夹袱刺绣花纹之下还清晰地保留着绣工所绘制的朱红色底稿（图 1.5.1-⑤），为研究西汉时期刺绣工艺步骤提供了重要的实物依据。

夹袱周缘的褐色绦带是装饰衣物用的一种丝织窄带。宽 1.6 厘米，绦面分成三行，各宽 0.5 厘米，每 5.25 厘米一个反复，上有波折纹。褐色绦属于编织结构，它只有经线，没有纬线，即用一组左经线与一组右经线，呈 45° 角相互编织，利用双层组织结构原理，编成图案花纹，在当时应属于较为珍贵的纺织品。

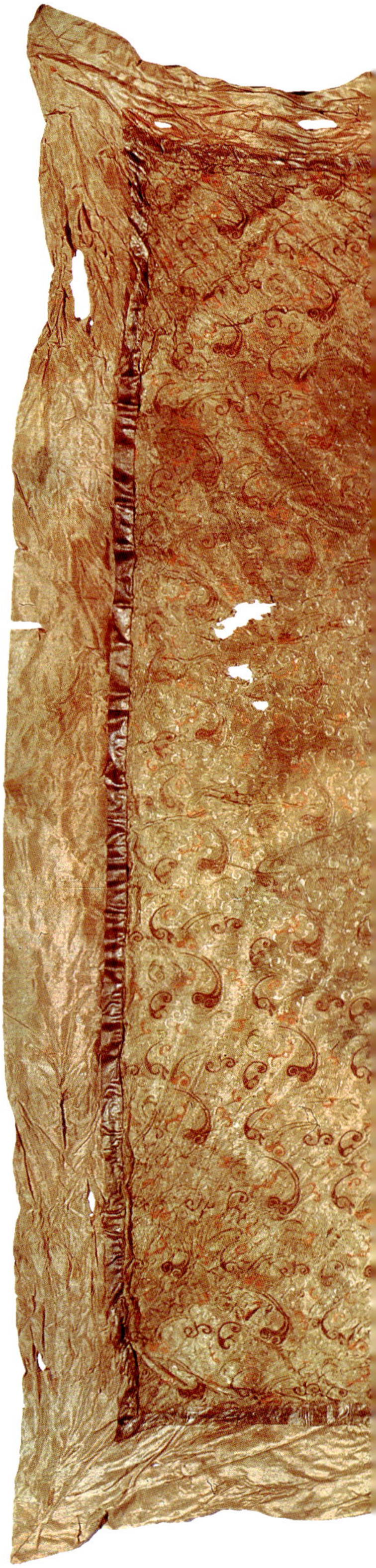

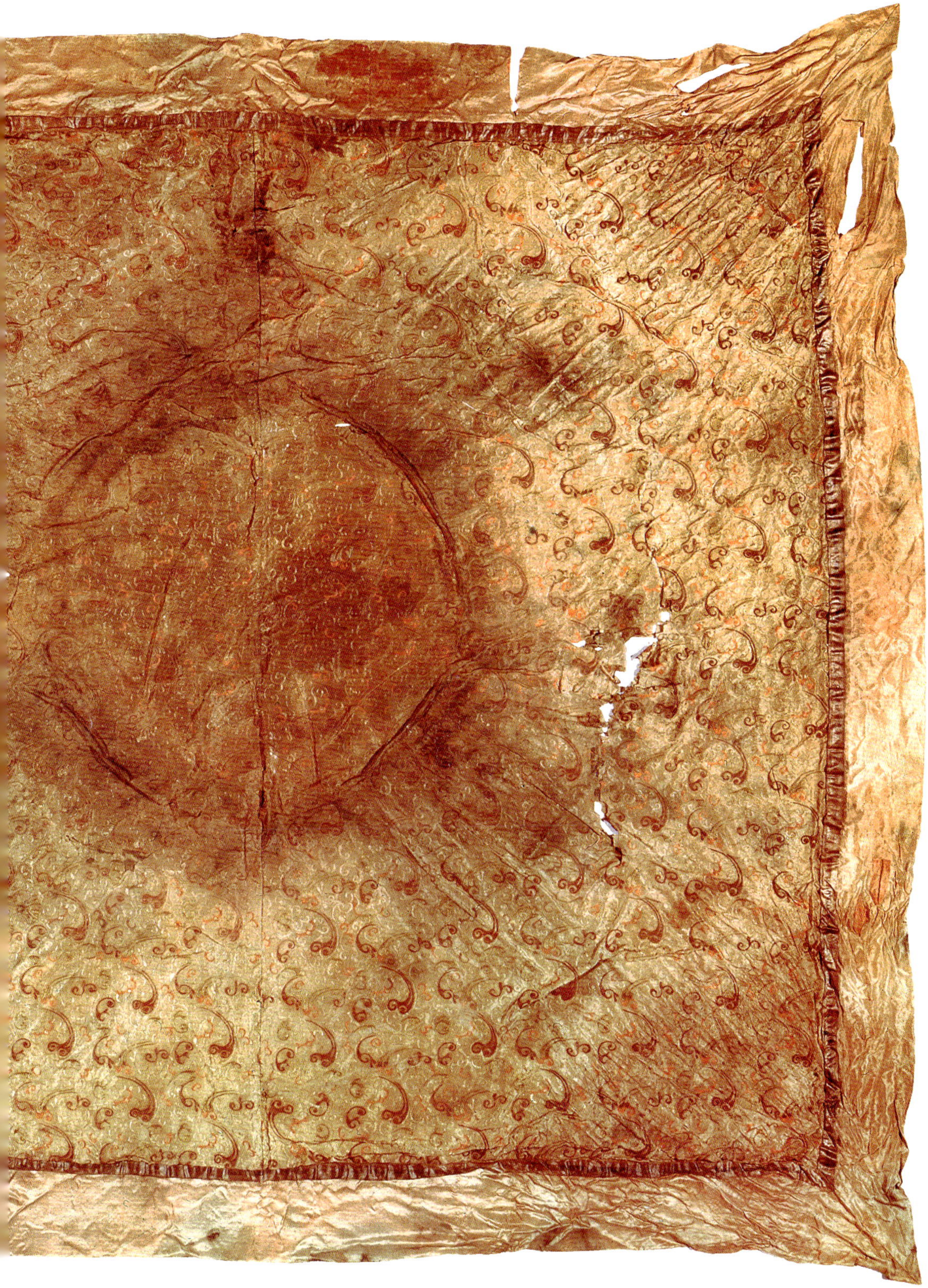

◆ 图 1.5.1- ① 绢地“信期绣”夹袱

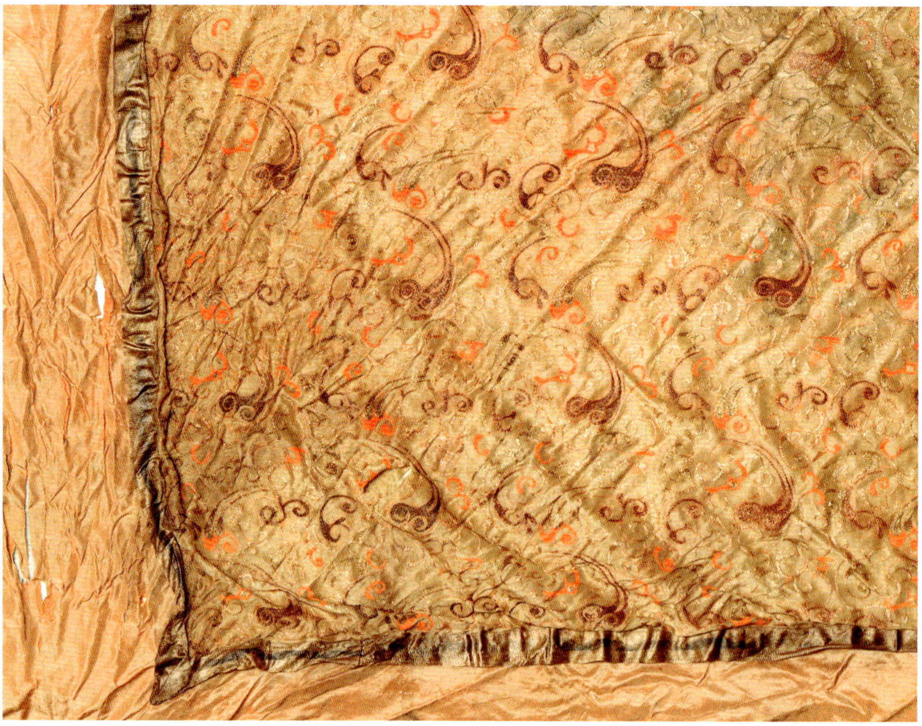

◆ 图 1.5.1- ② 夹袱局部

◆ 图 1.5.1- ③ 绢地“信期绣”夹袱出土情景

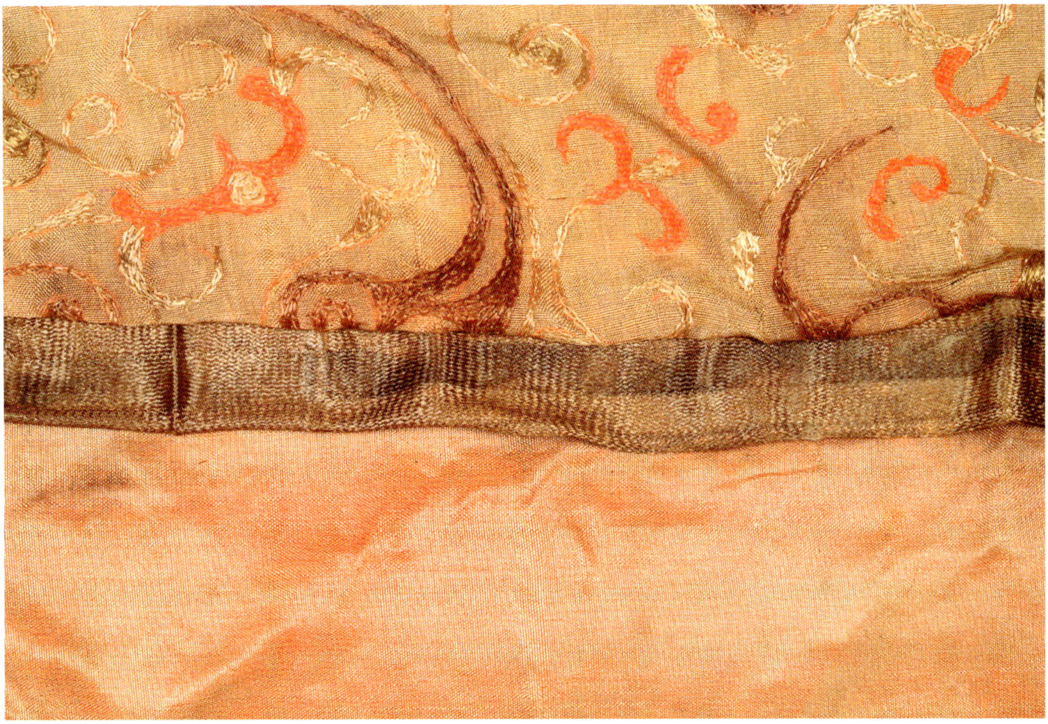

◆ 图 1.5.1- ④ 褐色绦带及红褐色绢缘

◆ 图 1.5.1- ⑤ 绢地“信期绣”局部纹饰及朱红色底稿

标本 2　6298 褐色菱形纹罗手套

长 26.5 厘米，上口宽 8 厘米，下口宽 8.8 厘米

罗、绢、绦

分类号：443-2 ①②

马王堆一号汉墓共出土 3 副丝质手套，是我国目前出土最早的丝质手套。

褐色菱形纹罗手套（图 1.5.2- ①）出土于北边厢双层九子漆妆奁内。直筒露指式夹手套，掌面为菱形纹罗面料，指部和腕部则均用绢。掌面部分的上下两侧，各饰“千金”绦一周。遣册简 266 提到“沙（纱）绮緗一两素掾（缘）千金缯（绦）飭（饰）”，应即指此。

其裁缝方法为：掌面部分用褐色菱形纹罗面料正裁，缝在拇指上下；指部和腕部均用素绢斜裁，是用幅宽 1/4 幅的素绢窄条，按照螺旋式方式缝合成筒状，再折为里、面两层，所以手套的上下两口都没有缝，拇指部分是另加的，口和上侧有缝。手套指、腕部位绢的经纬密度为每平方厘米 136 根 ×64 根，掌面罗为每平方厘米 112 根 ×32 根。

手套掌面为褐色 I 型菱形纹罗面料（图 1.5.2- ②），其织造技术复杂，是汉代颇为贵重的丝织品。手套掌面上下两侧加饰一周的“千金”绦（图 1.5.2- ③、④），是用丝线编织的彩色丝带，用于装饰衣物。因绦上编有篆体“千金”字样而得名。“千金”绦较窄，宽仅 0.9 厘米。绦面分为三行，各宽 0.3 厘米，阴阳纹交替。纹样由“千金”文字、雷纹和波折纹三种组成，呈绛红色，色调古朴。

“千金”绦组织（图 1.5.2- ⑤、⑥）属于编织物的结构类型，它只有经线，没有纬线，即用一组左经线与一组右经线，呈 45° 角相互编织，利用双层组织结构原理，编成图案和文字的花纹，用于高级丝绸装饰品的镶嵌结构。这种结构复杂且用篆文做织物装饰图案的绦带，在我国尚属首次发现，为研究绦带织物发展提供了极有价值的实物史料。

◆ 图 1.5.2- ① 褐色菱形纹罗手套

◆ 图 1.5.2- ② 褐色 I 型菱形纹罗局部

◆ 图 1.5.2- ③ “千金”绦局部

◆ 图 1.5.2- ④ “千金”绦纹样图

◆ 图 1.5.2- ⑤ “千金”绦组织结构示意图

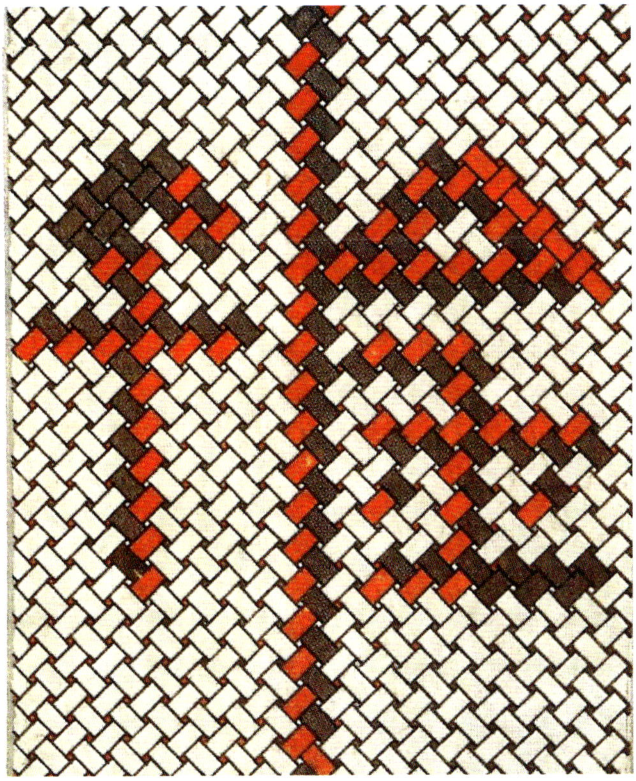

◆ 图 1.5.2- ⑥ “千金”绦背面文字示意图

标本 3　6299 朱红色菱形纹罗手套

长 25 厘米，上口宽 8.2 厘米，下口宽 9.9 厘米
罗、绢、绦
分类号：443-3 ①②

◆ 图 1.5.3- ②　朱红色菱形纹罗手套局部

朱红色菱形纹罗手套（图 1.5.3- ①、②）出土于北边厢双层九子漆妆奁内。直筒露指式夹手套，造型简洁，具有御寒与装饰功能。掌面为朱红色Ⅰ型菱形纹罗，正裁，缝在拇指上下；指部和腕部则均用绢。掌面部分的上下两侧，各饰“千金”绦一周。其缝纫方式为平针，针距 0.2 厘米。其掌面罗料的经纬密度为每平方厘米 104 根 ×38 根，指、腕处绢的经纬密度为每平方厘米 142 根 ×76 根。遣册简 267 记载“绛绮𦅾一两素掾（缘）千金𦁓（绦）飭（饰）”，应即指此。

罗织物图案为瘦长菱形，两侧各附加一个不完整的较小菱形，以粗细线条构成耳杯状菱形图案，虚实两行相间排列。面料色泽鲜艳，经检测为朱砂染色而成。织物孔眼清晰，染色均匀，足以说明西汉时期的印染工艺之高超。

◆ 图 1.5.3- ①　朱红色菱形纹罗手套

标本4 6300绢地“信期绣”手套

长 24.8 厘米，上口宽 9.4 厘米，下口宽 11 厘米

绢、绦、绢地刺绣

分类号：443-4 ①②

绢地“信期绣”手套（图 1. 5. 4- ①）出土于北边厢双层九子漆妆奁内。直筒露指式夹手套，具有御寒与装饰功能。掌面为绢地“信期绣”，指部和腕部均用绢，掌面部分的上下两侧，饰有褐色绦和“千金”绦一周（图 1. 5. 4- ②、③）。遣册简 268 提到“素信期绣尉一两赤掾（缘）千金绦（绦）飭（饰）”，应即指此。

其剪裁工艺为掌面部分使用绢地“信期绣”正裁，缝在拇指上下，指部和腕部分别为采用绛紫色绢和黄绢斜裁。拇指部分使用黄绢为里，绛紫色绢为面。其经纬密度如下：掌面绢地为每平方厘米 108 根 ×62 根，指部绛紫色绢为每平方厘米 110 根 ×60 根，腕部素绢为每平方厘米 134 根 ×72 根。

其刺绣纹样为Ⅰ型“信期绣”，形状写意的燕尾与其周围的花卉流云相互融合，极具浪漫主义色彩，刺绣之下还清晰地保留着绣工所绘制的朱红色底稿（图 1. 5. 4- ④）。

图 1.5.4- ① 绢地“信期绣”手套

◆ 图 1.5.4- ② 绢地“信期绣”手套局部
（上为褐色绦、下为“千金”绦）

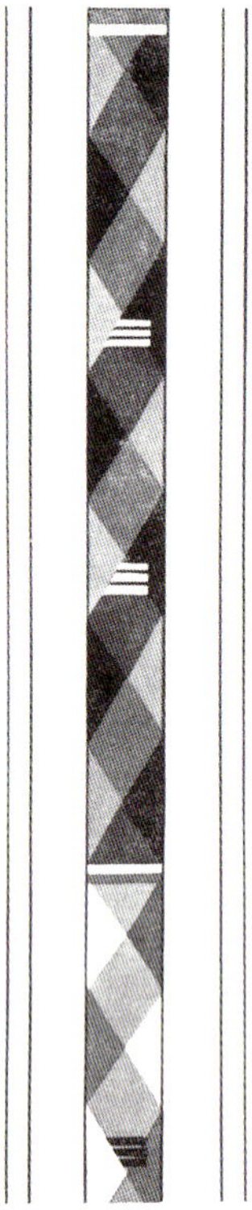

◆ 图 1.5.4- ③ 褐色绦纹样图

◆ 图 1.5.4- ④ “信期绣”局部纹样及朱红色底稿

标本 5　6346 淡黄色组带

长（带穗）145 厘米，宽 11 厘米

编织

分类号：443-5

组带（图 1.5.5）出土于北边厢双层九子漆妆奁内的上层，为编纂组织物。现呈淡黄色，是用左右两组经线交叉编织的带状双层织物。两端有穗：一端为套状穗，是组头的套扣，长 2 厘米；一端为散穗，长 3.3 厘米。遣册简 275 提到“红组带一”，应即指这件淡黄色组带，只是由于受到外界环境的干扰，颜色发生了变化。组是古代用于系佩玉、佩印的丝带，但该墓未出土玉佩且该组带 1 米多长，应不是汉代佩绶之带，极有可能是丝腰带。

◆ 图 1.5.5　淡黄色组带

标本6 6347丝绵絮巾

长84厘米，宽28厘米，厚0.18—0.4厘米

丝

分类号：443-6

丝绵絮巾（图1.5.6-①、②）出土于北边厢双层九子漆妆奁内的上层，呈淡黄色，两头较窄，呈现丝绵的自然状态，为了解和研究汉代初期丝绵的形状，提供了颇有价值的实物资料。此丝绵具体作用不详，或许是用于擦拭镜面。

丝绵俗称绵兜，古人以上等蚕茧抽丝织绸，用蚕茧之次者（如双宫、污斑、薄壳）煮熟后，用漂絮法制取丝绵。古代在棉花引进并大面积种植以前，丝绵是天寒时富人和贵族们御寒衣物的主要用料。

◆ 图1.5.6-② 丝绵絮巾局部细节

◆ 图1.5.6-① 丝绵絮巾

标本 7　6318 绢地“长寿绣”镜衣

高 36 厘米，直径 32 厘米

绢、绢地刺绣

分类号：443-7

绢地“长寿绣”镜衣（图 1.5.7-①）出土于北边厢双层九子漆妆奁内，是迄今所见最早的汉代镜衣的完整实物。形制为筒状，“长寿绣”绢底（图 1.5.7-②），筒面用绛紫色绢，内絮薄层丝绵。底面绢的经纬密度为每平方厘米 92 根 ×40 根，筒面绢为每平方厘米 45 根 ×40 根。遣册简 264 记载“素长寿镜衣一赤掾（缘）大”，应即指此。

镜衣上的“长寿绣”采用锁绣法以棕红、淡黄、橄榄绿和棕褐四色丝线绣成。丝线直径为 0.08 厘米，针脚长 0.15—0.17 厘米。纹饰由穗状流云、卷草、花叶和凤鸟构成，为 I 型“长寿绣”。

在镜衣的底部绢面中央有一只侧身飞翔的凤鸟。凤鸟隐没于流畅灵动、相互交织的流云和蔓草间。凤鸟杏圆形头，杏圆形眼，眼中点睛，头戴一支单花蕾冠，细颈小身，双翅展开，长尾分叉，呈蔓草卷曲状，尾翎的末端为一朵三尾穗状流云。凤鸟旁有一朵特别显眼的绿色四涡云头穗状流云（图 1.5.7-③）。此外，I 型“长寿绣”纹样中还有两种典型的穗状流云，一种是双色云头穗状流云（图 1.5.7-④），另一种为心形云头穗状流云（图 1.5.7-⑤）。此种刺绣花纹因凤而寓意“长生不老”，故遣册称之为“长寿绣”。

图 1.5.7-①　绢地“长寿绣”镜衣

◆ 图 1.5.7- ② “长寿绣”局部纹饰

◆ 图 1.5.7- ③ 四涡云头穗状流云和凤鸟纹

◆ 图 1.5.7- ④　双色云头穗状流云

◆ 图 1.5.7- ⑤　心形云头穗状流云

标本 8　6069（附件 1）针衣（2 件）

长 16 厘米，宽 8.8 厘米（443-12 ①）
长 16 厘米，宽 8.8 厘米（443-12 ②）
绢、罗
分类号：443-12 ①②

针衣出土于北边厢双层九子漆妆奁内的长方形小漆奁中，共有 2 件。2 件针衣中部皆用细竹条编成帘状，四周再加绢缘。其中 443-12 ①针衣（图 1.5.8- ①）为赤色绢缘，遣册简 265 提到“络绮鍼（针）衣一赤掾（缘）”，应即指此。443-12 ②针衣（图 1.5.8- ②、③）为棕色绢缘，绢缘内分别包有一薄竹片，针衣使用时可展开，绢缘外缝有朱红色菱形纹罗（图 1.5.8- ④），展开时缝有丝带，可将折叠后的针衣系起来，现已断裂。2 件针衣的中部，都拦腰缀一丝带，其上隐约可见针眼痕迹，当为插针之用，为女性缝衣刺绣所用之物。

◆ 图 1.5.8- ①　针衣（443-12 ①）

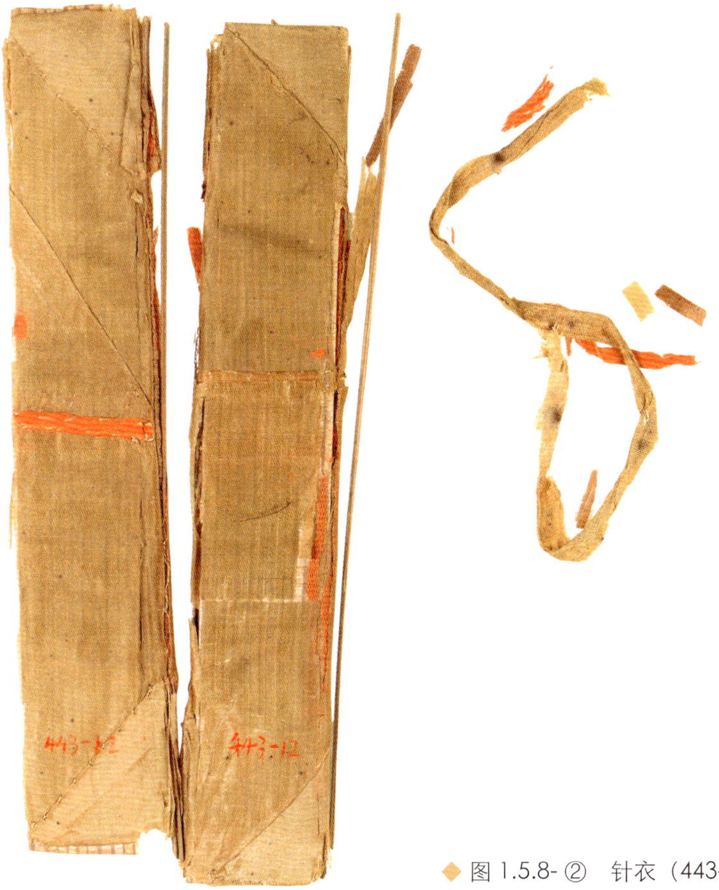

◆ 图 1.5.8- ② 针衣（443-12 ②）

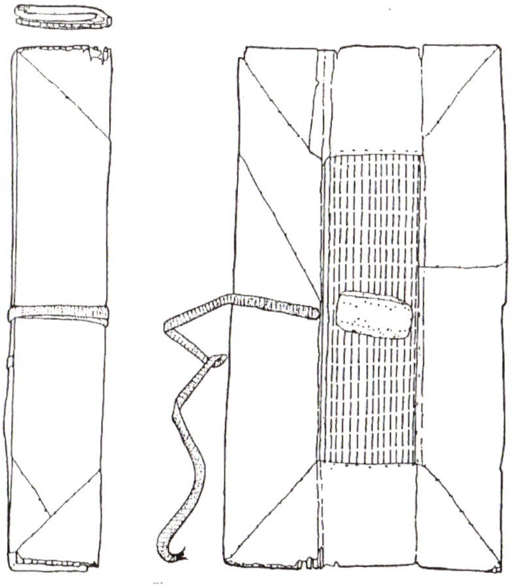

◆ 图 1.5.8- ③ 针衣线图（443-12 ②）

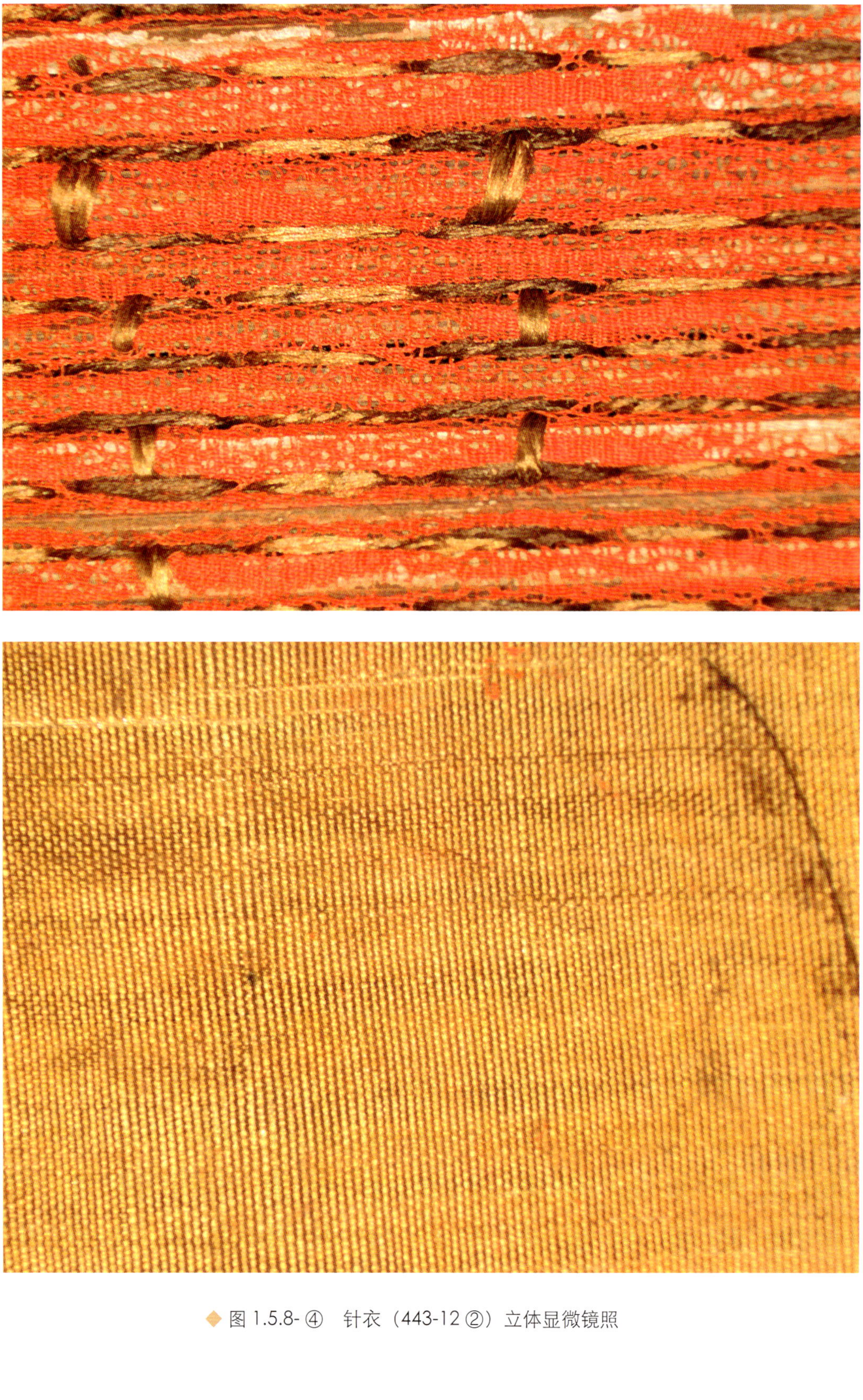

◆ 图 1.5.8- ④ 针衣（443-12 ②）立体显微镜照

标本9 6069（附件2）丝绵粉扑（2件）

高 1.5 厘米

丝

分类号：443

丝绵粉扑（图 1.5.9-①）共有 2 件，分别出土于北边厢双层九子漆妆奁内的彩绘云龙纹圆形小奁和针刻云气纹圆形小奁中，与粉质或油质化妆品放置在一起（图 1.5.9-②）。

丝绵是将蚕茧表面的乱丝团成圆饼状用于吸化妆粉搽脸的化妆用具。九子漆妆奁内还出土了白粉、油彩、胭脂、假发、梳、篦、镊等梳妆用品，它们是了解和研究西汉初期人们化妆情况的重要实物资料。

从马王堆汉墓出土的化妆用具来看，汉代女子的面妆比较讲究。面妆是将铅粉、胭脂等化妆用品按一定的方式涂抹在脸颊上，形成各种各样的面妆。由于年龄、身份、地区风尚习俗的差异及化妆者所处时代的不同，面妆形式不一，各异其趣。

◆ 图 1.5.9-① 丝绵粉扑（2 件）

◆ 图 1.5.9-② 存放粉扑等的双层九子漆妆奁

第六节

单层五子漆妆奁内外的纺织品

北边厢单层五子漆妆奁内外出土纺织品共5件（组）。奁外有用以包裹单层五子漆妆奁的夹袱1件，奁内有镜衣1件、镜擦1件、辛追印章上所系丝带以及圆形小奁内所绷绛色绢。除镜擦和丝带保存较为完整外，奁内其他纺织品均有不同程度的破损。

标本 1　6309 绢地“长寿绣”夹袱

长 85.5 厘米，宽 75 厘米

绢、绢地刺绣

分类号：441-1

绢地“长寿绣”夹袱（图 1.6.1-①）出土于北边厢，用以包裹单层五子漆妆奁（图 1.6.1-②）。

袱，意为包袱，这里指用于覆盖的布单，是用来包裹漆妆奁的丝织物。以绢地“长寿绣”为主体纹饰，周缘镶以宽 5.3 厘米的褐色绢（图 1.6.1-③）。遣册简 257 记载“素长寿绣小检（奁）戴一赤周掾（缘）”，应即指此。其经纬密度如下：绢面为每平方厘米 90 根 ×44 根，绢缘为每平方厘米 92 根 ×50 根，绢里为每平方厘米 34 根 ×28 根。

夹袱刺绣纹饰属于 I 型“长寿绣”（图 1.6.1-④），由相同的图案单元作 1/2 错位的阶梯连缀式排列而成，每个图案单元含有十余朵穗状流云、藤蔓式卷草、花蕾和单花蕾冠的凤鸟纹等。凤鸟纹和三种穗状流云纹呈“品”字形分布在图案单元中，是其典型特征。

图 1.6.1-①　绢地“长寿绣”夹袱

◆ 图 1.6.1-② 绢地“长寿绣”夹袱出土情景

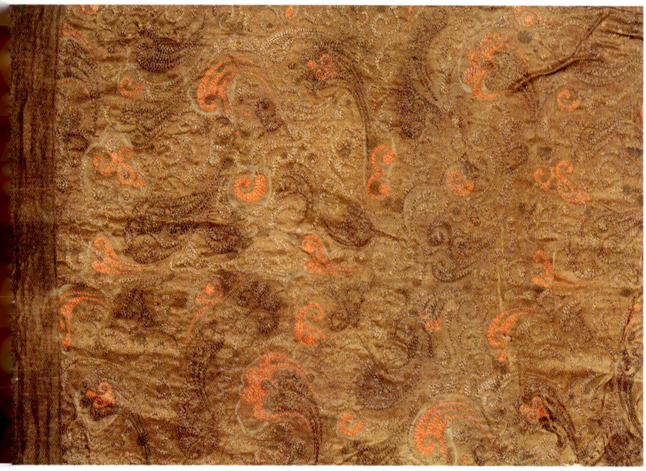

◆ 图 1.6.1-③ 夹袱局部

◆ 图 1.6.1-④ 绢地“长寿绣”局部纹饰

标本 2 6317 镜衣

长 29 厘米，宽 25 厘米

锦、绢、绢地刺绣

分类号：441-3

镜衣（图 1.6.2-①）内装铜镜，出土于北边厢单层五子漆妆奁中。镜衣呈筒状，筒缘用绢，底部由几何纹绒圈锦和刺绣各两片相间拼成，残损严重。遣册简 242 记载“小镜一有衣”当指此。

底部的绒圈锦（图 1.6.2-②）在纵向上排列 1—2 种几何纹，在横向上有几何纹样 20 多种。几何图形之间饰以断续的虚线点纹，使得每个纹样都在一个近似菱形的格子中，属于Ⅲ型几何纹绒圈锦。刺绣部分（图 1.6.2-③）残损严重，已无法辨别具体刺绣纹样，但可以清晰地看见刺绣之下绘制的墨色底稿。

◆ 图 1.6.2-① 镜衣

◆ 图 1.6.2- ② Ⅲ型几何纹绒圈锦局部

◆ 图 1.6.2- ③ 刺绣局部

标本 3　6196 丝绸镜擦

底径 5 厘米，高 4.5 厘米

绢、锦、刺绣

分类号：441-15

镜擦（图 1.6.3-①、②）出土于北边厢单层五子漆妆奁内，作锥形，使用红色绢、几何纹锦和刺绣面料缝制而成，内絮丝绵。遣册简 243 提到“所以除镜一”，应即指此。

秦汉时期已经有了专门用来擦拭镜面的镜擦，使镜面保持清洁明亮，以免影响照容，可见汉代人们对梳妆打扮及生活品质的追求。

◆ 图 1.6.3-①　丝绸镜擦

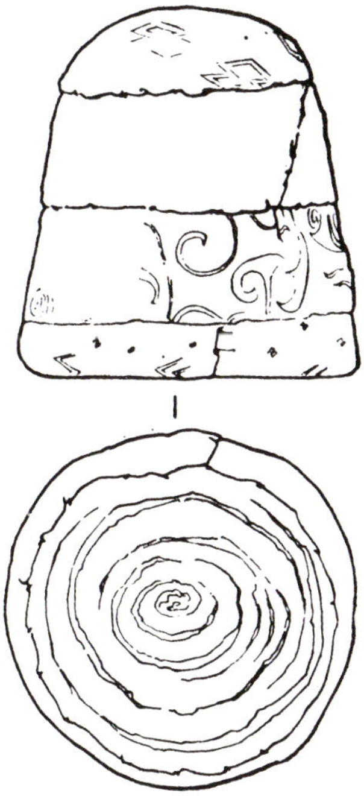

◆ 图 1.6.3-②　丝绸镜擦线图

标本 4　5013 辛追印章上的丝带

印章边长 2.5 厘米

丝

分类号：441-18

辛追印章出土于北边厢单层五子漆妆奁内，上有穿孔，系丝带（图 1.6.4），呈棕色。

图 1.6.4　辛追印章及丝带

标本 5　5006 圆形小奁所绷绛色绢

奁底径 10.2 厘米，通高 5.5 厘米，盖径 11.4 厘米

绢

分类号：441-3

绛色绢位于北边厢单层五子漆妆奁内的圆形小奁中（图 1.6.5-①），被绷在奁盒的内外壁，位于内壁的绢轻微破损和起皱（图 1.6.5-②），位于外壁的绢已残缺。

◆ 图 1.6.5-①　圆形小奁及绛色绢

◆ 图 1.6.5-②　内壁中的绛色绢

第二章

CHAPTER Ⅱ

东边厢内的纺织品

东边厢共分为三层，主要放置着不同身份的木俑和盛食器，象征着家丞和奴仆的备食区。该边厢出土纺织品数量较少，仅有戴冠男俑服饰残件、65号竹笥内所盛纺织品、盛有竽律管的绣袋和竹笥上的麻绳四类。

根据发掘报告和出土实物统计，东边厢共出土纺织品12件（组），包括戴冠男俑服饰残件1件、香囊3件、丝履1双、竽律衣1件和竹笥上的麻绳6件。由于竹笥和上方的麻绳保存状态较差，大多麻绳已不存。

第一节

戴冠男俑服饰

标本 1　戴冠男俑服饰残件

俑高 84.5 厘米，肩宽 21 厘米，头长 15 厘米

罗、锦

分类号：1

戴冠男俑出土于东边厢（图 2.1.1-①），体型高大，头戴长冠，出土时身着衣物。衣着均已残破，从残存部分观察，他身穿深蓝色菱形纹罗长袍（图 2.1.1-②），长可以掩足，广袖，领、袖及衣襟皆锦缘。足上附着木雕男式圆头鞋，鞋底刻有“冠人”二字。“冠人”通“倌人”，即内小臣，为墓主贴身阉侍，众奴婢之长。其冠履服饰反映了该俑不同于其他木俑的身份地位，亦是研究汉初侯国官制、列侯情况和服饰艺术的重要资料。

◆ 图 2.1.1- ①　戴冠男俑出土情景

◆ 图 2.1.1- ②　身穿服饰的戴冠男俑

第二节
65 号竹笥内的纺织品

65 号竹笥位于东边厢上层，出土时较为残损。笥内出土纺织品共 4 件（组），包括香囊 3 件和丝履 1 双，丝履严重糟朽，香囊均保存完好。

标本 1　6314 黄褐色对鸟菱形纹绮地“信期绣”香囊

通长 50 厘米，口径 18 厘米，底径 14 厘米
绮、绢、锦、绮地刺绣
分类号：65-1

黄褐色对鸟菱形纹绮地“信期绣”香囊（图 2.2.1-①）出土于东边厢 65 号竹笥中（图 2.2.1-②），出土时内装茅香。香囊尺寸较大，应为卧室用品，悬挂于内室帷帐之间，古人用之辟邪、避虫叮咬等。

香囊形制分为领部、腰部和底部。领部和囊里都用斜裁的素绢缝制，腰部为黄褐色对鸟菱形纹绮地“信期绣”缝制，且有用于封口的系带。底部由几何纹绒圈锦缝制而成（图 2.2.1-③）。其经纬密度如下：囊领部绢为每平方厘米 102 根 ×62 根，囊腰部绮地为每平方厘米 98 根 ×42 根。刺绣针脚长 0.15 厘米，线径 0.06 厘米。遣册简 271 提到“素信期绣熏囊一沙（纱）素掾（缘）”，应即指此。

其刺绣纹样为Ⅰ型“信期绣”（图 2.2.1-④），使用朱红、浅棕红、褐色、深绿等色丝线，绣制出似燕尾的穗状流云和围绕其间的卷枝花草纹，与对鸟菱形纹绮地纹样上下叠压，呈现出无限的生机与诗意。

马王堆汉墓出土的香囊保存基本完好且刺绣华丽，是汉代贵族使用的珍贵物品，不仅传递出汉代香文化的信息，亦为研究汉代人们的生活习俗与纺织成就提供了珍贵的一手资料。

图 2.2.1-①　黄褐色对鸟菱形纹绮地“信期绣”香囊

◆ 图 2.2.1- ② 65 号竹笥中香囊出土情景

◆ 图 2.2.1- ③ 香囊局部

◆ 图 2.2.1- ④ 对鸟菱形纹绮地“信期绣”局部

标本 2 6315 黄褐色菱形纹罗地“信期绣”香囊

通长 48 厘米，口径 19 厘米，底径 13 厘米

罗、绢、锦、罗地刺绣

分类号：65-2

黄褐色菱形纹罗地“信期绣”香囊（图 2.2.2-①、②）出土于东边厢 65 号竹笥中，出土时内装高良姜、辛夷等香料。

香囊腰部有带，带用绛紫色绢面缝制。囊领由三块三角形绢面料斜裁拼合而成，腰部用菱形纹罗地“信期绣”缝制，囊底由一圆形Ⅱ型几何纹绒圈锦缝合。其经纬密度如下：囊领部绢为每平方厘米 118 根 ×66 根，腰部罗为每平方厘米 88 根 ×30 根。缝纫方法为腰部与领部结合处用一上一下跑针缝合，针间距 0.4 厘米，针脚长 0.5 厘米；囊领由三块三角形面料平针拼合而成，针脚长 0.3 厘米。刺绣的针脚长 0.15 厘米，线径宽 0.06 厘米。遣册简 270 提到“绀绮信期绣熏囊一素掾（缘）”，应即指此。

其刺绣纹样为Ⅰ型“信期绣”，刺绣花纹之下清晰地保留着绣工所绘制的墨色底稿（图 2.2.2-③）。香囊底部使用Ⅱ型几何纹绒圈锦（图 2.2.2-④）缝制，在马王堆汉墓出土的纺织品中锦一般做绵袍镶缘，几巾、枕巾缘，镜衣或香囊底等之用。

图 2.2.2-② 黄褐色菱形纹罗地“信期绣”香囊局部

◆ 图 2.2.2- ① 黄褐色菱形纹罗地“信期绣”香囊

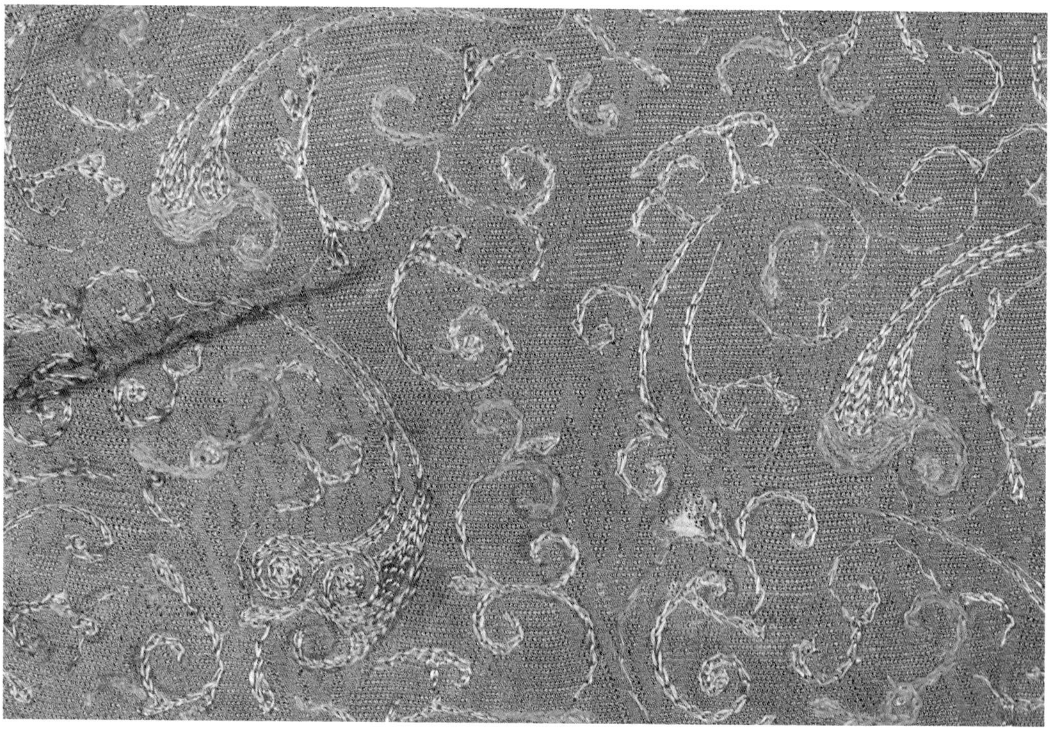

◆ 图 2.2.2-③ 菱形纹罗地“信期绣”局部纹饰及墨色底稿

◆ 图 2.2.2-④ Ⅱ型几何纹绒圈锦

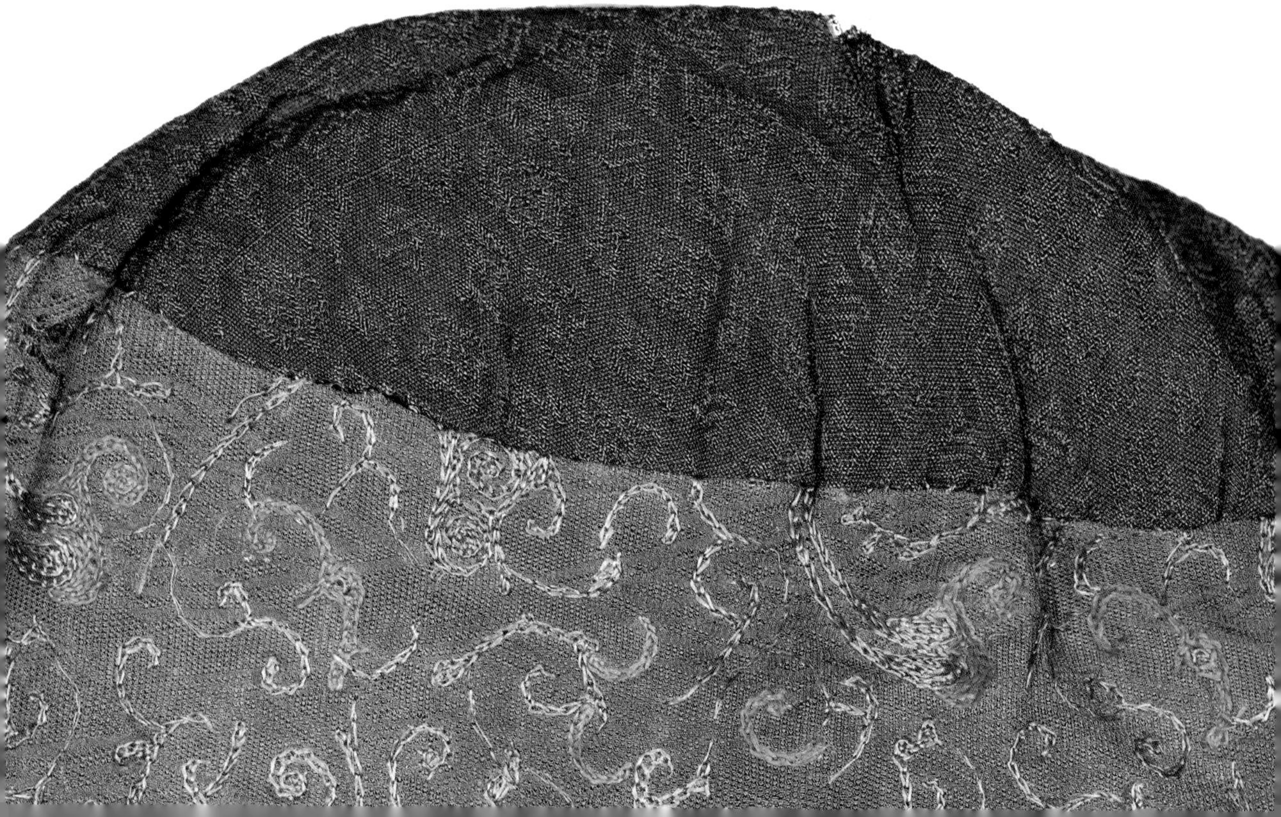

标本 3　6316 黄褐色菱形纹罗香囊

通长 43 厘米，口径 18 厘米，底径 10 厘米

罗、绢、纱、绮地刺绣

分类号：65-4

黄褐色菱形纹罗香囊（图 2.2.3- ①）出土于东边厢 65 号竹笥中，出土时内装伞形科植物、辛夷、红黑色片状物及粉末等香料。香囊腰部有印花敷彩纱系带，领部用斜裁的三块三角形素绢缝制而成，腰部用黄褐色Ⅱ型菱形纹罗缝制。囊底由两块对鸟菱形纹绮地“信期绣”拼接而成。其囊领部绢的经纬密度为每平方厘米 118 根 ×66 根，囊腰部罗面为每平方厘米 76 根 ×34 根，囊底部绮为每平方厘米 88 根 ×30 根，囊里绢为每平方厘米 74 根 ×38 根。遣册简 272 提到“红绮熏囊一素掾（缘）”，应即指此。

香囊囊部菱形纹罗呈黄褐色，图案为纵向的瘦长菱形（图 2.2.3- ②），两侧各附加一个不完整的较小菱形，虚实之间两行相间排列，经纬密度较为稀疏，罗孔清晰，花地分明。底部“信期绣”的刺绣针脚为 0.15 厘米，以朱红、浅棕红和褐色丝线绣出穗状流云、卷枝花草等图案（图 2.2.3- ③）。香囊腰部的印花敷彩纱丝带（图 2.2.3- ④）图案为藤本科植物的变形纹样，枝蔓为印花，蓓蕾、花穗和叶子为彩绘而成，是迄今发现最早的印花与彩绘结合的丝织品。

图 2.2.3- ①　黄褐色菱形纹罗香囊

◆ 图 2.2.3- ② 黄褐色菱形纹罗局部纹样

◆ 图 2.2.3- ③ 香囊底部对鸟菱形纹绮地“信期绣”

图 2.2.3-④ 印花敷彩纱丝带

标本 4　6304 丝履

长 21.5 厘米，宽 7 厘米

绢、麻

分类号：65-3

丝履（图 2.2.4）出土于东边厢 65 号竹笥中。履面用丝缕编织而成，平纹，纬线较粗，履底用麻线编结而成，形制为双尖翘头方履。保存情况较差，已糟朽变形。遣册简 259 提到的“素履”应即指此。

图 2.2.4　丝履

第三节

竽律衣

标本1　6353对鸟菱形纹绮地“乘云绣”竽律衣

长28厘米，上宽19厘米，下宽15.5厘米

绮、绢、绮地刺绣

分类号：78-1

对鸟菱形纹绮地“乘云绣”竽律衣（图2.3.1-①、②）出土于东边厢第二层，其一角紧贴厢壁，并被一内装有羊骨的竹笥叠压。竽律衣出土时已部分残损，一角残损尤其严重，表面多处有些许灰蓝色斑点状物质附着（图2.3.1-③）。其内装的竽律管保存较好，一套十二管，每支律管下部墨书十二律吕的名称，是中国现存最早、最完整的十二音律管。遣册简278记载“竽律印熏衣一”，应即指此。

竽律衣用淡黄色对鸟菱形纹绮地“乘云绣”缝制成方形袋状，底边宽约15厘米，袋长亦为15厘米左右，袋口缘前有一长10厘米左右的袋舌，袋舌三边由绛紫色绢缝制成缘，缘宽约2.2厘米，缘的经纬密度为每平方厘米108根×56根。加缘的舌部宽约17厘米，略宽于袋的底边，推测舌部应可向下折叠并盖住袋的口缘，起到收束限制之用（图2.3.1-④）。

袋体用丝线垂直缝成十二个小筒（图2.3.1-⑤），内衬有绢，以便将竽律管按顺序装入袋中，缝线针脚长0.28—0.3厘米。竽律衣所用对鸟菱形纹绮面经纬密度为每平方厘米102根×36根，绣面的针脚长0.15—0.2厘米，线径为0.035厘米。图案为纵向的连续菱形纹，菱形纹内填以横向的花纹，每组三层，分别为对鸟和两种不同菱形花纹。

刺绣纹样为Ⅰ型“乘云绣”（图2.3.1-⑥），采用锁绣法以朱红、深红、灰绿和黄褐色丝线绣出流云、卷草和隐没其间的凤首纹。整体以凤眼为内部核心单元纹样，翻滚旋转的云气纹与若隐若现的凤鸟纹相互交织，寓意吉祥。

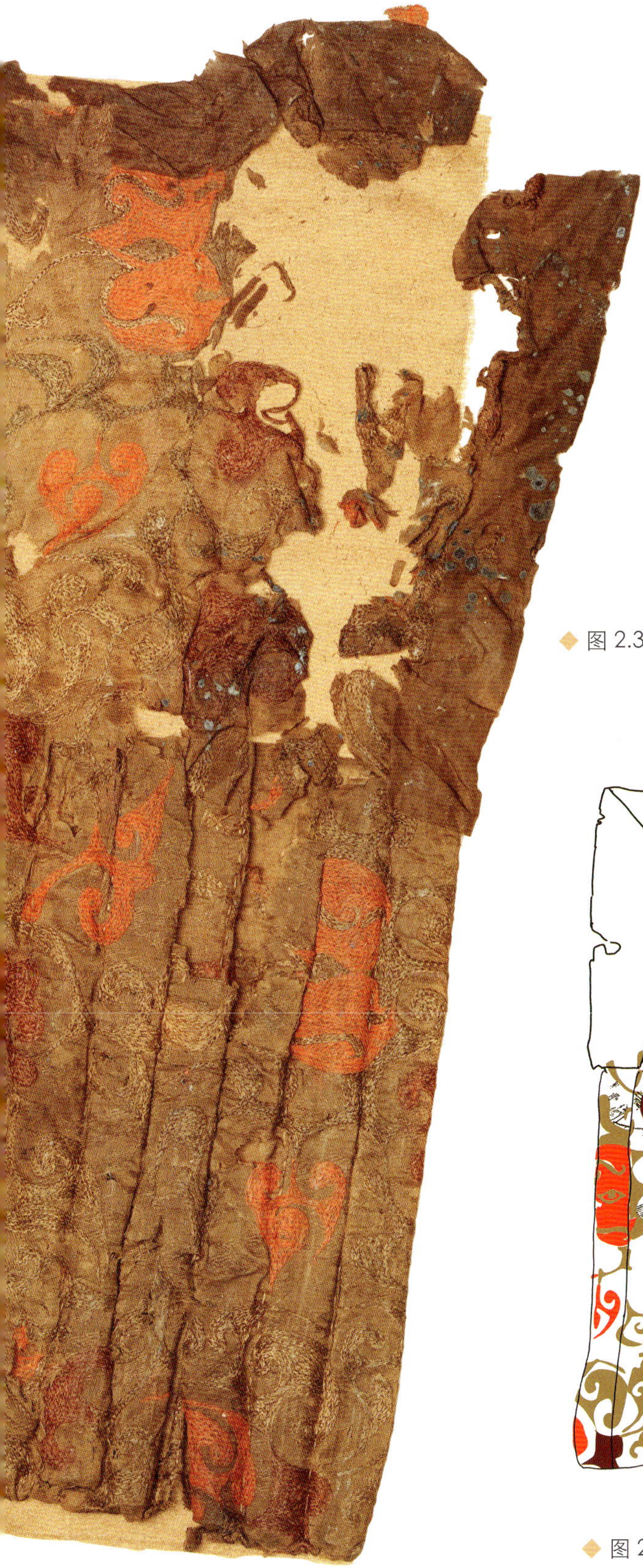

◆ 图 2.3.1- ① 对鸟菱形纹绮地“乘云绣”竽律衣

◆ 图 2.3.1- ② 竽律衣纹饰线图

◆ 图 2.3.1- ③　竽律衣附着灰蓝色斑点状物质

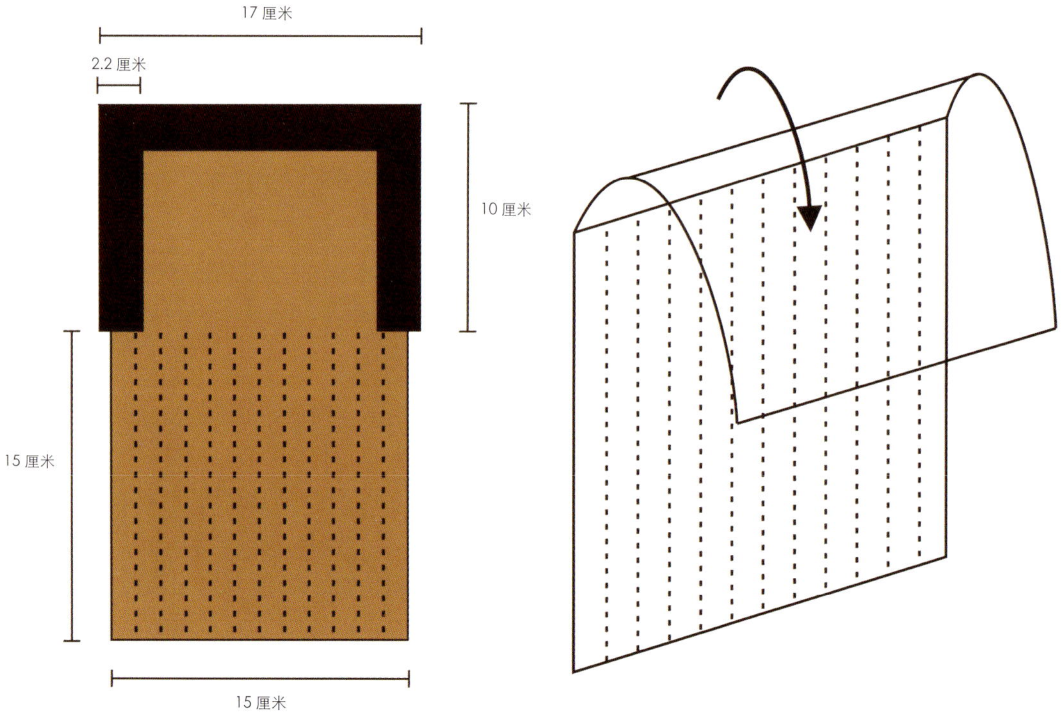

◆ 图 2.3.1- ④　竽律衣形状及折叠方式线图

◆ 图 2.3.1- ⑤　竽律衣局部

◆ 图 2.3.1- ⑥　对鸟菱形纹绮地“乘云绣”局部

第四节

竹笥上的麻绳

东边厢共出土竹笥6件（65、76、226、227、230、231号），大多位于东边厢下层，受上部物品叠压和厢内积水浸泡的影响，竹质糟朽，现已收缩变形。出土时，竹笥均采用麻绳捆扎封缄，随着系绳朽烂或其他原因，目前东边厢仅有230号竹笥上残存麻绳。

标本 1　LMS692 230 号竹笥上的麻绳

残长 9 厘米

麻

分类号：230

麻绳位于东边厢下层 230 号竹笥顶面（图 2.4.1-①），竹笥残损严重，竹质糟朽，现已收缩变形，出土时内存串以竹签的兽骨。麻绳由苘麻制成，仅残存一小段（图 2.4.1-②），呈暗红色，经检测是以赤铁矿（Fe_2O_3）和朱砂（HgS）复染呈色。其上附着多处蓝色团状斑迹，经检测为蓝铁矿，蓝铁矿形成所需的磷源自竹笥内食材骨骼析出。

◆ 图 2.4.1-①　230 号竹笥及其麻绳

◆ 图 2.4.1-②　麻绳局部

第三章

CHAPTER Ⅲ

南边厢内的纺织品

南边厢共分为三层，随葬物品和功能与东边厢相同，主要放置着不同身份的木俑和盛食器，象征着家丞和奴仆的备食区。其出土纺织品数量较少，仅有戴冠男俑服饰残件、竹笥上的麻绳和草席的丝织品包缘三类。根据发掘报告和出土实物统计，南边厢共出土纺织品 11 件（组），包括戴冠男俑服饰残件 1 组、竹笥上的麻绳 9 件（组）和草席丝织品包缘 1 组。

南边厢共出土竹笥 9 件（283、305、317—319、459—462 号）均位于南边厢下层，受上部物品叠压和厢内积水浸泡的影响，出土时残破严重，竹质糟朽，竹笥上的麻绳亦大多朽烂，仅剩 283 号竹笥上残存麻绳。南边厢出土草席亦保存状态较差，草席的丝织品包缘亦残损不存。

标本 1 5080 戴冠男俑服饰残件

俑高 79 厘米，头长 14 厘米，肩宽 19 厘米
罗、锦、绢
分类号：235

戴冠男俑（图 3.1.1-①）出土于南边厢（图 3.1.1-②），俑体型高大，头戴长冠，身穿长袍，鞋底刻有“冠人”二字。出土时身着衣物，衣物残损严重，从残存部分观察，他身穿深蓝色Ⅱ型菱形纹罗长袍，长可以掩足，领及衣襟皆为锦缘，衣袖处为绢缘。衣物现已从俑上脱落，约残存 43 块残片，大小各异，包括深蓝色菱形纹罗衣袖（图 3.1.1-③）、上衣（图 3.1.1-④）和几何纹锦领缘（图 3.1.1-⑤）等。

从菱形纹罗衣袖和上衣残片可见，罗织物粗花纹线条挺秀，菱环相扣，大小成套叠组在一起。细花纹工整精致，上下对称，图纹清晰可见。整体网孔清晰，花地分明。罗织物呈现出深沉的蓝黑色泽，推断罗织物的深蓝色应是单独经染色加工而成的，而非在埋葬后遭受污染所致。

◆ 图 3.1.1-① 戴冠男俑（身穿深蓝色菱形纹罗长袍，衣服为仿制品）

◆ 图 3.1.1-② 戴冠男俑出土情景

◆ 图 3.1.1-③ 深蓝色菱形纹罗衣袖残片

◆ 图 3.1.1- ④ 深蓝色菱形纹罗上衣残片

◆ 图 3.1.1- ⑤ 几何纹锦领缘

标本 2 LMS690 283 号竹笥上的麻绳

残长 9 厘米

麻

分类号：283

麻绳位于南边厢出土的 283 号竹笥处，残存数小段，散落在竹笥残件中（图 3.1.2- ①、②）。麻绳由苘麻制成，呈红色，颜色鲜艳。竹笥残损严重，竹质糟朽，已不成形，出土时内盛鹤骨、兔骨。

◆ 图 3.1.2- ① 283 号竹笥

◆ 图 3.1.2- ② 竹笥上的麻绳

第四章

CHAPTER Ⅳ

西边厢内的纺织品

西边厢共分有四层，主要放置盛放各类布帛、食品和模型明器的竹笥以及竹篓等，象征着墓主人的储藏室。其出土的纺织品主要集中在竹笥内，数量较多且保存完整。按用途可分为竹笥内的纺织用品、竹笥内的衣料、竹笥内的衣物、包裹器物的纺织品和竹笥上的麻绳五类。

据发掘报告和出土实物统计，西边厢共出土 712 件（组）纺织品。其中以聂币、衣料和衣物出土数量居多，且基本保存完好。西边厢共出土竹笥 33 件，由于部分竹笥受上部物品叠压和厢内积水浸泡的影响，竹笥上方的麻绳保存状态较差或已经朽烂，现仅残存麻绳 22 件（组）。

第一节

竹笥内的纺织用品

西边厢竹笥内出土的纺织用品共 8 件（组），均用于盛放物品。327 号“珠几（玑）笥”出土黄棕绢土珠囊 1 件，341 号竹笥出土黄绢盛豆袋 1 件，355 号竹笥出土褐色绢药袋 6 件。除黄棕绢土珠囊和黄绢盛豆袋有轻微残破外，6 件褐色绢药袋皆保存完好。

一、327 号"珠几（玑）笥"竹笥

标本 1 6327 黄棕绢土珠囊

高 46 厘米，口径 34.5 厘米

绢

分类号：327-1

黄棕绢土珠囊（图 4.1.1.1-①）出土于西边厢上层，置于 327 号竹笥之中（图 4.1.1.1-②），出土时内盛白膏泥制作的泥丸。整体呈袋状，颜色为黄棕色，由绢缝制而成，其经纬密度为每平方厘米 68 根 ×22 根。绢面部分残破，有深色污迹。该竹笥上系有"珠几（玑）笥"木牌，与遣册简 294 记载的"土珠玑一缣囊"相对应。

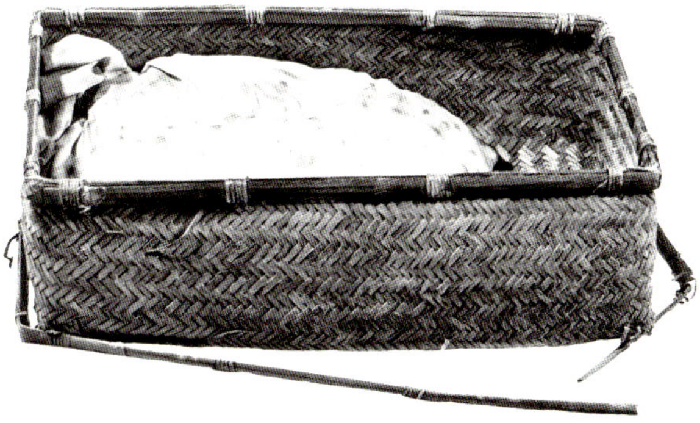

◆ 图 4.1.1.1-② 黄棕绢土珠囊出土情景

◆ 图 4.1.1.1-① 黄棕绢土珠囊

二、341 号盛豆类竹笥

标本 1 6328 黄绢盛豆袋

长 70 厘米，宽 49 厘米

绢

分类号：341

黄绢盛豆袋（图 4.1.2.1-①）出土于西边厢中层 341 号竹笥内（图 4.1.2.1-②），内盛豆类。用黄绢缝制，袋状。囊为有底的袋子，应是遣册简 161“黄卷一石缣囊一笥合”所指。保存较为完整，幅面残破，有污迹。

汉代的平纹丝织物，一般称之为缟、素，也就是绢，其细密者则称之为缣，缣为双经双纬交织的平纹织物。《说文·糸部》：“缣，并丝缯也。”《释名·释采帛》：“缣，兼也，其丝细致，数兼于绢也。”《急就篇》颜师古注：“缣之言兼也，并丝而织，甚致密也。”但其疏密程度究竟如何，现已无法确知。墓中所出遣册简提到缣的有简 113、117、118、133、161 和 294，其中能够确指的实物仅有简 294 所说白绢土珠袋，但并不是细密的织物。所以，很难具体区分出缣。在平纹织物中，除将经纬线稀疏可看出明显方孔者称之为纱外，其他平素的平纹织物，一概统称为绢。

图 4.1.2.1-① 黄绢盛豆袋

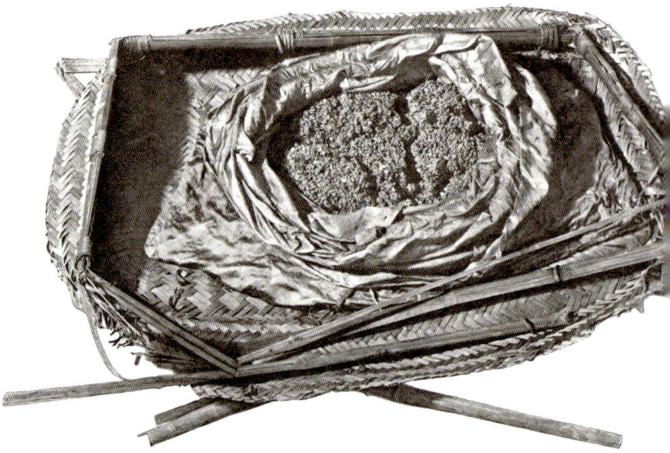

图 4.1.2.1-② 黄绢盛豆袋出土情景

三、355号盛药袋竹笥

标本1　6321褐色绢药袋

长46厘米，直径25厘米

绢

分类号：355-1

图4.1.3.1　褐色绢药袋

标本2　6322褐色绢药袋

长62厘米，直径17厘米

绢

分类号：355-2

图4.1.3.2　褐色绢药袋

标本 3　6323 褐色绢药袋

长 19 厘米，直径 15 厘米

绢

分类号：355-3

◆ 图 4.1.3.3　褐色绢药袋

标本 4　6324 褐色绢药袋

长 37 厘米，直径 17 厘米

绢

分类号：355-4

◆ 图 4.1.3.4-②　褐色绢药袋立体显微镜照

◆ 图 4.1.3.4-①　褐色绢药袋

标本 5　6325 褐色绢药袋

长 43 厘米，直径 18 厘米

绢

分类号：355-5

◆ 图 4.1.3.5　褐色绢药袋

标本 6　6326 褐色绢药袋

长 44 厘米，直径 15 厘米

绢

分类号：355-6

◆ 图 4.1.3.6　褐色绢药袋

标本1—6褐色绢药袋出土于西边厢下层355号竹笥中，共6件（图4.1.3.1—图4.1.3.6）。351-1 至 351-6 的经纬密度分别为每平方厘米 74 根 ×24 根、70 根 ×26 根、62 根 ×36 根、56 根 ×26 根、58 根 ×38 根、56 根 ×26 根。6 件形制相同，均作圆筒状，用单层褐色素绢缝制而成，腰缀绢带。出土时，355-1 号袋内盛有伞形科植物的根、花椒、桂皮、茅香、高良姜、辛夷、杜衡、干姜；355-2 号袋内盛有伞形科植物、花椒、桂皮、茅香、高良姜、干姜、酸枣核、辛夷、杜衡；355-3 号袋内盛有伞形科植物、花椒、桂皮、茅香、高良姜、藁本；355-4 号袋内盛有伞形科植物、藁本、花椒、桂皮、茅香、高良姜、干姜；355-5 号袋内盛有伞形科植物、花椒、桂皮、茅香、高良姜、干姜、藁本；355-6 号袋内盛有花椒和伞形科植物。

第二节
竹笥内的衣料

西边厢共有 4 件竹笥出土衣料，共计 667 件（组）。

337 号“缯聂币笥”竹笥出土绢、纱、罗、绮、锦、刺绣等聂币若干，其残片较多且部分粘连，以文物号计算，共计出土 386 件（组），因数量较多，详情可见附表 2。

346 号“麻布聂币笥”竹笥出土丝织品碎片一串。由于部分出土聂币未明确记载出土位置，无法确认是否属于 337 号或 346 号竹笥，故将无法明确归类的聂币记录在附表 3 中，共计 220 件（组），见附表 3。

340 号“缯笥”竹笥出土衣料 26 件和捆扎丝织品的绢带 11 件（组），见附表 4。

354 号“缯笥”竹笥出土衣料 20 件和捆扎丝织品的绢带 4 件，见附表 5。

一、337号“缯聂币笥”竹笥

337号“缯聂币笥”竹笥位于西边厢中层，保存基本完整。出土时笥内盛有聂币若干，由数块被剪切的丝织品残片组成，有的残片未完全剪断，一角尚连，有的用丝线缀连，有的用竹篾别在一起。其品种有绢、纱、罗、绮、锦，并且有刺绣、印花，与出土的成幅丝织品种类一致。其形状多数为剪切的长方形、方形、三角形或不规则形等。遣册简284提到的“合青笥二合盛聶（聂）敝（币）”应即指此。

聂币既可能是自备或赙赠的随葬明器，也可能是丧葬过程中所使用的祭奠之物，象征“千匹布帛”，作为布帛的替代品，引申为财富的象征。湖北江陵马山一号楚墓亦发现有此类丝织品残片。

标本 1 6345-1 绢聂币

长 4.7—5.9 厘米，宽 3.6—5 厘米
绢、罗、纱
分类号：337-2

绢聂币（图 4. 2. 1. 1- ①）出土于西边厢中层 337 号竹笥（缯聂币笥）中，由数块被剪切的绢残片组成，颜色呈褐色，有深浅之分。有的残片未完全剪断，一角尚连，形状大小不等，大致呈方形。其中还散落有几块朱红色菱形纹罗聂币和金银色火焰纹印花纱聂币（图 4. 2. 1. 1- ②）。

◆ 图 4.2.1.1- ① 绢聂币

◆ 图 4.2.1.1- ② 朱红色菱形纹罗、金银色火焰纹印花纱聂币

标本 2 ZMS1500—1502 褐色绢聂币

长 13—41 厘米，宽 4—4.5 厘米

绢

分类号：337-2

褐色绢聂币（图 4.2.1.2）出土于西边厢中层 337 号竹笥（缯聂币笥）中。保存较为完整，由多块被剪切的褐色绢残片组成，整条残片未被完全剪断，多处一角尚连，形状大小相似，基本呈方形。

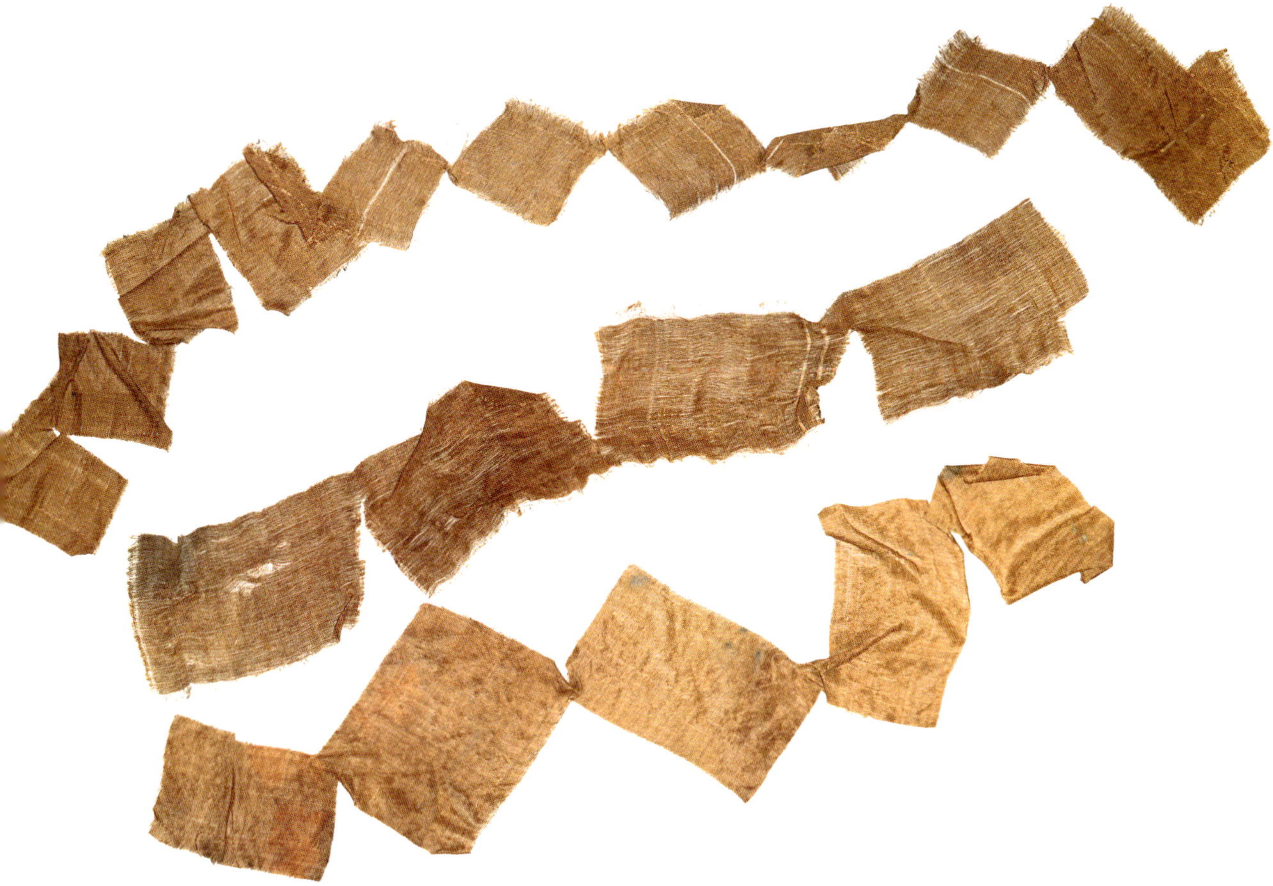

图 4.2.1.2 褐色绢聂币（从上至下：ZMS1502、1501、1500）

标本 3　7233 深褐色绢聂币

长 6 厘米，宽 4.8 厘米

绢

分类号：337-2 ⑩

深褐色绢聂币（图 4.2.1.3）出土于西边厢中层 337 号竹笥（缯聂币笥）中，由 5 块被剪切的深褐色绢残片组成，整条残片未被完全剪断，多处一角尚连，形状大小相似，基本呈方形。保存较为完整，表面有细微破口。

◆ 图 4.2.1.3　深褐色绢聂币

标本4 6344 绢聂币

绢

分类号：337-1

绢聂币（图4.2.1.4）出土于西边厢中层337号竹笥（缯聂币笥）中。保存较为完整，呈长条状，由多块粗细、长短不一的粘连的聂币组成。包括褐色绢聂币和深棕色绢聂币，部分有污染、弯曲和褶皱。

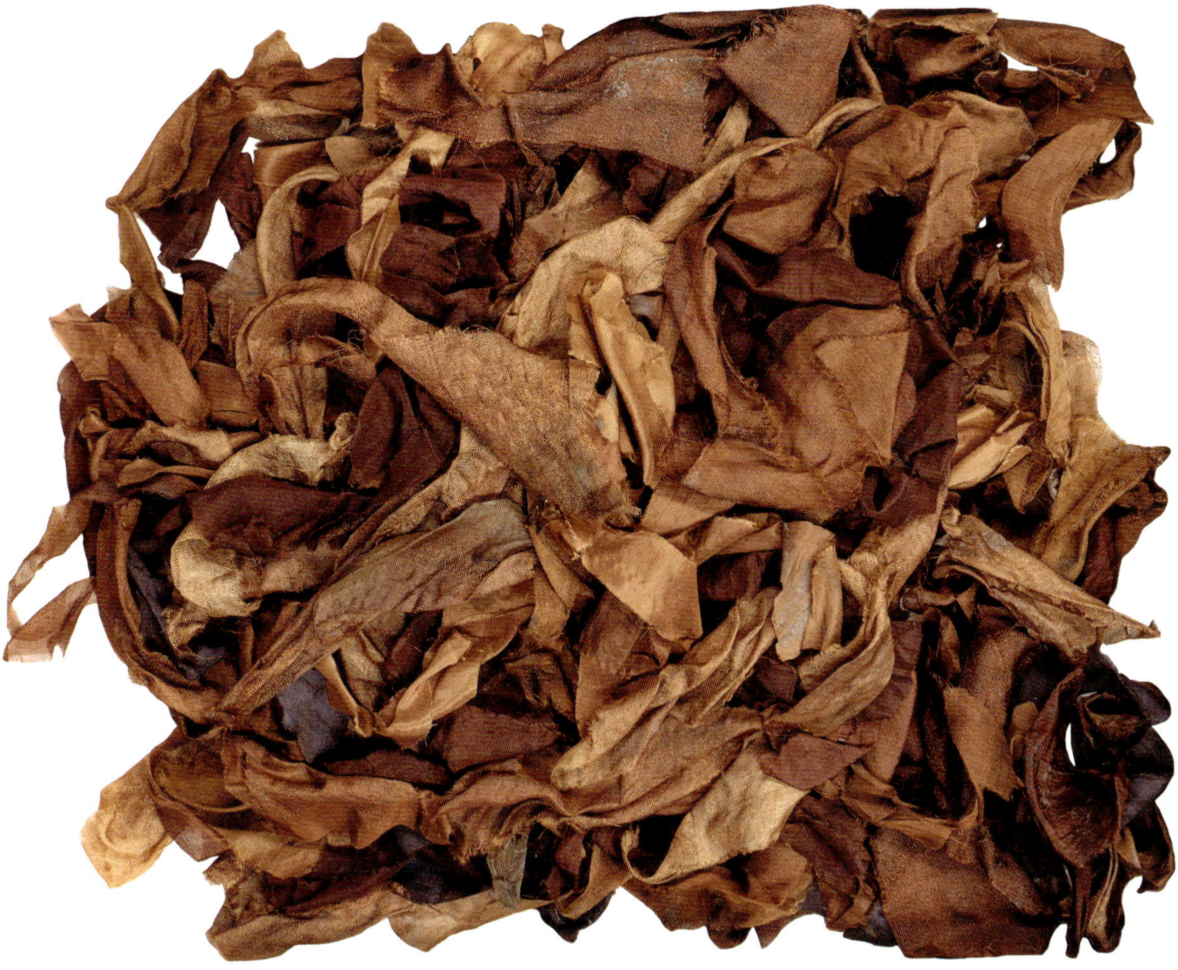

◆ 图4.2.1.4 绢聂币

标本 5　7221 素色纱聂币

长 4—10 厘米，宽 4 厘米

纱

分类号：337-2 ④

素色纱聂币（图 4.2.1.5）出土于西边厢中层 337 号竹笥（缯聂币笥）中，由数块被剪切的纱残片组成，有的残片未完全剪断，一角尚连，形状大小不等，大致呈不规则长方形。保存较为完整，有些许破口，质地轻薄，密度稀疏，幅面有弯曲、褶皱。

◆ 图 4.2.1.5　素色纱聂币

标本 6　7222 印花敷彩纱聂币

长 3—5.5 厘米，宽 2.5—4.5 厘米

纱、印、绘

分类号：337-2 ⑤

印花敷彩纱聂币（图 4.2.1.6）出土于西边厢中层 337 号竹笥（缯聂币笥）中，由数块被剪切的印花敷彩纱残片组成，有的残片未完全剪断，一角尚连，形状大小不等，大致呈方形。图案为变形藤本科植物纹样，枝蔓为印花，蓓蕾、花穗和叶子为彩绘而成。外轮廓略作菱形，四方连续，错综排列。保存较为完整，有些许破口，质地轻薄，密度稀疏，幅面有弯曲、褶皱。

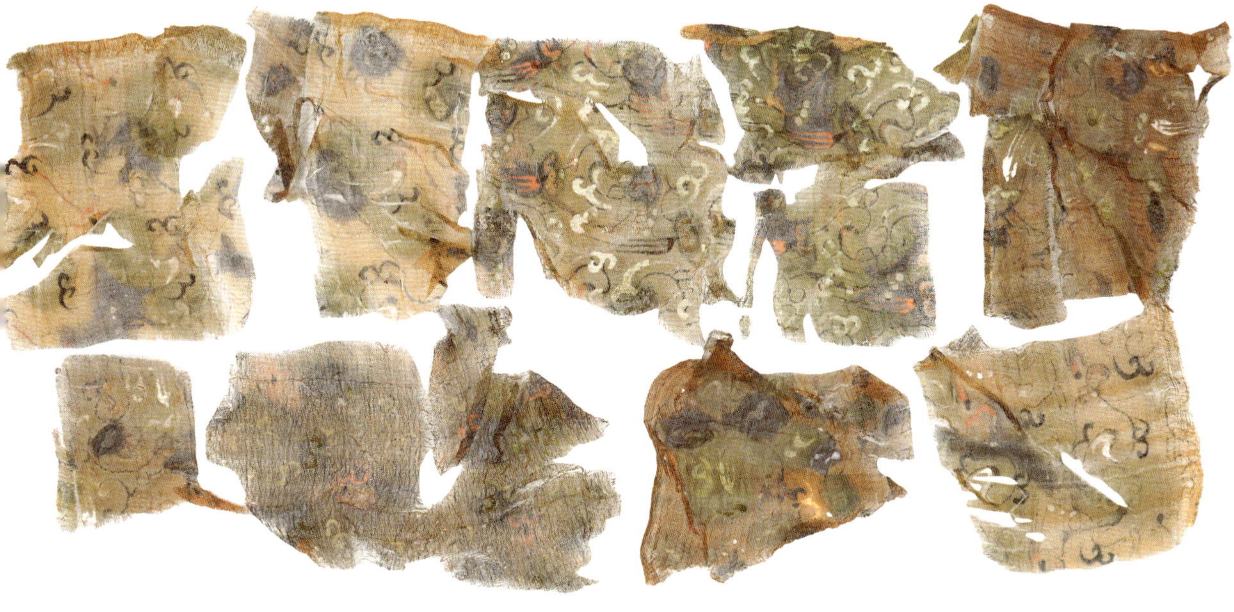

图 4.2.1.6　印花敷彩纱聂币

标本 7　ZMS136 印花敷彩纱聂币

长 16.5 厘米，宽 6 厘米
纱、印、绘
分类号：337-2

印花敷彩纱聂币（图 4.2.1.7）出土于西边厢中层 337 号竹笥（缯聂币笥）中，由 4 块被剪切的印花敷彩纱残片组成，整条残片未被完全剪断，多处一角尚连，形状大小相似，基本呈长方形。纱呈褐色，其图案为藤本科植物的变形纹样，由枝蔓、蓓蕾、花穗和叶组成，外轮廓略作菱形。保存较为完整，质地轻薄，密度稀疏，有弯曲、褶皱。

标本 8　7223 金银色火焰纹印花纱聂币

最大：长 5 厘米，宽 5 厘米
纱、印
分类号：337-2 ⑥

金银色火焰纹印花纱聂币（图 4.2.1.8）出土于西边厢中层 337 号竹笥（缯聂币笥）中，由数块被剪切的金银色火焰纹印花纱残片组成，有的残片未完全剪断，一角尚连，形状大小不等，大致呈方形或不规则形。其图案由均匀细密的曲线和一些小圆点组成，曲线为银灰色或暗金绿色，小圆点为褐黑色或朱红色。保存较为完整，质地轻薄，表面有些许破损。

◆ 图 4.2.1.7　印花敷彩纱聂币

◆ 图 4.2.1.8 金银色火焰纹印花纱聂币

标本 9　7220 褐色菱形纹罗聂币

最大：长 6 厘米，宽 5 厘米

罗

分类号：337-2 ③

褐色菱形纹罗聂币（图 4. 2. 1. 9- ①、②）出土于西边厢中层 337 号竹笥（缯聂币笥）中，由数块被剪切的褐色Ⅱ型菱形纹罗残片组成，其图案为瘦长菱形，两侧各附加一个不完整的较小菱形。有的残片未完全剪断，一角尚连，形状大小不等，大多呈长方形或方形。

图 4.2.1.9- ①　褐色菱形纹罗聂币

◆ 图 4.2.1.9- ② 褐色菱形纹罗聂币

标本 10　ZMS1185 褐色菱形纹罗聂币

长 4 厘米，宽 2 厘米

罗

分类号：337-2

褐色菱形纹罗聂币（图 4.2.1.10）出土于西边厢中层 337 号竹笥（缯聂币笥）中，形状大致呈方形。其图案为 I 型菱形纹罗，整体网孔清晰，花地分明。

◆ 图 4.2.1.10　褐色菱形纹罗聂币

标本 11 7219 朱红色菱形纹罗聂币

最大：长 6 厘米，宽 3.59 厘米

罗

分类号：337-2 ②

朱红色菱形纹罗聂币（图 4. 2. 1. 11）出土于西边厢中层 337 号竹笥（缯聂币笥）中，由数块被剪切的朱红色 I 型菱形纹罗残片组成，有的残片未完全剪断，一角尚连，形状大小不等，大致呈长方形或方形。

◆ 图 4.2.1.11 朱红色菱形纹罗聂币

标本 12　7218 几何纹绒圈锦聂币

最大：长 12 厘米，宽 11 厘米

锦

分类号：337-2 ①

几何纹绒圈锦聂币（图 4.2.1.12）出土于西边厢中层 337 号竹笥（缯聂币笥）中，残存 5 小块，大致呈三角形或不规则形。为Ⅱ型几何纹绒圈锦，纹饰相对其他绒圈锦更密集和复杂。

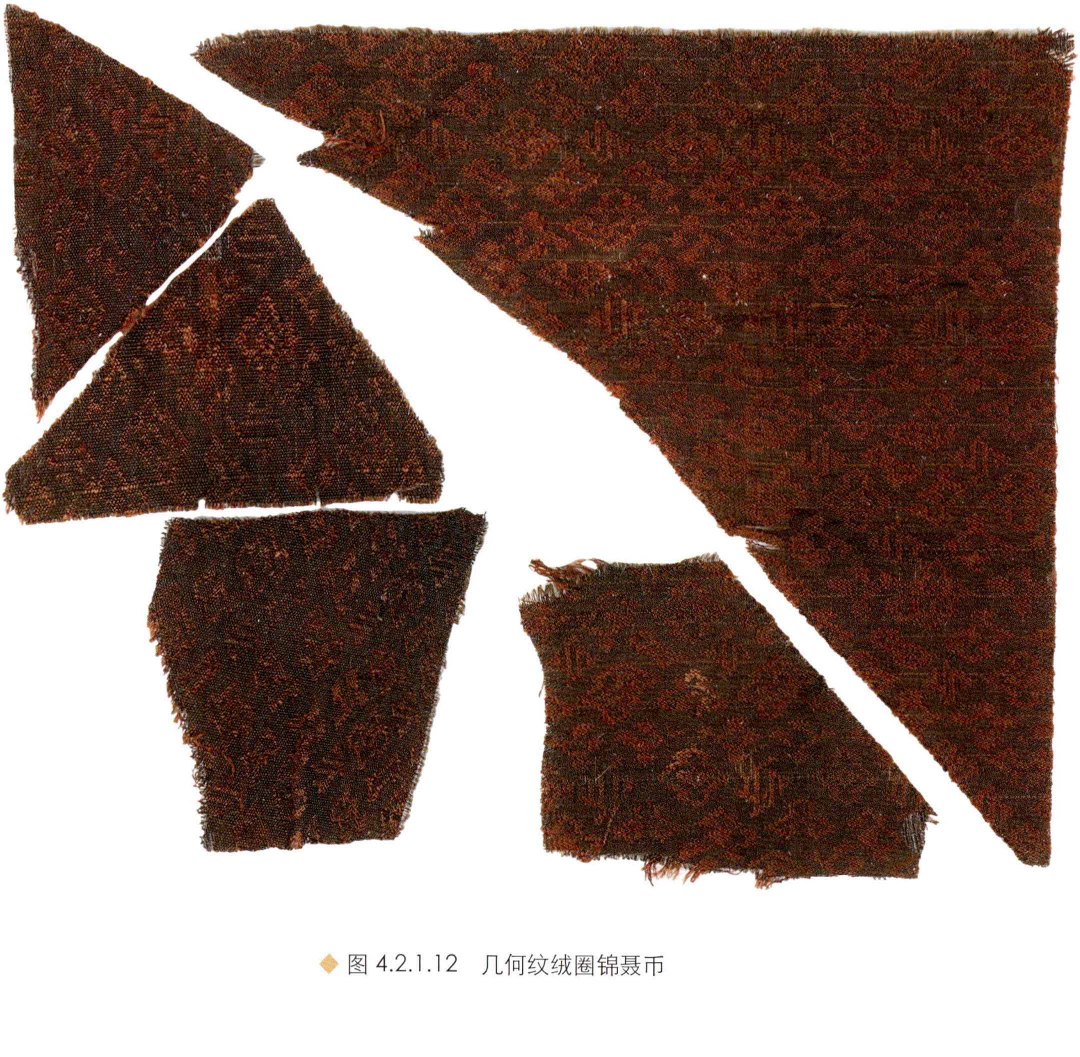

◆ 图 4.2.1.12　几何纹绒圈锦聂币

标本 13　6345-2 纱地“信期绣”聂币

长 4.1—10 厘米，宽 3.7—5 厘米；整体长 21.5 厘米，宽 13.5 厘米

纱、纱地刺绣

分类号：337-2

纱地“信期绣”聂币（图 4.2.1.13）出土于西边厢中层 337 号竹笥（缯聂币笥）中。由数块被剪切的纱地“信期绣”残片组成，形状大致呈方形或不规则形，其中一大片纱料仅剪切掉一块方形聂币，剩余残片未完全剪断，维持着聂币剪切之前的纱料形状。此聂币以纱为地，刺绣使用朱红、橄榄绿、棕红等色丝线绣出穗状流云、卷枝花草图案，为Ⅰ型“信期绣”。

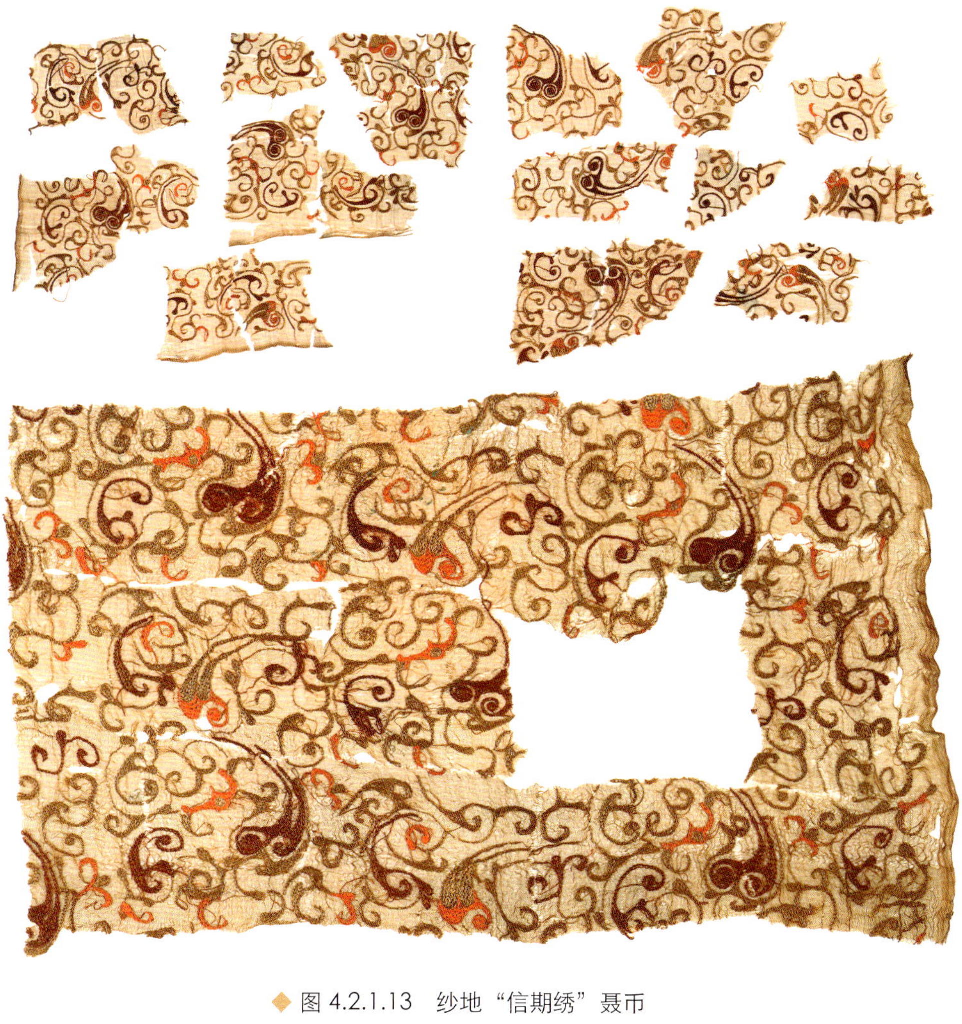

◆ 图 4.2.1.13　纱地“信期绣”聂币

标本 14　7224 纱地“信期绣”聂币

长 4.5—6.6 厘米，宽 4.3—4.6 厘米
纱、纱地刺绣
分类号：337-2 ⑦

纱地“信期绣”聂币（图 4.2.1.14）出土于西边厢中层 337 号竹笥（缯聂币笥）中。由 5 块被剪切的纱地“信期绣”残片组成，形状大致呈方形或不规则形，以纱为地，上绣 I 型“信期绣”。

◆ 图 4.2.1.14　纱地“信期绣”聂币

标本 15　7225 罗地“信期绣”聂币

长 3.2—9.6 厘米，宽 4 厘米

罗、罗地刺绣

分类号：337-2 ⑧

罗地“信期绣”聂币（图 4.2.1.15）出土于西边厢中层 337 号竹笥（缯聂币笥）中。残存 7 小块，其中 2 块较长，未完全剪断，一角尚连，另 5 小块大致呈方形。7 块织物相同，以褐色菱形纹罗为地，刺绣使用朱红、棕红、橄榄绿等色丝线绣制，为 I 型“信期绣”。

◆ 图 4.2.1.15　罗地“信期绣”聂币

标本 16　7226 绢地方棋纹绣聂币

最大：长 6.6 厘米，宽 6.3 厘米
绢、绢地刺绣
分类号：337-2 ⑨

绢地方棋纹绣聂币（图 4.2.1.16）出土于西边厢中层 337 号竹笥（缯聂币笥）中。残存 5 小块，形状大致呈方形，以褐色绢为地，上绣多个圆点花纹，整体为方棋纹。

图 4.2.1.16　绢地方棋纹绣聂币

标本 17 6345-3 聂币

长 5.3—9 厘米，宽 3.5—4.5 厘米
绢、罗、锦
分类号：337-2

此组聂币（图 4.2.1.17）出土于西边厢中层 337 号竹笥（缯聂币笥）中，由几何纹绒圈锦、朱红色Ⅱ型菱形纹罗和褐色绢组成。残存 5 小块，形状呈方形或三角形，其中朱红色菱形纹罗聂币未完全剪断，一角尚连。

◆ 图 4.2.1.17 聂币

二、340 号“缯笥”竹笥

340 号“缯笥”竹笥位于西边厢中层。出土时笥内盛有单幅丝织品 26 卷，包括绢 10 幅、纱 5 幅、罗 6 幅、绮 2 幅、锦 1 幅、绢地刺绣 2 幅，使用多根细荻茎为骨干，从两端向中心卷合，再撕取丝织物的边条将其捆扎三道，以象征成匹的绢帛。丝织物出土时色调已变得较深，在自然干燥过程中，幅面略有收缩，有的呈荷叶边状，保存基本完整。另外还有捆扎丝织品的绢带 11 件（组）。

【绢】

标本 1 6234 深棕色绢

长 54 厘米，幅宽 49 厘米

绢

分类号：340-4

衣料。此绢（图 4.2.2.1）出土于西边厢中层 340 号竹笥（缯笥）中。其经纬密度为每平方厘米 82 根 ×48 根，保存较完整，面上褪色不匀，有黄铜色、灰白色污迹，边缘有裂口。

◆ 图 4.2.2.1 深棕色绢

标本 2 6235 褐色绢

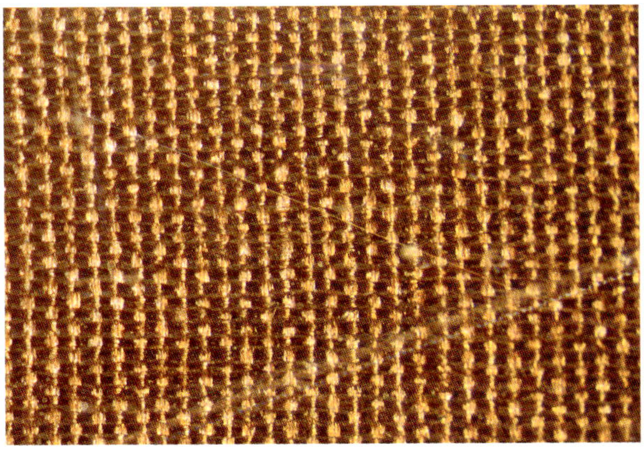

◆ 图 4.2.2.2- ② 褐色绢立体显微镜照

长 72 厘米，幅宽 50 厘米

绢

分类号：340-8

衣料。褐色绢（图 4.2.2.2-①、②）出土于西边厢中层 340 号竹笥（缯笥）中，保存较完整，周边有些许裂口，中间有带状铜绿色污迹。其经纬密度为每平方厘米 112 根 ×62 根。

◆ 图 4.2.2.2- ① 褐色绢

标本 3　6238 黄棕色绢

长 73 厘米，幅宽 48.5 厘米

绢

分类号：340-13

衣料。黄棕色绢（图 4.2.2.3）出土于西边厢中层 340 号竹笥（缯笥）中，保存较完整，幅面有铜绿色污迹及晕染褪色痕迹，周边有些许有裂口。其经纬密度为每平方厘米 64 根 ×26 根。

图 4.2.2.3　黄棕色绢

标本 4　6241 深褐色绢

长 47—48.5 厘米，幅宽 47 厘米

绢

分类号：340-15

衣料。深褐色绢（图 4.2.2.4）出土于西边厢中层 340 号竹笥（缯笥）中，保存较完整，幅面有褪色晕染，粘有黄铜色粉末，边缘有些许破口。其经纬密度为每平方厘米 124 根 ×56 根。

◆ 图 4.2.2.4　深褐色绢

标本 5　6243 绛紫色绢

长 58 厘米，幅宽 48 厘米

绢

分类号：340-16

衣料。绛紫色绢（图 4.2.2.5）出土于西边厢中层 340 号竹笥（缯笥）中，保存较为完整，有横向的铜绿色污迹和褪色痕迹。其经纬密度为每平方厘米 96 根 ×44 根。

◆图 4.2.2.5　绛紫色绢

标本 6 6247 黄褐色绢

长 57 厘米，幅宽 51 厘米

绢

分类号：340-26

衣料。黄褐色绢（图 4.2.2.6）出土于西边厢中层 340 号竹笥（缯笥）中，保存较为完整，幅中有深灰、黄铜色污迹，边缘及幅中有破裂、断口。其经纬密度为每平方厘米 120 根 ×40 根。

◆图 4.2.2.6 黄褐色绢

标本 7　6248 黄褐色绢

长 62.5 厘米，幅宽 50 厘米

绢

分类号：340－27

衣料。黄褐色绢（图 4.2.2.7）出土于西边厢中层 340 号竹笥（缯笥）中，保存较完整，幅中有破口，有黄铜色、灰色污迹，边缘有破损。其经纬密度为每平方厘米 64 根 ×32 根。

◆ 图 4.2.2.7　黄褐色绢

标本 8　6249 黄褐色绢

长 55 厘米，幅宽 51 厘米

绢

分类号：340-30

衣料。黄褐色绢（图 4.2.2.8）出土于西边厢中层 340 号竹笥（缯笥）中，保存较完整，边幅有缺破口和深灰色污迹。其经纬密度为每平方厘米 116 根 ×52 根。

◆ 图 4.2.2.8　黄褐色绢

标本9　6250 黄褐色绢

长 67 厘米，幅宽 50 厘米

绢

分类号：340－31

衣料。黄褐色绢（图 4.2.2.9）出土于西边厢中层 340 号竹笥（缯笥）中，保存较完整，边有破裂口，上有折痕及黄铜色、深灰色污迹。其经纬密度为每平方厘米 74 根 ×50 根。

图 4.2.2.9　黄褐色绢

标本 10 6251 黄棕色绢

长 77 厘米，幅宽 49 厘米

绢

分类号：340–34

衣料。黄棕色绢（图 4.2.2.10-①、②）出土于西边厢中层 340 号竹笥（缯笥）中，保存较完整，幅面有破口，部分区域有晕染褪色。其经纬密度为每平方厘米 62 根 ×28 根。

◆ 图 4.2.2.10- ② 黄棕色绢立体显微镜照

◆ 图 4.2.2.10- ① 黄棕色绢

【纱】

标本 11　6262 藕色方孔纱

长 84 厘米，幅宽 47 厘米

纱

分类号：340-2

衣料。藕色方孔纱（图 4.2.2.11-①、②）出土于西边厢中层 340 号竹笥（缯笥）中，其经纬密度为每平方厘米 64 根 ×54 根。纱孔方正，质地轻薄，厚度为 0.07—0.08 厘米，重量为 7.5 克。边维为双经单纬，两边有明显的幅撑眼。素纱的纬丝捻度，每米一般为 2500—3000 回，接近于目前电机捻丝每米 3500 回之数。纬线强捻，捻向一致，多为 Z 向；经丝弱捻，呈 Z、S 向交错的不规则排列，因而幅面有皱纹现象。

◆ 图 4.2.2.11-①　藕色方孔纱

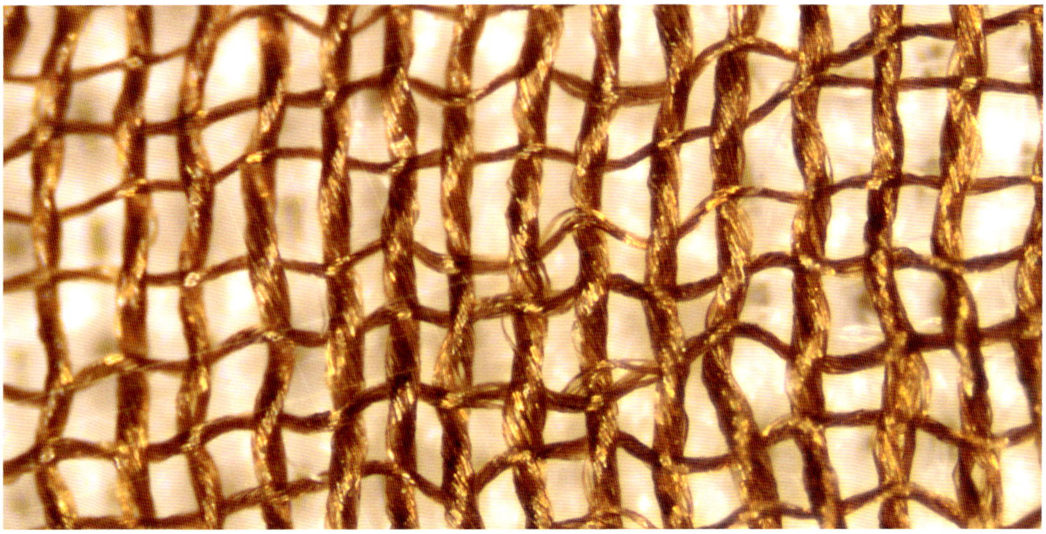

◆ 图 4.2.2.11-②　藕色方孔纱立体显微镜照

标本 12　6265 藕色方孔纱

长 61 厘米，幅宽 50 厘米

纱

分类号：340-22

衣料。藕色方孔纱（图 4.2.2.12）出土于西边厢中层 340 号竹笥（缯笥）中，保存较为完整，幅面有皱纹、灰色污迹和破口。其经纬密度为每平方厘米 58 根 ×40 根。纱孔方正，质地轻薄，厚度为 0.06 厘米，重量为 4 克。

◆ 图 4.2.2.12　藕色方孔纱

标本 13　6266 金银色火焰纹印花纱

长 62 厘米，幅宽 47 厘米

纱、印

分类号：340-11

衣料。金银色火焰纹印花纱（图 4.2.2.13-①）出土于西边厢中层 340 号竹笥（缯笥）中，其经纬密度为每平方厘米 60 根 ×58 根，是迄今所见最早的三版套印丝织品。

此纱在深灰色方孔纱上，满布着均匀纤细的旋曲的银灰色或暗金绿色线条，其上叠有红色或褐黑色的点纹，构成完整印花图案（图 4.2.2.13-②）。印花纹样的单元图案应由三块凸纹版套印而成。

其印花纹样如下：分格纹呈“个”字形，迂迴转曲的印纹线条较粗壮，起到定位作用；主面纹略呈火焰形，波形盘旋的印纹线条纤细而匀称，印迹轻薄而光洁挺拔，线条弧度优美，显出主面纹的特定风格；点纹呈叠山形，点小而圆厚，立体感强，说明其色浆细腻厚淳，具有很好的覆盖力。印花涂料均能将灰色方孔纱的组织之间的孔眼填没，形成很好的连续性，似有双面花纹的外观。

其印花加工工艺，应使用了类似南越王墓出土的阳纹版（图 4.2.2.13-③）进行简单的台版印花法。在印花前，应在丝织物上施以薄浆，保持方孔纱的平整度和挺滑度，以利于涂料色浆的渗透和附着，然后将印花织物放在平滑的台面上，按印花图案设计的要求进行套印。其套印工序如下（图 4.2.2.13-④）：

第一步，先用分格纹（“个”字形）印版，在印花方孔纱面上，印制“个”字形方格，即所谓“龟背骨架”，进行定位。

第二步，用主面纹——火焰纹的印版，在分格纹的“龟背骨架”间进行套印。

第三步，用小圆点——叠山形的印版，再套印至细线条的主面纹上。

此种逐次套印法，因定位不能十分准确，而造成了印纹间的线条有相互叠压和间隙疏密不匀的现象。现以幅宽 48 厘米计算，每米要印 430 多个印花单元图案，每个印花单元图案要套印三版，就要印制 1200 多次。如再加制备印花涂料和蘸着色浆等工作，每匹印花纱所耗费的工时是相当可观的。

使用 X 射线荧光光谱仪对印花颜料进行表征检测，发现银灰色、暗金绿色的迂回转曲线条含有大量的铁元素。使用拉曼光谱仪表征检测，发现有黄铁矿、石英，并且可能有绢云母等成分。小点纹含有汞元素，拉曼光谱仪表征检测，发现应为硫化汞（朱砂）。极细腻的黄铁矿颜料本身略微带有金色调的暗绿色，劣化后可能产生土黄色、黄白色的次生产物，故迂回转曲的纹饰应是以使用研磨极细的黄铁矿为主要成分，并可能使用绢云母粉进行调制。小点纹本身应为赤红色，现在观察到呈现的褐黑色外观应是朱砂劣化变色后的结果。

◆ 图 4.2.2.13- ① 金银色火焰纹印花纱

◆ 图 4.2.2.13- ② 金银色火焰纹印花纱纹样图

◆ 图 4.2.2.13- ③ 广州南越王汉墓出土火焰纹铜印花模具

第一版：“个”字形

第二版：火焰纹

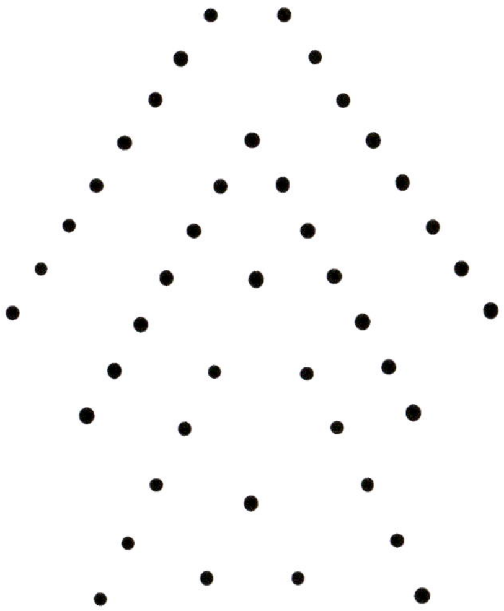

第三版：叠山形

合成单元图案

图 4.2.2.13-④ 金银色火焰纹印花纱分版图案及单元图案

标本 14 6267 金银色火焰纹印花纱

长 63 厘米，幅宽 48 厘米

纱、印

分类号：340-24

衣料。金银色火焰纹印花纱（图 4.2.2.14-①）出土于西边厢中层 340 号竹笥（缯笥）中，保存较完整，其经纬密度为每平方厘米 60 根×60 根。

其图案（图 4.2.2.14-②）由均匀细密的曲线和一些小圆点组成。曲线为银灰色或暗金绿色，小圆点为褐黑色或朱红色。外轮廓略作菱形，每个单元图案长 6.1 厘米，宽 3.7 厘米，错综连续排列，通幅共有 13 个单元图案。经模拟实验证明，其纹饰是用雕刻凸版分三步在纱织物上套印而成。以幅宽 48 厘米计，每米要印约 1200 多次，其印制难度可想而知。

◆ 图 4.2.2.14- ① 金银色火焰纹印花纱

◆ 图 4.2.2.14- ② 金银色火焰纹印花纱局部纹样和红外光谱照

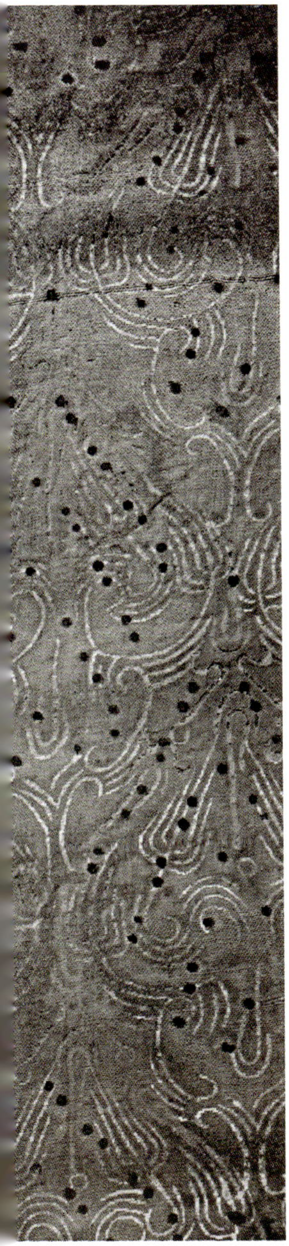

标本 15 6268 印花敷彩纱

长 53 厘米，幅宽 47 厘米
纱、印、绘
分类号：340-32

衣料。印花敷彩纱（图 4.2.2.15-①）出土于西边厢中层 340 号竹笥（缯笥）中，其经纬密度为每平方厘米 62 根 ×56 根。印花敷彩纱是使用印花和彩绘相结合的方法，在轻薄方孔纱组织的高级丝织品上，进行印染加工而成。图案（图 4.2.2.15-②）为藤本科植物的变形纹样，由枝蔓、蓓蕾、花穗和叶组成，外廓略作菱形（花穗不计）。单位面积较小，高 4 厘米，宽 2.4 厘米，四方连续，错综排列，通幅共有 20 个图案单位。图案的枝蔓部分线条弯曲，交叉处有明显的断纹现象，是用镂空版印制的。而蓓蕾、花穗和叶则具有笔触的特征，应是手工描绘而成，即敷彩。

根据对图案的分解和模拟实验，其工艺程序（图 4.2.2.15-③）应如下：

1. 印出藤蔓灰色底纹；
2. 在灰色底纹上重墨点出花蕊；
3. 用朱红色绘出花；
4. 用蓝紫色绘出叶（波纹）；
5. 用暖灰色勾绘出叶、蓓蕾；
6. 用银灰色勾绘出叶；
7. 最后用粉白色勾绘、加点。

经过加工的印花敷彩纱织物，整体线条流畅，颜色协调又层次分明，富有生机勃勃之感，体现了西汉时期高超的印染技艺。此纱是迄今发现最早的印花与彩绘结合的丝织品，也是汉代华丽的时装用料。

◆ 图 4.2.2.15- ① 印花敷彩纱

◆ 图 4.2.2.15- ② 印花敷彩纱纹样图

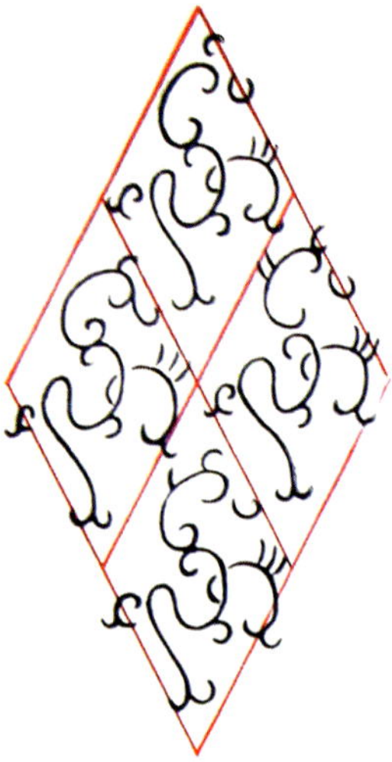

1. 印出的灰色底纹

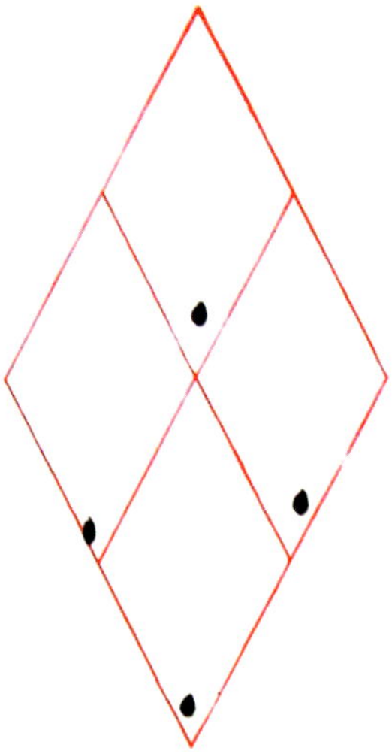

2. 重墨点出的花蕊

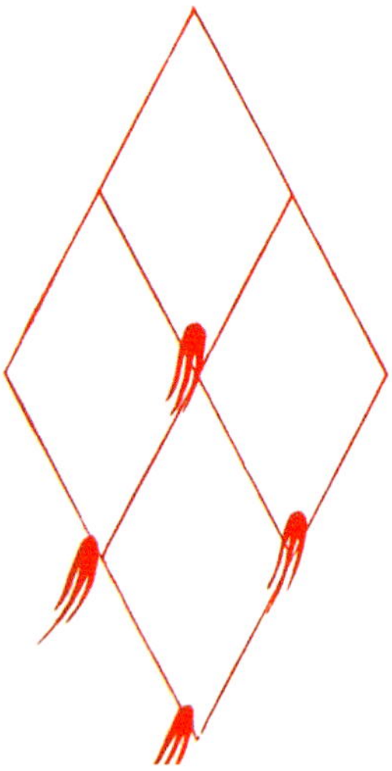

3. 朱红色绘出的花

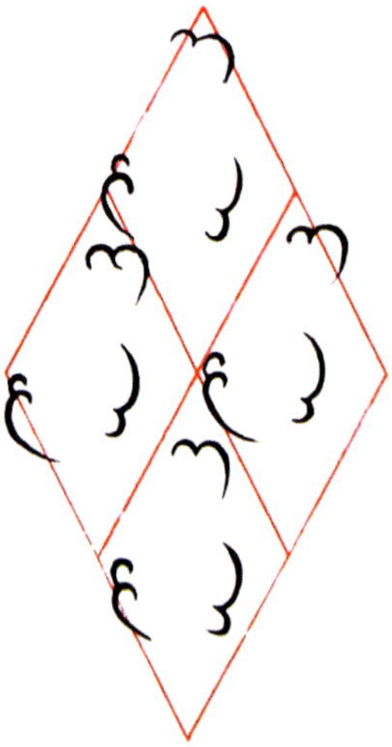

4. 蓝紫色绘出的叶

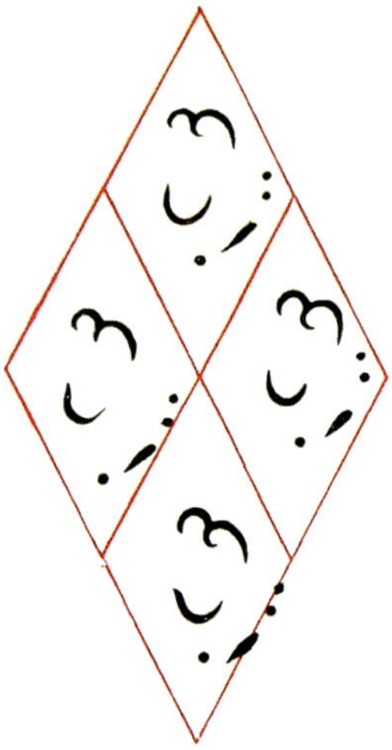

5. 暖灰色绘出的叶

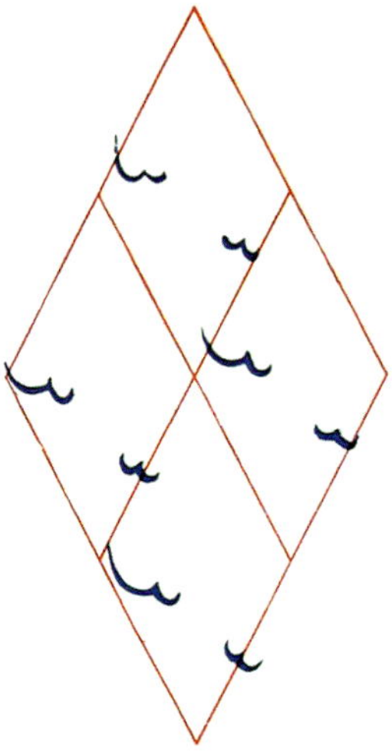

6. 银灰色绘出的叶

7. 粉白色绘出的叶

8. 印花敷彩纱单元图案

图 4.2.2.15-③ 印花敷彩纱制作示意图

【罗】

标本 16　6255 褐色菱形纹罗

长 51 厘米，幅宽 40 厘米
罗
分类号：340-17

衣料。褐色菱形纹罗（图 4.2.2.16）出土于西边厢中层 340 号竹笥（缯笥）中，整体保存较完整，微有拉伸变形，幅面有黑色污渍。其经纬密度为每平方厘米 96 根 ×34 根。边维三丝罗。全幅实纹 14 枚，虚纹 13 枚。图案形状与俯视的耳杯相似，故菱形纹罗也称杯纹罗，其织造技术复杂，面料珍贵，属于Ⅱ型菱形纹罗。

图 4.2.2.16　褐色菱形纹罗

标本 17　6256 褐色菱形纹罗

长 67 厘米，幅宽 39 厘米

罗

分类号：340-18

衣料。褐色菱形纹罗（图 4. 2. 2. 17- ①、②）出土于西边厢中层 340 号竹笥（缯笥）中，整体保存较完整，微有拉伸变形，幅面有黑色污渍。其经纬密度为每平方厘米 104 根 ×34 根。边维三丝罗。图案为纵向的瘦长菱形，两侧各附加一个不完整的较小菱形，虚实两行相间排列，全幅实纹 13 枚，虚纹 12 枚，属于 II 型菱形纹罗。

◆ 图 4.2.2.17- ②　褐色菱形纹罗局部

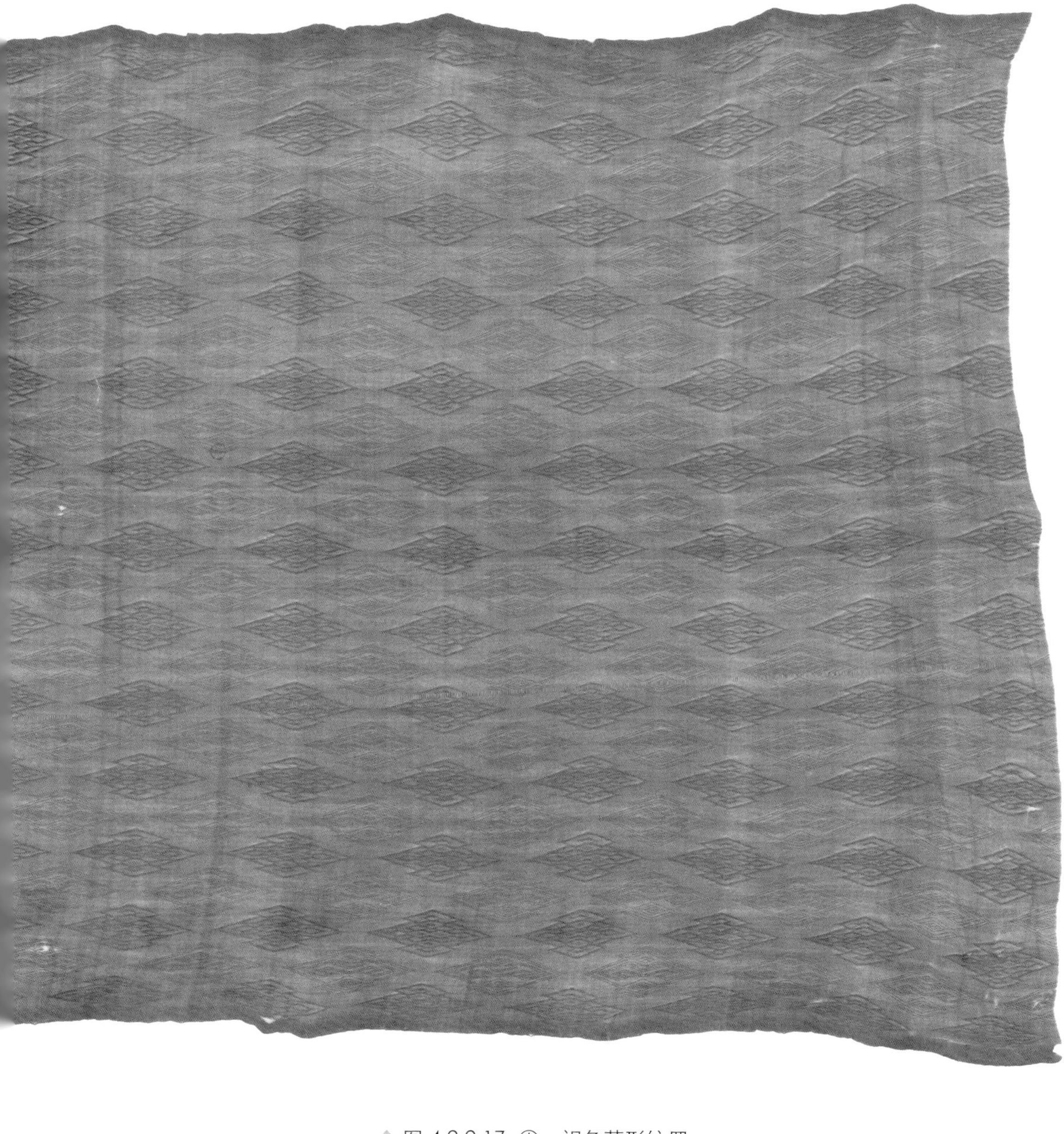

◆ 图 4.2.2.17- ① 褐色菱形纹罗

标本 18　6258 褐色菱形纹罗

长 63.5 厘米，幅宽 38 厘米

罗

分类号：340-19

衣料。褐色菱形纹罗（图 4.2.2.18- ①、②）出土于西边厢中层 340 号竹笥（缯笥）中，保存较完整，微有拉伸变形，幅中有深色的横条污迹，边缘有破口。其经纬密度为每平方厘米 104 根 ×34 根。边维三丝罗。图案为纵向的瘦长菱形，两侧各附加一个不完整的较小菱形，虚实两行相间排列，全幅实纹 13 枚，虚纹 14 枚，为Ⅱ型菱形纹罗。

◆ 图 4.2.2.18- ②　褐色菱形纹罗局部

◆ 图 4.2.2.18- ①　褐色菱形纹罗

标本 19　6259 褐色菱形纹罗

长 60 厘米，幅宽 49.5 厘米
罗
分类号：340-20

衣料。褐色菱形纹罗（图 4.2.2.19- ①、③）是以四经绞罗做孔眼较大的地纹，以二经绞罗起孔眼较小的花纹，形成相对分明的耳杯状菱形纹罗。出土于西边厢中层 340 号竹笥（缯笥）中，保存较完整，微有拉伸变形，幅中有明显的污迹。其经纬密度为每平方厘米 64 根 ×40 根。边维三丝罗。图案（图 4.2.2.19- ②）为纵向的瘦长菱形，两侧各附加一个不完整的较小菱形，虚实两行相间排列，全幅实纹 11 枚，虚纹 12 枚，整体网孔清晰，花地分明，为 II 型菱形纹罗。

图 4.2.2.19- ①　褐色菱形纹罗

◆ 图 4.2.2.19- ② 褐色菱形纹罗局部

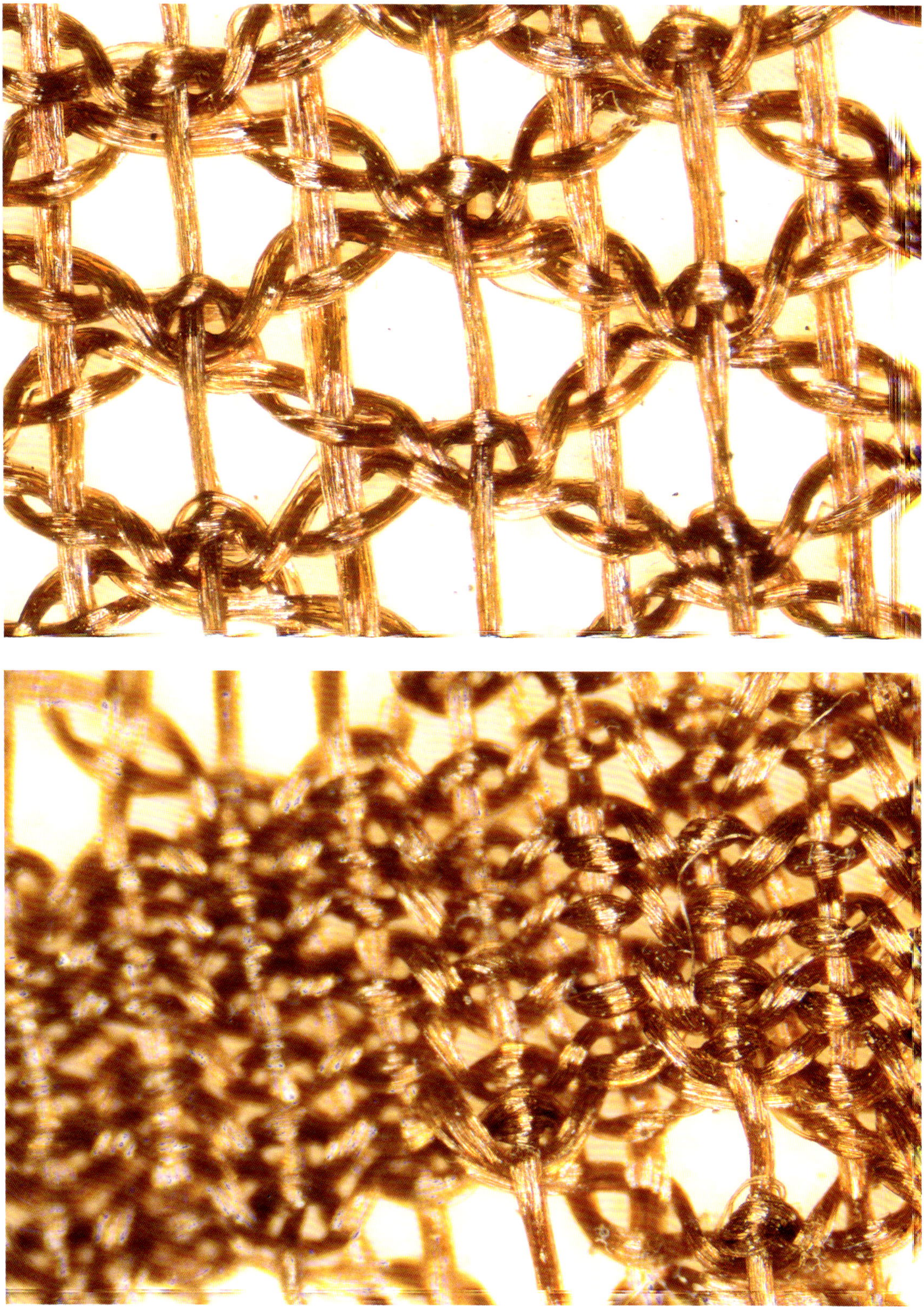

◆ 图 4.2.2.19- ③　褐色菱形纹罗立体显微镜照

标本 20　6257 褐色菱形纹罗

长 56 厘米，幅宽 49.5 厘米

罗

分类号：340-21

衣料。褐色菱形纹罗（图 4.2.2.20-①、②）出土于西边厢中层 340 号竹笥（缯笥）中，保存较完整，幅中有横条污迹。其经纬密度为每平方厘米 64 根 ×40 根。边维三丝罗。图案为纵向的瘦长菱形，两侧各附加一个不完整的较小菱形，虚实两行相间排列，全幅实纹 11 枚，虚纹 12 枚，为Ⅱ型菱形纹罗。

◆ 图 4.2.2.20-②　褐色菱形纹罗局部

◆ 图 4.2.2.20-①　褐色菱形纹罗

标本 21 6254 褐色菱形纹罗

长 57 厘米，幅宽 40 厘米

罗

分类号：340-28

图 4.2.2.21- ② 褐色菱形纹罗局部

衣料。褐色菱形纹罗（图 4.2.2.21- ①、②）出土于西边厢中层 340 号竹笥（缯笥）中，保存较完整，幅中有污迹和小缺口。其经纬密度为每平方厘米 96 根 ×36 根。边维三丝罗。图案为纵向的瘦长菱形，两侧各附加一个不完整的较小菱形，虚实两行相间排列，全幅实纹 14 枚，虚纹 13 枚，为Ⅱ型菱形纹罗。

图 4.2.2.21- ① 褐色菱形纹罗

【绮】

标本 22　6271 黄褐色对鸟菱形纹绮

长 64 厘米，幅宽 51 厘米

绮

分类号：340-25

衣料。黄褐色对鸟菱形纹绮（图 4.2.2.22-①、②）出土于西边厢中层 340 号竹笥（缯笥）中，幅中有横向的黑色、灰色、铜绿色等污迹。其经纬密度为每平方厘米 100 根 ×46 根。

图案为纵向的连续菱形纹，再在菱形内填以横向的花纹，每组三层，分别为对鸟纹和两种不同的花叶纹菱形图案。两只对鸟均挺胸回首，相向而立，双腿细长，尾羽分为两缕，一缕稍短，一缕稍长且尾巴呈花叶状，两鸟的颈羽细长各向鸟首后方弯曲，并相连在一起。菱形花叶纹分为两种：一种是简单的，在菱形格的四角各有一个花叶纹，花苞为小圆形，花叶伸向两边，叶尖往下弯曲，菱形格的中间沿对角线上有一“十”字交叉图案，“十”字的顶部均为单片叶纹；一种是复杂的，整体呈花叶组成的椭圆菱形，菱形的中间为四瓣花蕊，菱形的长端各伸出一个带两片叶芽的花苞纹。

图 4.2.2.22-①　对鸟菱形纹绮纹样图

◆ 图 4.2.2.22- ② 黄褐色对鸟菱形纹绮局部

标本 23　6269 绛色菱形纹绮

长 58.2 厘米，幅宽 38.5 厘米

绮

分类号：340-1

衣料。绛色菱形纹绮（图 4.2.2.23- ①）出土于西边厢中层 340 号竹笥（缯笥）中。由一组经丝和一组纬丝相互交织，在平纹素地上起三上一下的四枚纹经花，地部是平纹组织，故花地极为清晰，外观雅致大方。地的经纬密度为每平方厘米 40 根 ×30 根，边维平织。

其花纹（图 4.2.2.23- ②）为粗细线条组成的重层菱形，两侧各附加一个较小的菱形，图案单元纵横呈连续式排列，横贯终幅。实纹 14 个单元，每个单元长宽各 3 厘米左右；虚纹 13 个单元，每个单元长宽各 2.5 厘米左右。一个花纹循环，经丝 116 根，纬丝 92 根。花纹图案上下左右两相对称，当时用素机和提花机均可织造。如用素机织造，可由 60 片上口综控制提花，前面再加两片平纹上口综管理地部组织。这幅绮保存完整，经纬线粗细不匀，织纹较稀疏，花纹不甚规整。该绮的菱形图案，形状与俯视的耳杯相似，文献记载中所说的“七彩杯纹绮”，或即指此。因菱形纹可以无限向四方扩展连续，故也被称为“长命纹”，是一种吉祥纹饰。

◆ 图 4.2.2.23- ①　绛色菱形纹绮

◆ 图 4.2.2.23- ② 绛色菱形纹绮局部

【锦】

标本 24　6275 褐色花卉纹锦

长 87.5 厘米，幅宽 51.5 厘米

锦

分类号：340—29

衣料。褐色花卉纹锦（图 4.2.2.24-①）出土于西边厢中层 340 号竹笥（缯笥）中，保存较完整，幅面有破口，且有黑灰色、黄铜色金属污迹。两边阔为 0.5 厘米，每侧边经数约 134—140 根，系三上一下纬重平组织，或夹有四枚变化组织。通过观察幅边，可看出这一时期已使用幅撑撑边，以稳定幅度和保持幅边平挺整齐。整幅锦经纬密度为每平方厘米 112 根 ×45 根，经丝二根为一组。这种锦未运用于出土的成品服饰中。

由于此幅锦花纹经和地纹经的颜色褪变严重，结构细密又较薄，故图案形象已较模糊难辨。据《长沙马王堆一号汉墓出土纺织品的研究》一书所画出的线图（图 4.2.2.24-②），纹样呈上下左右对称图案，为柿蒂纹、枝叶纹、点纹、八角星纹连续循环的图案，并以细线条断续的笔法来装饰这些内容，它的花朵和枝叶，构成四方连续的写意图案。八角星纹在新石器时代就已出现，先秦及汉代丝织物上常见。此锦纹饰与新疆胜金店出土锦囊纹饰基本相同。

◆ 图 4.2.2.24-② 花卉纹锦纹样图

◆ 图 4.2.2.24- ① 褐色花卉纹锦

【刺绣】

标本 25　6230 绛紫色绢地蚕纹绣

长 61 厘米，幅宽 45 厘米

绢、绢地刺绣

分类号：340-3

衣料。绛紫色绢地蚕纹绣（图 4.2.2.25-①）出土于西边厢中层的 340 竹笥（缯笥）中。绢为绛紫色，质地轻薄，平纹组织，织物密度稀疏，经纬密度为每平方厘米 84 根 ×42 根。

西边厢共出土蚕纹绣衣料 3 件。蚕纹绣图案结构较为简单（图 4.2.2.25-②），作蚕状云纹，其上有“卐”字形纹，具有祝福吉祥的寓意。图案单元长 15 厘米，宽 10 厘米，使用浅棕红色丝线绣成。通幅三组图案，两侧各留宽 7 厘米许的空白。在绣品中，这种刺绣的绣工最粗，花纹也较为简单，又未见于出土衣物，可能是专为随葬绣制的。

◆ 图 4.2.2.25-①　绛紫色绢地蚕纹绣

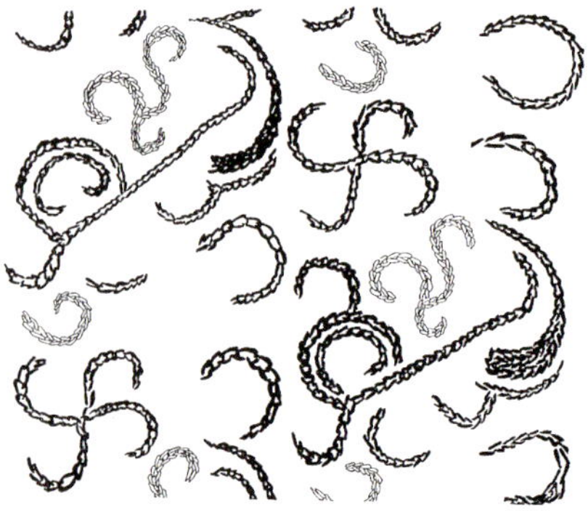

◆ 图 4.2.2.25-②　绢地蚕纹绣纹样图

标本 26　6232 绛紫色绢地蚕纹绣

长 54 厘米，幅宽 43 厘米

绢、绢地刺绣

分类号：340-5

◆ 图 4.2.2.26- ②　纹饰细节及墨色底稿

衣料。绛紫色绢地蚕纹绣（图 4.2.2.26- ①）出土于西边厢中层 340 号竹笥（缯笥）中。以绛紫色绢为地，绢面经纬密度为每平方厘米 88 根 ×36 根。其上所绣图案为蚕形云纹，绣工较为粗糙，刺绣花纹之下清晰地保留着绣工所绘制的墨色底稿（图 4.2.2.26- ②）。

◆ 图 4.2.2.26- ①　绛紫色绢地蚕纹绣

【扎带】

标本 27　LMS7021 扎带残片

长 4 厘米，宽 0.6 厘米

绢

分类号：340-15

◆ 图 4.2.2.27　扎带残片

标本 28　LMS7017 扎带残片

长 7.5 厘米，宽 0.5 厘米

绢

分类号：340-17

◆ 图 4.2.2.28　扎带残片

标本 29 LMS7015 扎带残片

长 4.4 厘米，宽 0.5 厘米

绢

分类号：340–18

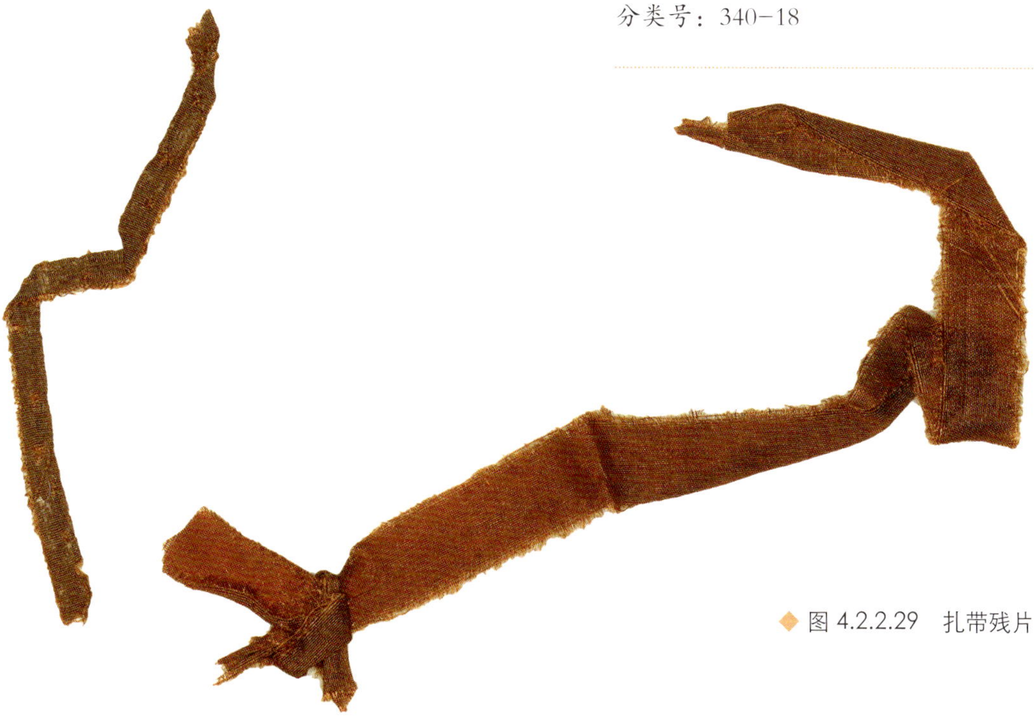

◆ 图 4.2.2.29 扎带残片

标本 30 LMS7010 扎带残片

长 8.5 厘米，宽 0.5 厘米

绢

分类号：340–19

◆ 图 4.2.2.30 扎带残片

标本 31　LMS7019 扎带残片

长 7.3 厘米，宽 0.6 厘米

绢

分类号：340–26

◆ 图 4.2.2.31　扎带残片

标本 32　LMS7008 扎带残片

长 9 厘米，宽 0.5 厘米

绢

分类号：340–27

◆ 图 4.2.2.32　扎带残片

标本 33 LMS7014 扎带残片

长 5 厘米，宽 0.4 厘米

绢

分类号：340－28

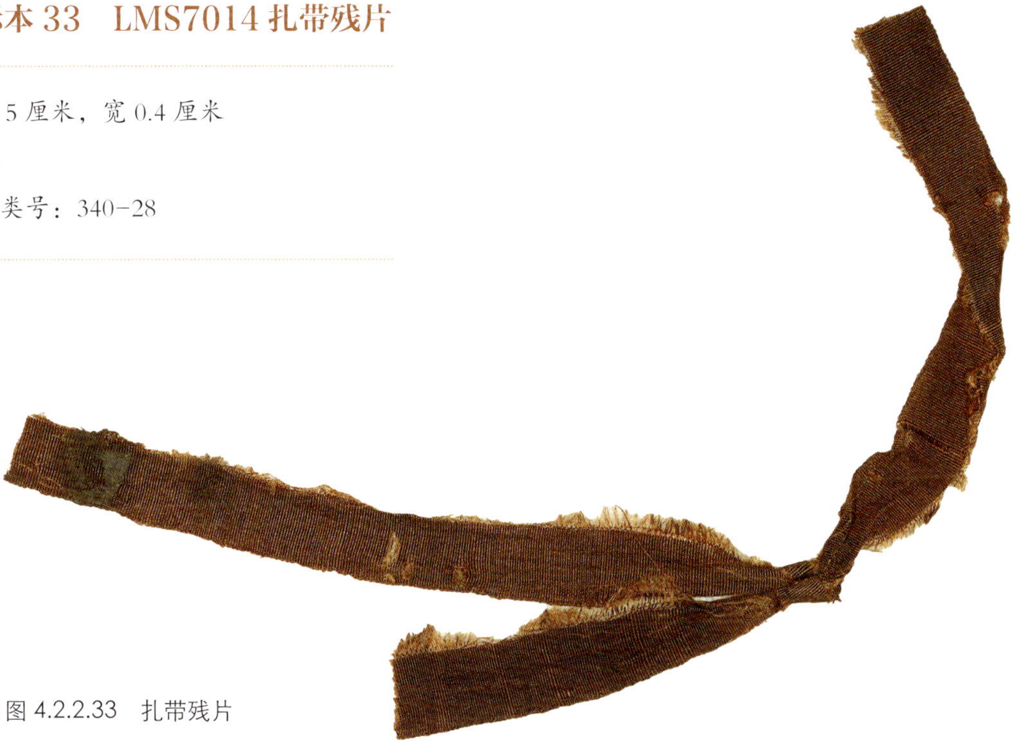

◆ 图 4.2.2.33 扎带残片

标本 34 LMS7020 扎带残片

长 5 厘米，宽 0.5 厘米

绢

分类号：340－29

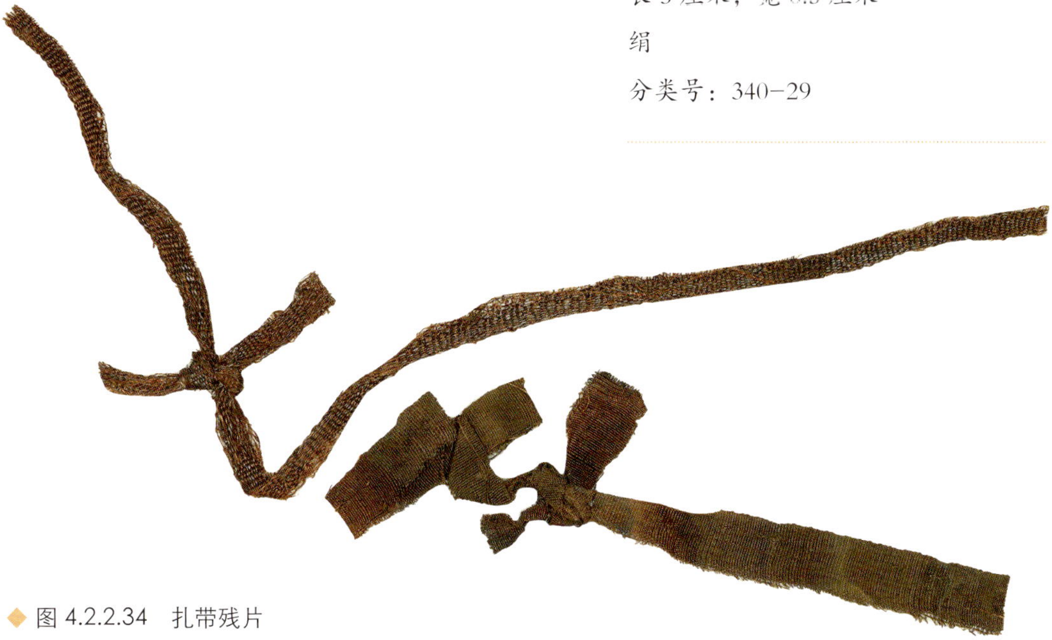

◆ 图 4.2.2.34 扎带残片

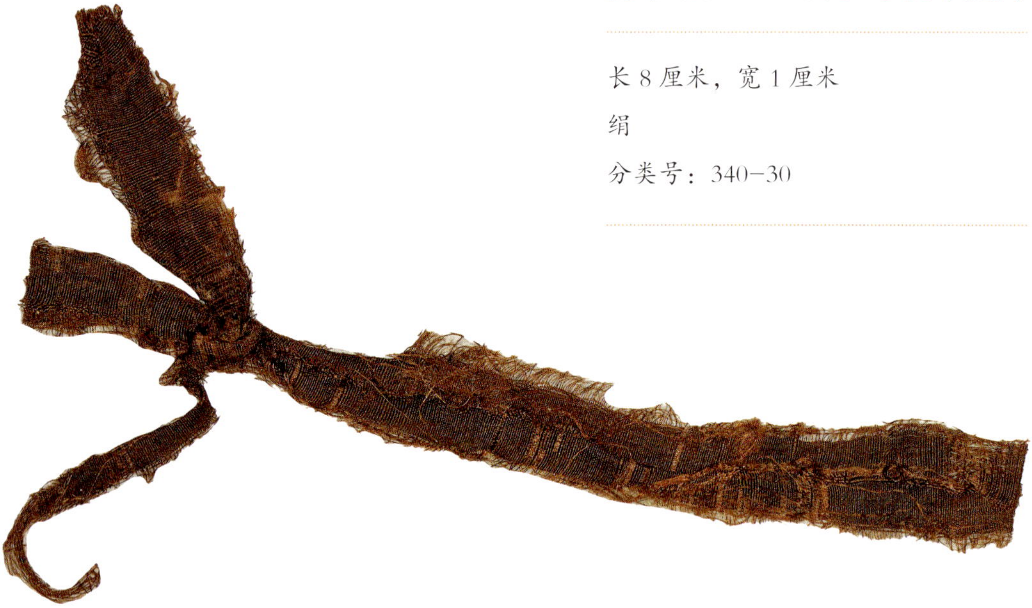

标本 35　LMS7018 扎带残片

长 8 厘米，宽 1 厘米

绢

分类号：340–30

◆ 图 4.2.2.35　扎带残片

标本 36　LMS7016 扎带残片

长 10 厘米，宽 0.5 厘米

绢

分类号：340–31

◆ 图 4.2.2.36　扎带残片

标本 37　LMS7012 扎带残片

长 8.6 厘米，宽 0.3 厘米

绢

分类号：340-34

◆ 图 4.2.2.37　扎带残片

标本 27—37 扎带残片（图 4.2.2.27—图 4.2.2.37）为褐色绢带，长 4—10 厘米，宽 0.3—1 厘米，尺寸短小，共有 19 小条，部分扎带上还有系结。340 号竹笥中出土的单幅丝织物，原用两根或三五根不等的细荻茎为骨干，从两端向中心卷合，再撕取丝织物边条将其捆扎三道，以象征成匹的布帛。此组扎带应该就是用于捆扎的丝织物边条。

三、354 号“缯笥”竹笥

354 号“缯笥”竹笥位于西边厢下层。出土时笥内盛有单幅丝织品 20 卷，使用多根细荻茎为骨干，从两端向中心卷合，再撕取丝织物的边条将其捆扎三道，以象征成匹的绢帛。其中，绢 8 幅、纱 2 幅、罗 2 幅、绮 1 幅、锦 3 幅、绢地刺绣 4 幅。出土时丝织物色调已变得较深，在自然干燥过程中，幅面略有收缩，有的呈荷叶边状，保存基本完整。另外还有捆扎丝织品的绢带 4 件。

【绢】 标本 1 6246 深褐色绢

长 61 厘米，幅宽 50 厘米

绢

分类号：354-5

衣料。深褐色绢（图 4. 2. 3. 1）出土于西边厢下层 354 号竹笥（缯笥）中，保存较为完整，幅面有褪色污染和小裂口。这是当时使用最普遍的一种平纹丝织物，织物结构较为简单。其经纬密度为每平方厘米 56 根 ×44 根。

◆ 图 4.2.3.1 深褐色绢

标本 2　6236 深褐色绢

长 59 厘米，幅宽 49.5 厘米

绢

分类号：354-10

衣料。深褐色绢（图 4.2.3.2）出土于西边厢下层 354 号竹笥（缯笥）中，保存较完整，幅面上有黑色污迹。其经纬密度为每平方厘米 84 根 ×52 根。

◆ 图 4.2.3.2　深褐色绢

标本 3　6237 深褐色绢

长 62 厘米，幅宽 49 厘米

绢

分类号：354-11

衣料。深褐色绢（图 4.2.3.3）出土于西边厢下层 354 号竹笥（缯笥）中，保存较完整，幅面有黑色污迹和多处裂口。其经纬密度为每平方厘米 84 根 ×50 根。

◆ 图 4.2.3.3　深褐色绢

◆ 图 4.2.3.4　黄褐色绢

标本 4　6239 黄褐色绢

长 60 厘米，幅宽 48 厘米

绢

分类号：354-13

衣料。黄褐色绢（图 4.2.3.4）出土于西边厢下层 354 号竹笥（缯笥）中，保存较完整，幅面有晕染褪色痕迹，且有污迹和破口。其经纬密度为每平方厘米 72 根 ×30 根。

标本 5　6240 深褐色绢

长 62 厘米，幅宽 48 厘米

绢

分类号：354-14

衣料。深褐色绢（图 4.2.3.5）出土于西边厢下层 354 号竹笥（缯笥）中，保存较完整，幅面呈现出晕染褪色的不匀污迹，背面粘有苇秆纤维。其经纬密度为每平方厘米 80 根 ×62 根。

图 4.2.3.5　深褐色绢

◆ 图 4.2.3.6 深褐色绢

标本 6 6242 深褐色绢

长 63 厘米，幅宽 50 厘米

绢

分类号：354-15

衣料。深褐色绢（图 4.2.3.6）出土于西边厢下层 354 号竹笥（缯笥）中，保存较完整，幅面呈现出晕染褪色的横条状污迹，面料边缘及中间有小破口。其经纬密度为每平方厘米 102 根 ×46 根。

标本 7　6244 黄褐色绢

长 77 厘米，幅宽 49 厘米

绢

分类号：354-16

衣料。黄褐色绢（图 4.2.3.7）出土于西边厢下层 354 号竹笥（缯笥）中，保存较完整，幅面呈现出晕染褪色的横条状污迹，面料边缘及中间有小破口。其经纬密度为每平方厘米 60 根 ×24 根。

图 4.2.3.7　黄褐色绢

◆ 图 4.2.3.8 深褐色绢

标本 8 6245 深褐色绢

长 63 厘米，幅宽 50 厘米

绢

分类号：354-17

衣料。深褐色绢（图 4.2.3.8）出土于西边厢下层 354 号竹笥（缯笥）中，保存较完整，幅面呈现出晕染褪色的横条状污迹，面料边缘及中间有小裂口。其经纬密度为每平方厘米 57 根 ×32 根。

【纱】

标本9　6263藕色方孔纱

长49厘米，幅宽45厘米

纱

分类号：354-4

衣料。藕色方孔纱（图4.2.3.9）出土于西边厢下层354号竹笥（缯笥）中，其经纬密度为每平方厘米58根×54根。纱孔方正，质地轻薄，厚度为0.055—0.06厘米，重量为2.8克。实物较为残破，幅中一边破裂严重，另一边较为完整，全幅有横向条纹状晕裙痕迹，布满横向裂口。

◆图4.2.3.9　藕色方孔纱

标本 10　6264 藕色方孔纱

长 60 厘米，幅宽 50 厘米

纱

分类号：354-8

衣料。藕色方孔纱（图 4.2.3.10）出土于西边厢下层 354 号竹笥（缯笥）中，整体保存较完整，幅面有破口和污迹。其经纬密度为每平方厘米 58 根 ×40 根。纱孔方正，质地轻薄，厚度为 0.055 厘米。

图 4.2.3.10　藕色方孔纱

【罗】

标本 11　6252 朱红色菱形纹罗

长 75 厘米，幅宽 48 厘米

罗

分类号：354-1

衣料。朱红色菱形纹罗（图 4.2.3.11）出土于西边厢下层 354 号竹笥（缯笥）中，整体微有变形，两边呈现凹形的曲折边，幅中有褐色污染和多处破口。其经纬密度为每平方厘米 108 根 ×36 根。边维三丝罗。图案为纵向的瘦长菱形，两侧各附加一个不完整的较小菱形，以粗细线条构成耳杯状菱形图案，虚实两行相间排列。全幅实纹 12 枚，虚纹 11 枚，为 I 型菱形纹罗。罗织物面料色泽鲜艳，经检测为朱砂染色而成。织物孔眼清晰，染色均匀，可见西汉时期印染技术之高超。

图 4.2.3.11　朱红色菱形纹罗

标本 12 6253 朱红色菱形纹罗

长 72 厘米，幅宽 48 厘米

罗

分类号：354-2

衣料。朱红色菱形纹罗（图 4.2.3.12）出土于西边厢下层 354 号竹笥（缯笥）中。其经纬密度为每平方厘米 108 根 ×36 根。边维三丝罗。图案为纵向的瘦长菱形，两侧各附加一个不完整的较小菱形，虚实两行相间排列，全幅实纹 12 枚，虚纹 11 枚，为 Ⅰ 型菱形纹罗。该罗用矿物染料朱砂染成，整体保存较为完整，颜色艳丽，幅面有多处破口。

◆ 图 4.2.3.12 朱红色菱形纹罗

【绮】

标本 13 6270 绛色菱形纹绮

长 57 厘米，幅宽 38.5 厘米

绮

分类号：354-19

衣料。绛色菱形纹绮（图 4.2.3.13-①）出土于西边厢下层 354 号竹笥（缯笥）中，织法（图 4.2.3.13-②）是由一组经丝和一组纬丝相互交织，在平纹素地上起三上一下的四枚纹经花，地部是平纹组织。地的经纬密度为每平方厘米 40 根 ×30 根，边维平织。

花纹（图 4.2.3.13-③、④）为粗细线条组成的重层菱形，两侧各附加一个较小的菱形，图案单元纵横呈连续式排列，横贯终幅。实纹 14 个单元，每个单元长宽各 3 厘米左右；虚纹 13 个单元，每个单元长宽各 2.5 厘米左右。一个花纹循环，经丝 116 根，纬丝 92 根。花纹图案上下左右两两相对称，当时用素机和提花机均可织造。如用素机织造，可由 60 片上口综控制提花，前面再加两片平纹上口综管理地部组织。保存较完整，幅面布满深浅不一的横向带状褪色痕迹，中间及边缘有破口。

◆ 图 4.2.3.13-① 绛色菱形纹绮

◆ 图 4.2.3.13- ② 绛色菱形纹绮组织结构图

◆ 图 4.2.3.13- ③　绛色菱形纹绮局部纹样图

◆ 图 4.2.3.13- ④　绛色菱形纹绮红外光谱照

【锦】

标本 14　6272 褐色隐花波折纹凤纹锦

长 71 厘米，幅宽 51 厘米

锦

分类号：354-3

衣料。褐色隐花波折纹凤纹锦（图 4.2.3.14-①）出土于西边厢下层 354 号竹笥（缯笥）中。该幅锦出土时保存完整，全幅有黑色的污迹，边缘有裂口，其经纬密度为每平方厘米 118 根×48 根。

由于花纹经和地纹经颜色褪变严重，故图案较难辨认，图案（图 4.2.3.14-②、③）大致为满地的波折纹，按平纹式嵌入两种不同形状的模纹：一种为凤鸟纹，横向大约 10 只，纵向大约 17 只；一种为不规则八角星纹，横向大约 9 个，纵向大约 16 个。两类纹饰上下交替相间排列。354 号竹笥共出土 2 幅相同的凤纹锦，且此锦不见于出土的成品服饰之中。

该幅锦上的不规则八角星纹与凤鸟纹应为太阳与凤鸟的组合含义，与战国时期纺织品上的纹样一脉相承，但又有创新之处。相对于战国、汉代其他复杂结构几何纹循环、复杂动植物的循环纹饰，此锦纹饰结构简单，有一种规矩、匀称、延绵、舒展的视觉效果。

◆ 图 4.2.3.14-① 褐色隐花波折纹凤纹锦

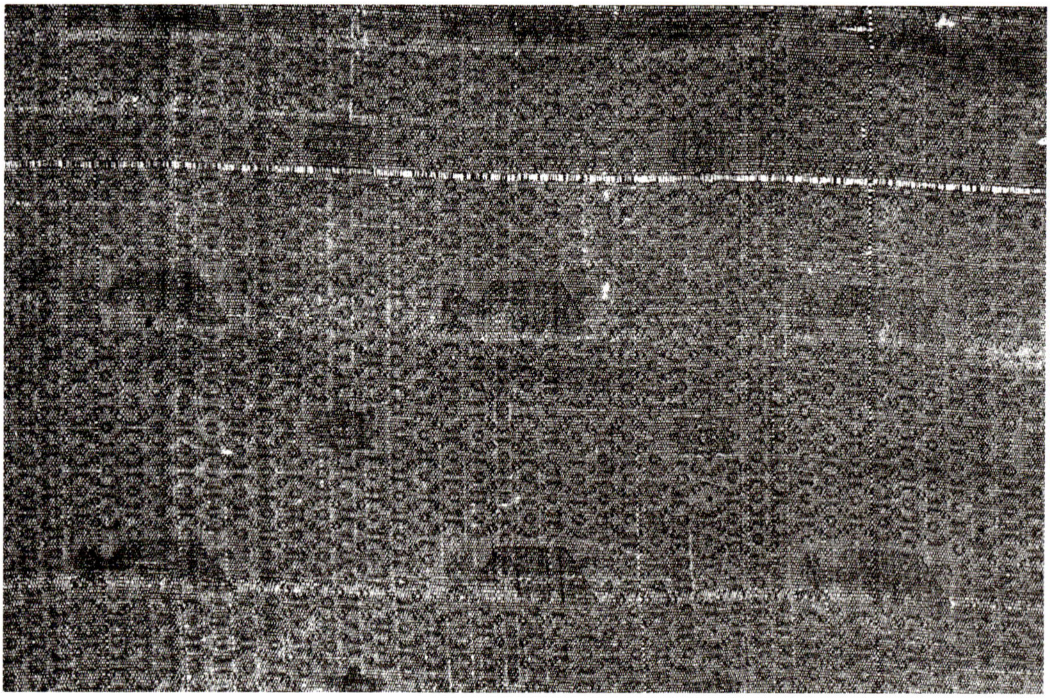

◆ 图 4.2.3.14- ② 褐色隐花波折纹凤纹锦红外光谱照

◆ 图 4.2.3.14- ③ 隐花波折纹凤纹锦纹样图

标本 15 6273 深褐色地绛红色几何纹锦

长 60 厘米，幅宽 49.5 厘米

锦

分类号：354-9

衣料。深褐色地绛红色几何纹锦（图 4.2.3.15-①、②）出土于西边厢下层 354 号竹笥（缯笥）中，保存较为完整。此幅锦经丝三根为一组，经纬密度为每平方厘米 126 根 ×48 根。通幅有多种几何图案（图 4.2.3.15-③），有点纹、曲折纹、杯纹等，以空心线条的几何纹为主。几何纹的起源有两种说法：一是源于编织纹理，二是源于对自然物象的简化。几何纹在东周时期就已是常见的纺织品纹饰。

通幅纵向花纹相同，2 厘米为一循环，各种几何形状平铺分布在全幅内，所选纹饰布局不完全一样，有的纹饰全幅安排了 15 个，有的全幅只用了 5.5 个，更少的只有 2 个，排序无一定规律，各种形态相互穿插，考虑了织品效果和织造工艺条件，花纹通贯终幅。此种锦不见于出土的成品服饰中。

◆ 图 4.2.3.15-① 深褐色地绛红色几何纹锦

◆ 图 4.2.3.15- ② 深褐色地绛红色几何纹锦局部

◆ 图 4.2.3.15- ③ 几何纹锦纹样图

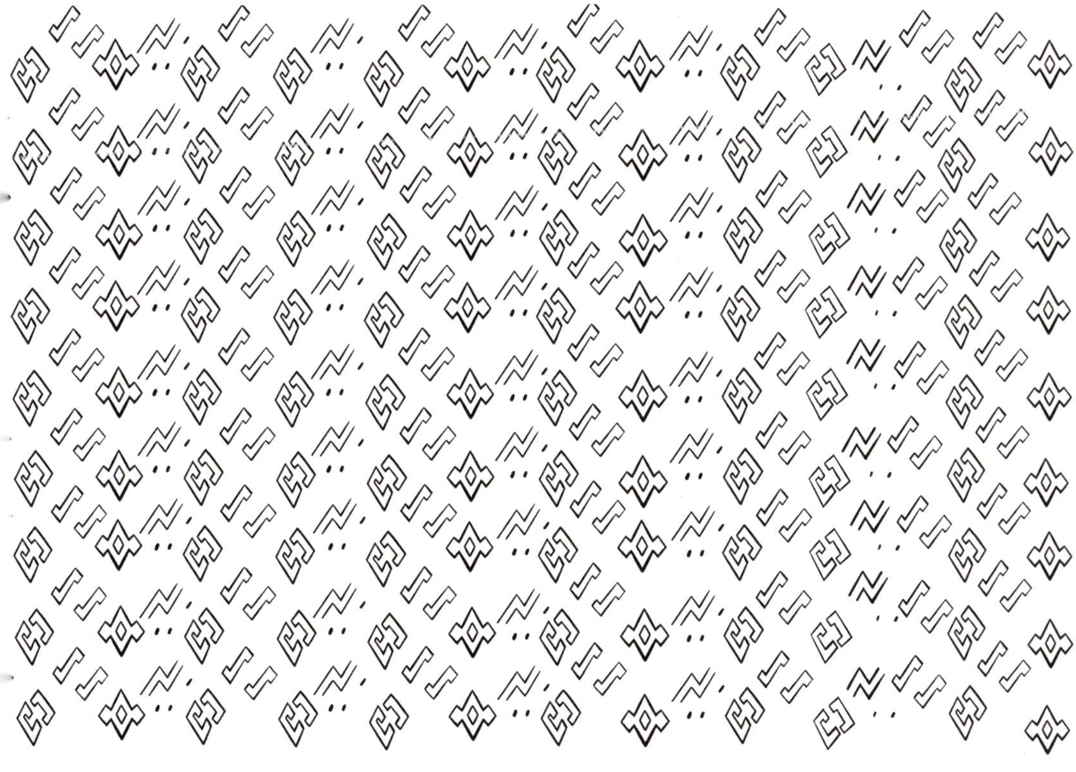

标本 16　6274 褐色隐花波折纹凤纹锦

长 84 厘米，幅宽 64 厘米

锦

分类号：354-12

衣料。褐色隐花波折纹凤纹锦（图 4.2.3.16）出土于西边厢下层 354 号竹笥（缯笥）中，保存较完整，幅面有黑色的污迹。其幅面为满地的波折纹，按平纹式嵌入两种不同形状的模纹：一种为凤鸟纹，横向大约 10 只，纵向大约 17 只；一种为不规则八角星纹，横向大约 9 个，纵向大约 16 个。两类纹饰上下交替相间排列。

图 4.2.3.16　褐色隐花波折纹凤纹锦

【刺绣】

标本 17　6231 绛紫色绢地蚕纹绣

长 78 厘米，幅宽 45 厘米

绢、绢地刺绣

分类号：354-6

衣料。绛紫色绢地蚕纹绣（图 4.3.17-①）出土于西边厢下层 354 号竹笥（缯笥）中，保存较完整，有褪色和污染，幅中和边缘均有开裂。以绛紫色绢为面料，上绣蚕形云纹绣，绢面经纬密度为每平方厘米 90 根 ×42 根。刺绣纹样呈现出不规则的蚕形纹，绣工较为粗糙，刺绣花纹之下清晰地保留着绣工所绘制的墨色底稿（图 4.2.17-②）。

◆ 图 4.3.17-①　绛紫色绢地蚕纹绣

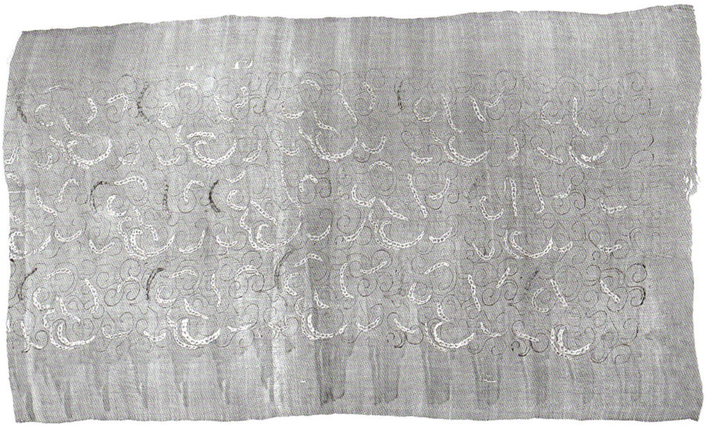

◆ 图 4.2.3.17-②　绛紫色绢地蚕纹绣红外光谱照

标本 18 6260 褐色菱形纹罗地“信期绣”

长 54 厘米，幅宽 40 厘米

罗、罗地刺绣

分类号：354-7

衣料。褐色菱形纹罗地“信期绣”（图 4.2.3.18-①）出土于西边厢下层 354 号竹笥（缯笥）中，幅面有部分深色条状污染，部分绣线因污染微有变色。以褐色菱形纹罗为面料，上绣“信期绣”。其罗地经纬密度为每平方厘米 80 根 ×32 根。

刺绣纹样为Ⅰ型“信期绣”，整体以云气纹为主，以变形卷枝花草纹为辅，烘托鸟纹。整幅面料色调呈黄褐色，底纹罗织物的菱形纹样隐约可见（图 4.2.3.18-②、③）。图案色彩由深到浅，层次丰富，颇为华丽。刺绣纹样和罗地菱形纹饰上下叠压，具有律动感，装饰效果甚佳。

◆ 图 4.2.3.18-① 褐色菱形纹罗地“信期绣”

◆ 图 4.2.3.18- ② 褐色菱形纹罗地“信期绣”局部

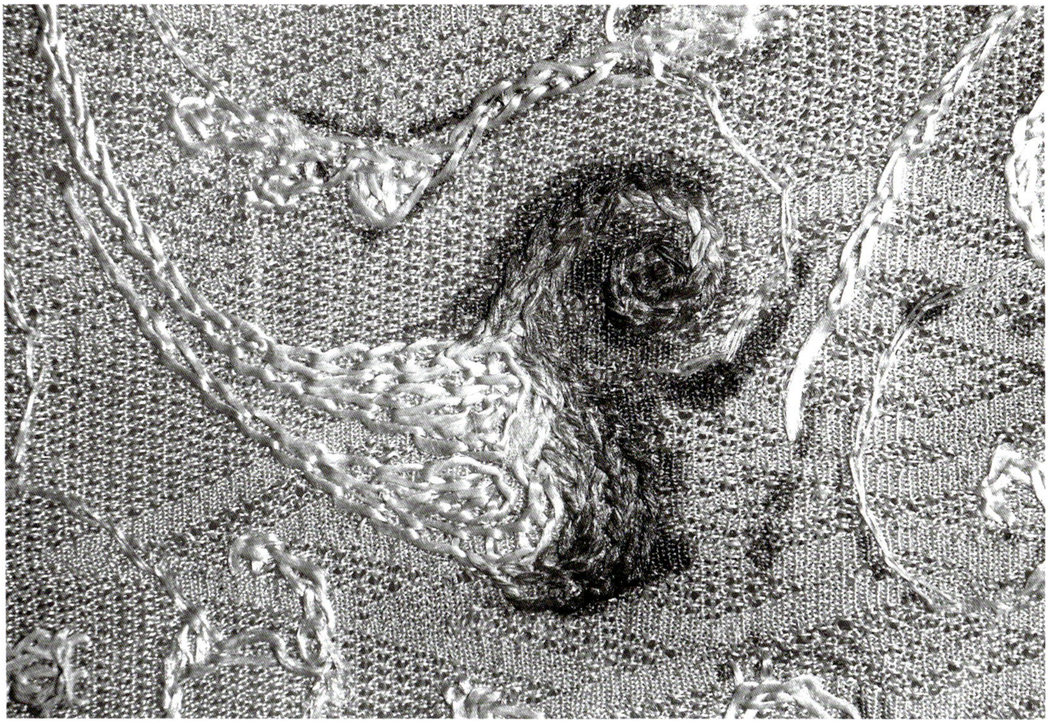

◆ 图 4.2.3.18- ③ 褐色菱形纹罗地“信期绣”红外光谱照

标本 19　6261 褐色菱形纹罗地“信期绣”

长 58 厘米，幅宽 40 厘米
罗、罗地刺绣
分类号：354-18

衣料。褐色菱形纹罗地“信期绣”出土（图 4. 2. 3. 19-①）于西边厢下层 354 号竹笥（缯笥）中，保存较完整，微有拉伸变形和黑色污迹。以褐色菱形纹罗为面料，上绣“信期绣”。罗地经纬密度为每平方厘米 80 根 ×32 根。刺绣纹样为Ⅰ型“信期绣”（图 4. 2. 3. 19-②），颜色以朱红色、深棕色为主，面料表面由于受到污染，部分绣线已变色。

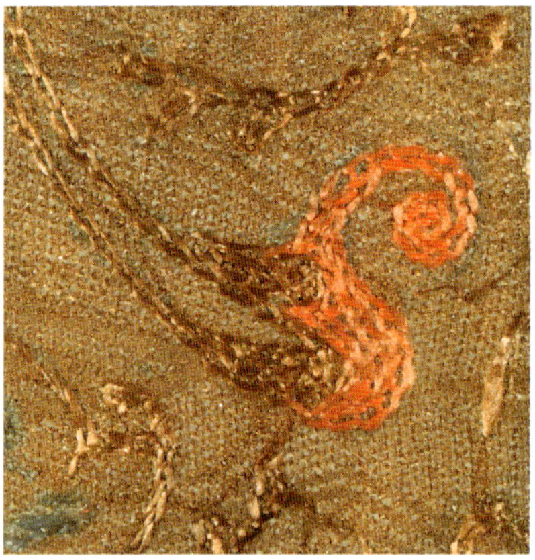

◆ 图 4.2.3.19-②　褐色菱形纹罗地“信期绣”局部

◆ 图 4.2.3.19-①　褐色菱形纹罗地“信期绣”

标本 20　6233 黄褐色绢地“信期绣”

长 50 厘米，幅宽 49.5 厘米

绢、绢地刺绣

分类号：354-20

衣料。黄褐色绢地“信期绣”（图 4.2.3.20-①）出土于西边厢下层 354 号竹笥（缯笥）中，以黄褐色绢为面料，上绣“信期绣”。保存较完整，幅面有褪色污染和破口，其绢地经纬密度为每平方厘米 100 根 ×56 根。其刺绣纹样（图 4.2.3.20-②）为 I 型“信期绣”。整体线条细密，纹饰精美，色彩层次丰富，反映了西汉时期高超的刺绣技巧和印染技术。

◆ 图 4.2.3.20-① 黄褐色绢地“信期绣”

◆ 图 4.2.3.20- ② 黄褐色绢地“信期绣”局部

【扎带】

标本 21 LMS7007 扎带残片

长 4.5 厘米，宽 0.4 厘米

绢

分类号：354-11

◆ 图 4.2.3.21 扎带残片

标本 22 LMS7013 扎带残片

长 8.5 厘米，宽 0.2 厘米

绢

分类号：354-16

◆ 图 4.2.3.22 扎带残片

标本 23　LMS7011 扎带残片

长 7.8 厘米，宽 0.3 厘米

丝

分类号：354-18

◆ 图 4.2.3.23　扎带残片

标本 24　LMS7009 扎带残片

长 4.2 厘米，宽 1.2 厘米

绢

分类号：354-20

◆ 图 4.2.3.24　扎带残片

标本21—24扎带残片(图4.2.3.21—图4.2.3.24)为褐色绢带，尺寸长短不一，共有4条，其中2条扎带上还有系结。354号竹笥中出土的单幅丝织物，原用两根或三五根不等的细荻茎为骨干，从两端向中心卷合，再撕取丝织物边条将其捆扎三道，以象征成匹的布帛。此组扎带残片应该就是用于捆扎的部分丝织物边条。

第三节

竹笥内的衣物

竹笥内共出土衣物 19 件，集中在 329 号“衣笥”竹笥和 357 号竹笥内。竹笥内出土衣物基本保存完好，部分衣物稍有残破。计有绢裙 2 件、夹袜 2 件、单衣 3 件、丝绵袍 11 件及袍缘 1 件。

一、329 号“衣笥”竹笥内的衣物

329 号“衣笥”位于西边厢上层，形制较大，制作精良，笥内并有黄绢衬里，是保存最完整的一件竹笥。出土时笥内盛有衣物 14 件（见附表 6），其中绢裙 2 件、夹袜 2 双、单衣 3 件、丝绵袍 6 件、袍缘 1 件。出土衣物基本保存完好，仅部分衣物有轻微破损。

标本 1　6296 绛紫色绢单裙

高 87 厘米，腰宽 145 厘米，下摆宽 193 厘米

绢

分类号：329-1

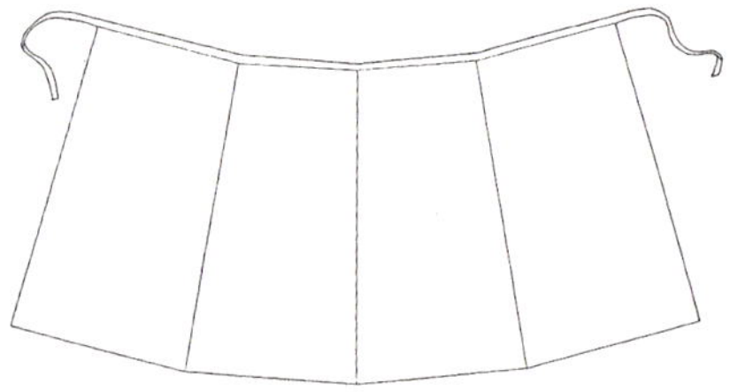

◆ 图 4.3.1.1- ①　绛紫色绢单裙线图

绛紫色绢单裙（图 4. 3. 1. 1- ①、②），为围腰系带式，出土于西边厢上层 329 号竹笥（衣笥）中。单裙是没有衬里的裙子。此裙使用四片上窄下宽的绢缝制而成，居中的两片宽度相同，稍窄；两侧的两片宽度相同，稍宽。上部加缝裙腰，裙腰两端延长成为裙带，以便系结。

单裙保存较为完整，有折痕和细小破裂口。裙接腰宽 3 厘米，裙带宽 2—2. 8 厘米，左带长 45 厘米，右带长 42 厘米。裙身部位的绢经纬密度为每平方厘米 68 根 ×50 根。

◆ 图 4.3.1.1- ②　绛紫色绢单裙

标本2 6297银褐色绢单裙

高 87 厘米，腰宽 143 厘米，下摆宽 158 厘米

绢、纱

分类号：329-2

银褐色绢单裙（图 4. 3. 1. 2），为围腰系带式，出土于西边厢上层 329 号竹笥（衣笥）中，整体保存较为完整。此裙使用四片上窄下宽的绢缝制而成，居中的两片宽度相同，稍窄；两侧的两片宽度相同，稍宽。上部加缝裙腰，裙腰两端延长成为裙带。其左侧裙带为褐色纱料，右侧为绢料。单裙接腰宽 2 厘米，裙带宽 1. 2—1. 5 厘米，左带长 40 厘米，右带长 33 厘米。裙身部位绢的经纬密度为每平方厘米 84 根 ×30 根，裙腰部位绢为每平方厘米 58 根 ×29 根。缝纫方法：裙子下摆为平针缝边，针脚长 0. 3 厘米，针距 0. 4 厘米，而四片绢背面均用平针缝合而成，针距 1 厘米。

从史料记载来看，裙是秦汉妇女常穿的下衣。《中华古今注》记：“始皇元年，宫人令服五色花罗裙。”汉代以后妇人下体穿裙开始流行起来，并形成一种风俗。《古诗为焦仲卿妻作》中“着我绣夹裙，事事四五通”等，都是有关妇女穿裙的写照。上衣下裳是我国古代服装长期搭配形式。“裳”因此就成了裤、裙之类衣服的总称。裙在马王堆汉墓中有实物与形象资料出土，而裤仅有图像与文字资料反映，未曾见有实物。329 号竹笥中出土这 2 件单裙均未用任何纹饰，也没有缘边，属于“无缘裙”。结合辛追夫人的特殊身份可以推断，这两条无缘、无纹饰、无褶裥的素裙，很有可能不是生前所穿。

图 4.3.1.2 银褐色绢单裙

标本 3　6301 褐色绢袜

底长 23.4 厘米，靿长 22.5 厘米

绢

分类号：329-3 ①②

褐色绢袜（图 4.3.1.3- ①、②、③）出土于西边厢上层 329 号竹笥（衣笥）中。鞋头宽 8 厘米，口宽 12 厘米，开口长 8.7 厘米。齐头，靿（袜筒）后开口，开口处并附袜带，因袭了皮袜的做法。整体都用绢缝制而成，缝在脚面和后侧，袜底无缝，穿着时会比较平整舒适。其缝纫方式为：系带处用平针缝合，针距 0.4 厘米，针脚长 0.1 厘米；其余接缝处均用平针，针距 0.4 厘米。袜面用绢较细，袜里用绢稀疏，经纬密度如下：绢面为每平方厘米 94 根 ×52 根，绢里为每平方厘米 54 根 ×28 根。

袜在古代通常作足衣解，如《释名 • 释衣服》称："袜，末也，在脚末也。"早在先秦时期古人就已经开始穿袜子了，而且"袜"字在古代写法很多，根据质地、时代不同而名称各异，有韈、韎、韤、靺、袜等字体。《说文解字 • 韦部》："韤，足衣也。"

◆ 图 4.3.1.3- ①　褐色绢袜

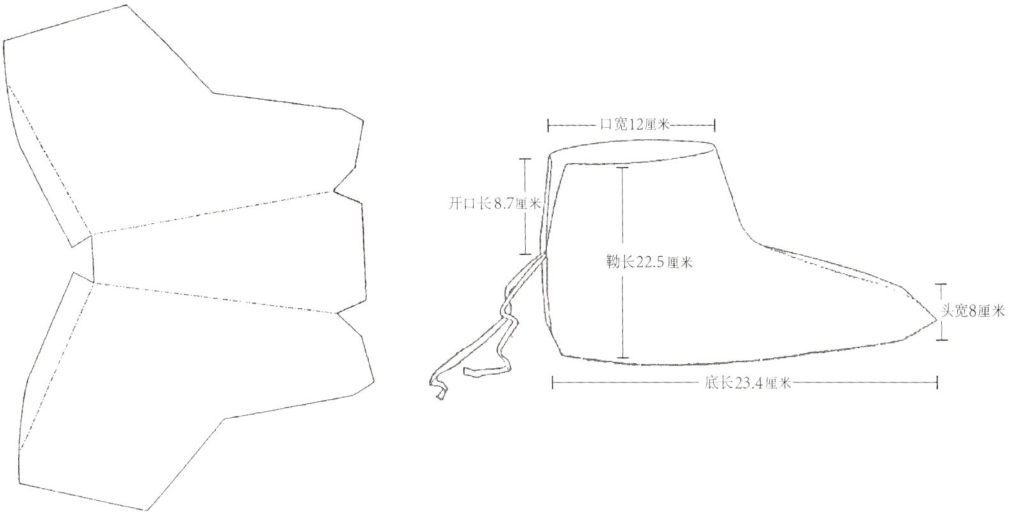

◆ 图 4.3.1.3- ② 褐色绢袜线图

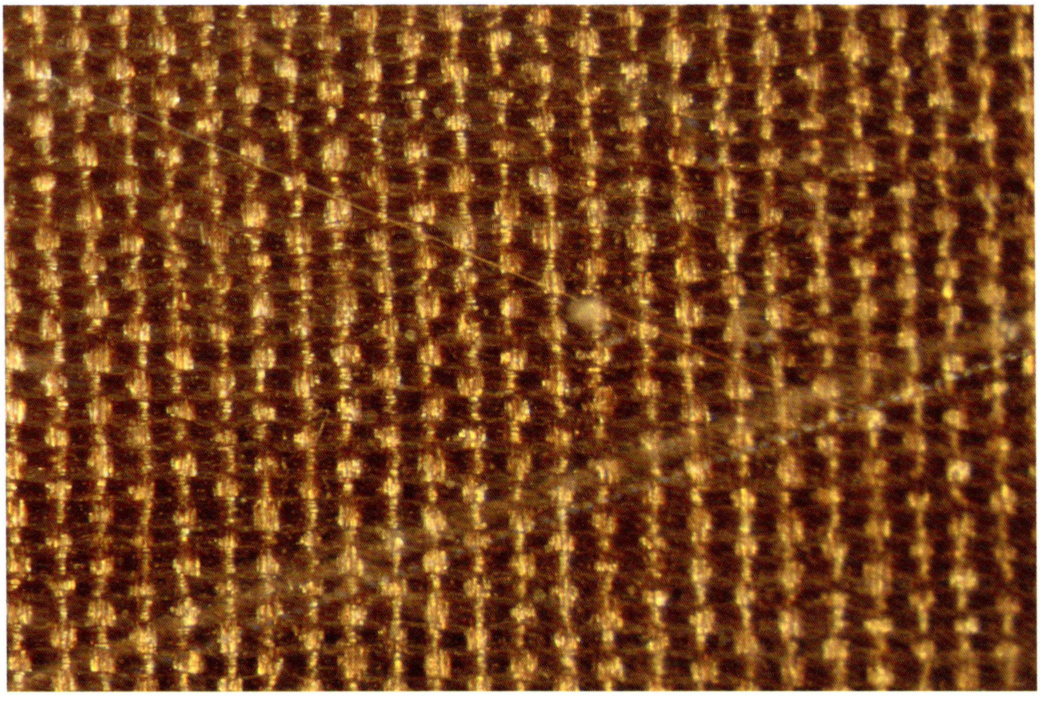

◆ 图 4.3.1.3- ③ 褐色绢袜局部立体显微镜照

标本 4　6302 绛紫色绢袜

底长 23 厘米，靿长 21 厘米

绢、纱

分类号：329-4 ①②

绛紫色绢袜（图 4.3.1.4- ①、②、③）出土于西边厢上层 329 号竹笥（衣笥）中。鞋头宽 10 厘米，口宽 12.7 厘米，开口长 10 厘米。袜带为素纱，袜面使用绢缝制而成，形制、质地、缝纫方式与 329-3 ①②一致。经纬密度如下：绢面为每平方厘米 82 根 ×36 根，绢里为每平方厘米 76 根 ×32 根。

◆ 图 4.3.1.4- ①　绛紫色绢袜

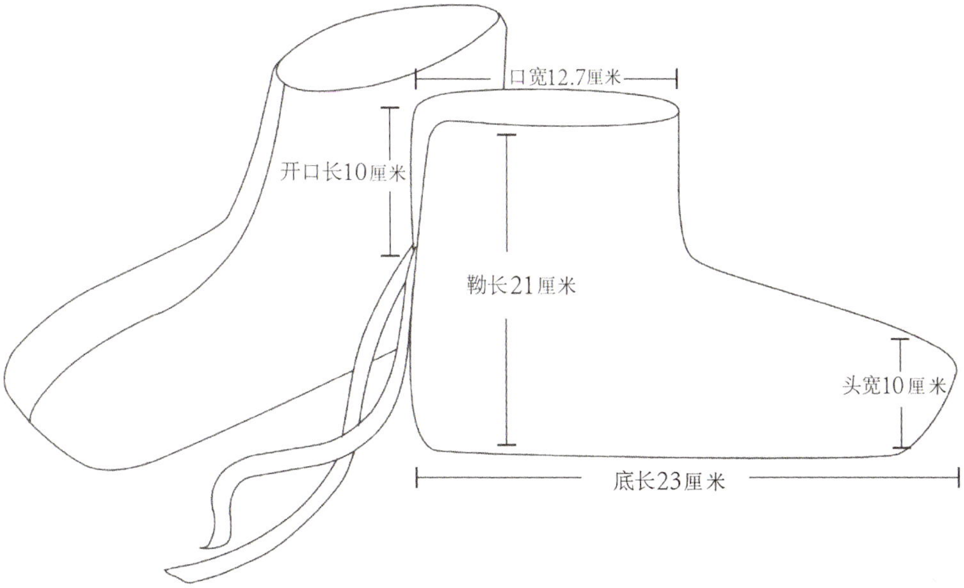

◆ 图 4.3.1.4- ② 绛紫色绢袜结构示意图

◆ 图 4.3.1.4- ③ 绛紫色绢袜局部立体显微镜照

标本 5 6276 曲裾素纱单衣

衣长 160 厘米，两袖通长 195 厘米，重 48 克

纱、绢

分类号：329-5

曲裾素纱单衣（图 4.3.1.5）出土于西边厢上层 329 号竹笥（衣笥）中，保存较完整，纱面有淡褐色污渍。衣袖口宽 27 厘米，腰宽 48 厘米，下摆宽 49 厘米，领缘宽 7 厘米，袖缘宽 5 厘米。

曲裾，右衽，主体质地为纱，曲裾即开襟从领曲斜绕至腋下，名之为“曲”。上衣部分正裁四片，宽各一幅，下裳部分斜裁三片，宽各一幅，两袖无胡，袖缘和领缘为绢质，边缘较窄，底边无缘。纱面经纬密度为每平方厘米 62 根 ×62 根，绢缘为每平方厘米 66 根 ×46 根。

素纱，是指没有花纹的纱，也是秦汉时期做夏服和衬衣的一种非常流行的织物。“单衣”，即“禅衣”，指单层、没有衬里的长衣。春秋战国时期帝王和官吏以单衣为常服，或作为官吏的朝服，但当时只能作为衬衣穿在袍服里面，汉代以后才逐渐演变为外穿。

多数学者认为素纱单衣应是穿在锦绣丝绵袍之外的薄纱，使丝绵袍上的纹饰若隐若现，既可增其华丽，又具朦胧美感，代表了当时贵族的时尚风潮；也有学者认为它应是作为内衣穿着或夏天穿的散热吸汗之衣。

素纱单衣薄如蝉翼，轻若云雾，是迄今所见最早、最薄、最轻的服装珍品，是西汉时期纺织巅峰之作，代表了汉初养蚕、缫丝、织造工艺的最高水平。

◆图 4.3.1.5　曲裾素纱单衣

标本 6　6277 直裾素纱单衣

衣长 128 厘米，两袖通长 190 厘米，重 49 克
纱、锦、绢
分类号：329-6

直裾素纱单衣（图 4.3.1.6-①）出土于西边厢上层 329 号竹笥（衣笥）中，保存较完整，纱面有晕褪污染。衣袖口宽 30 厘米，腰宽 49 厘米，下摆宽 50 厘米，领缘宽 5.5 厘米，袖缘宽 5.5 厘米。

直裾，右衽，主体质地为纱，直裾是指开襟从领向下垂直。上衣部分正裁四片，宽各一幅，下裳部分正裁四片，宽各大半幅，两袖无胡。袖口和领口为几何纹绒圈锦缘（图 4.3.1.6-②），几何纹绒圈锦之下以绢为衬底。边缘较窄，底边无缘。绢里经纬密度为每平方厘米 86 根 ×38 根。

素纱单衣为轻薄透明的方孔平纹织物。素纱原料均为桑蚕丝，丝纤度为 11.2 旦尼尔，相当于长达 900 米的纤维重量仅 1 克，表明当时的蚕桑丝品种和生丝品质极好，缫丝织造技术也已发展到相当高的水平；纱面经纬密度为每平方厘米 62 根 ×62 根，孔眼均匀清晰，透光率约为 75%，在汉代文献中这种纱被称为“雾縠”，又名“方空縠”或“沙縠”；整件单衣总用料 2.6 平方米，纱重 15.4 克 / 平方米，足可见纱衣之轻薄。

◆ 图 4.3.1.6- ① 直裾素纱单衣

◆ 图 4.3.1.6- ② 直裾素纱单衣局部图

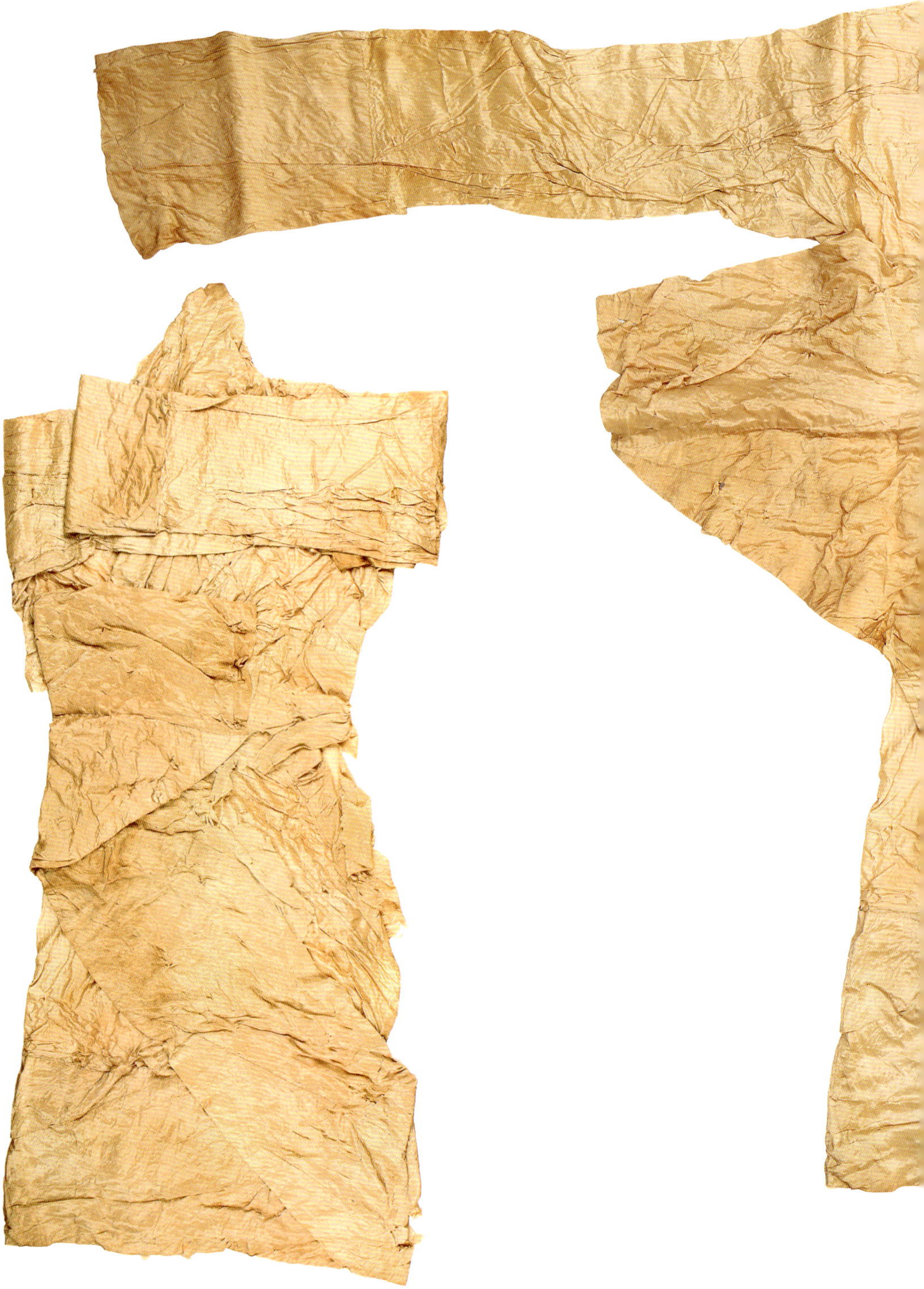

◆ 图 4.3.1.7- ①　白绢曲裾单衣袖子收拢时情形

标本 7　6278 白绢曲裾单衣

衣长 140 厘米，两袖通长 232 厘米

绢

分类号：329-9

白绢曲裾单衣（图 4.3.1.7-①、②）出土于西边厢上层 329 号竹笥（衣笥）中，整体保存较为完整，衣面局部残破。曲裾，交领，右衽。衣袖口宽 25 厘米，腰宽 50 厘米，下摆宽 75 厘米，领缘宽 20 厘米，袖缘宽 32 厘米。其形制和裁缝方法与曲裾绵袍大体相同，面为单层，缘为夹层，但外襟下侧和底边的缘内，絮有宽 4.5 厘米左右的一层薄丝绵，以便使这件单衣的下摆显得较为挺直。

除马王堆一号汉墓出土单衣实物之外，马王堆三号汉墓遣册也记载有“帛禅衣一”“白绪禅衣一”“霜绪禅衣一缋掾（缘）”“青绪禅衣一”“阑禅衣一”“绪禅衣二”“绀绪禅衣一”“盭锡禅衣一”“白锡禅衣一”“毋尊禅衣一”“鲜支禅衣一縠掾”等 15 件单衣。这 15 件单衣的形制因无实物不得而知，但从中可知，当时男士也穿单衣。单衣应属于一种便服，比较宽松，穿着起来感觉宽松舒适，所以在日常生活中非正式场合下，男女均可穿着，只是在上朝、入宫等正式场合不可以穿，只能作为衬衣，穿在袍服里面，否则会被认为是无礼之举。

图 4.3.1.7-②　白绢曲裾单衣

标本 8　6295 褐色绢袍缘

全长 348 厘米，袖口宽 28 厘米

绢

分类号：329-7

褐色绢袍缘（图 4.3.1.8）出土于西边厢上层 329 号竹笥（衣笥）中，为曲裾袍所用，袍缘上有污渍及晕染，多处有开口，一端并缀加拈缝衣线一团。绢的经纬密度为每平方厘米 138 根 ×70 根。曲裾袍袍缘一般为斜裁。《晏子春秋 • 谏下十四》载“衣服节俭”曰“衣不务于隅肶之削”，《淮南子 • 本经篇》载“衣无隅差之削”，高诱注：“隅，角也。差，邪也。古者质，皆全幅，为衣裳无有邪角。邪角，削，杀也。”可见不用全幅而有邪角的斜裁衣裳，当时是一种奢侈的物品。

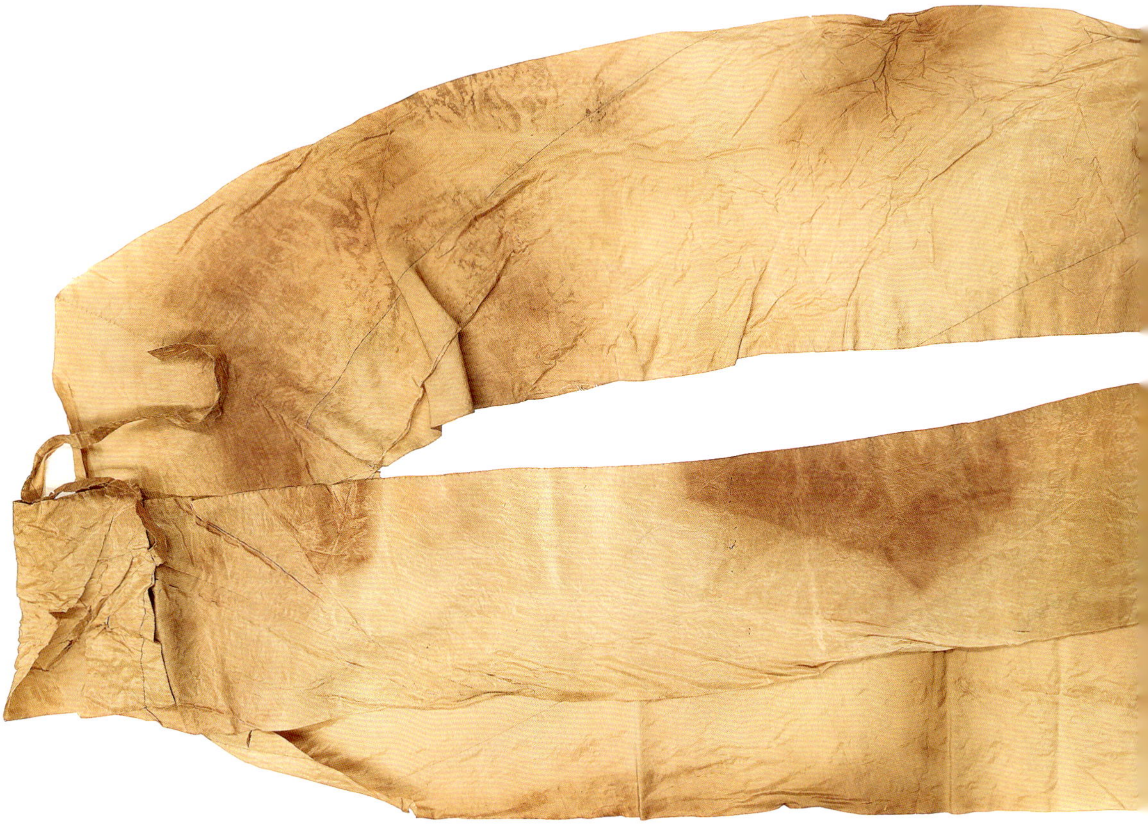

◆ 图 4.3.1.8　褐色绢袍缘

标本 9 6286 朱红色菱形纹罗丝绵袍

衣长 140 厘米，两袖通长 245 厘米
罗、绢
分类号：329-8

朱红色菱形纹罗丝绵袍（图 4. 3. 1. 9-①、③、④）出土于西边厢上层 329 号竹笥（衣笥）中，保存较为完整，衣面多处有轻微残破，衣领及袖边有朱红色污染。

衣式形制为曲裾、交领、右衽。以典型的朱红色 II 型菱形纹罗（图 4. 3. 1. 9- ②）为面料，以素绢为里和缘，内絮丝绵。衣袖宽 36 厘米，袖口宽 25 厘米，腰宽 52 厘米，下摆宽 58 厘米，领缘宽 21 厘米，袖缘宽 35 厘米，摆缘宽 29 厘米。绢缘、绢里的经纬密度均为每平方厘米 120 根 ×70 根，罗面为每平方厘米 88 根 ×32 根。

袍服按照衣襟的形制可划分为曲裾和直裾两种款式，曲裾袍服即开襟从领曲斜绕至腋下，名之为“曲”，直裾袍服则是开襟从领向下垂直。此件曲裾袍服通身紧窄，长可曳地，下摆一般呈喇叭状，行不露足，以表示出女性的文静与优雅，为汉代贵族妇女最时尚的衣服，其用料、制作、染色、形制都十分考究。

其朱红色面料经检测为硫化汞（朱砂）染色而成。朱砂染出的织物颗粒均匀，覆盖良好，孔眼清晰，没有堵塞的现象。这种朱红色的硫化汞矿物颜料，为先秦至西汉时期的贵重彩色颜料。上好朱砂，出辰锦，即今湖南省的辰溪和麻阳，因此亦称辰砂。用这种上好的朱砂染成朱红色，应用得比较广泛。硫化汞有天然的，也有炼制而成的，在炼制的过程中随温度、浓度、时间的不同，会产生不同的色泽。出土丝织品的朱红色十分鲜艳，足以说明在西汉初期劳动人民炼制硫化汞的技术已有相当高的水平。

◆ 图 4.3.1.9- ① 朱红色菱形纹罗丝绵袍

◆ 图 4.3.1.9- ② 朱红色菱形纹罗丝绵袍菱形纹样

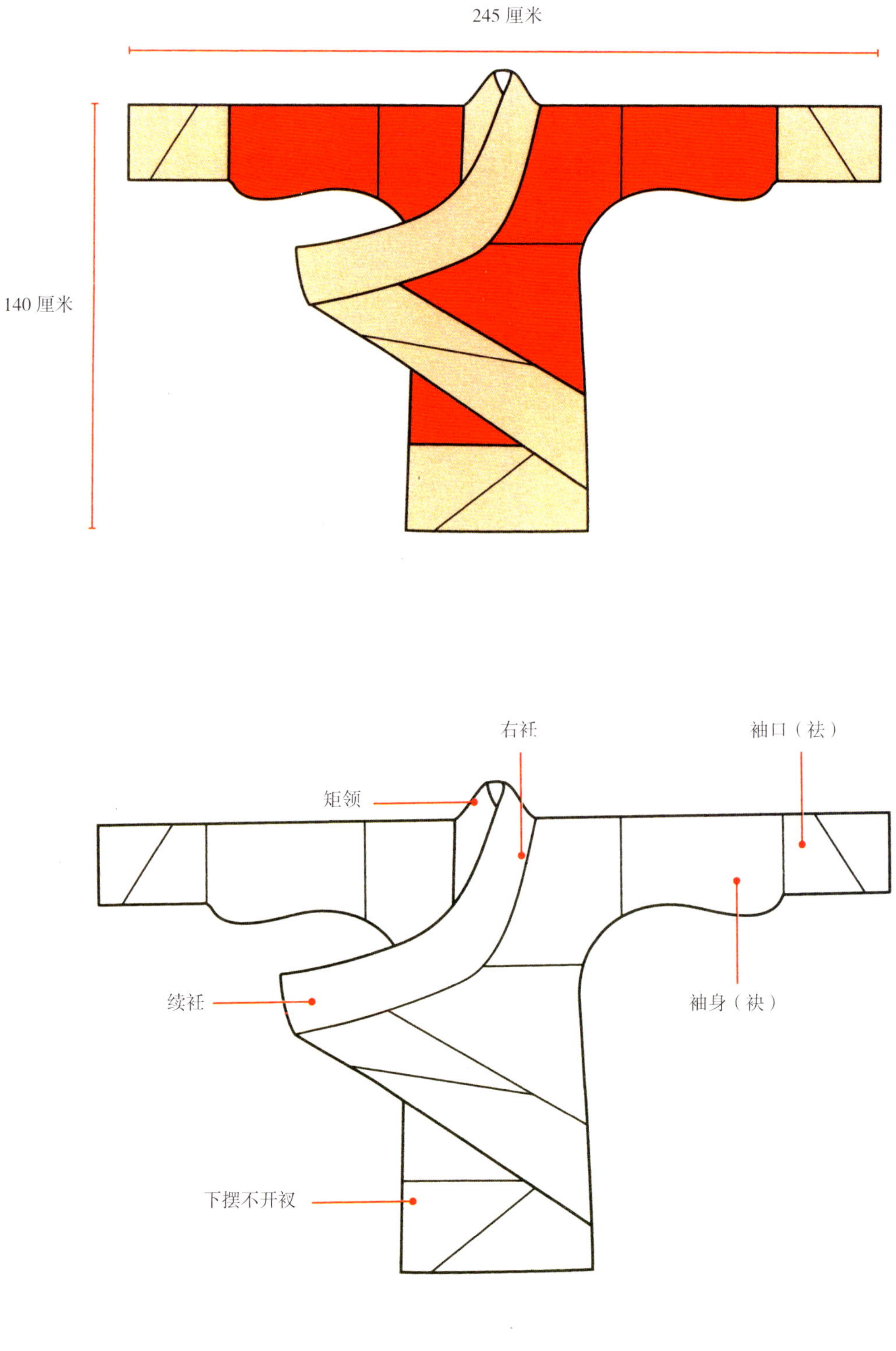

◆ 图 4.3.1.9- ③　朱红色菱形纹罗丝绵袍形制示意图（正面）

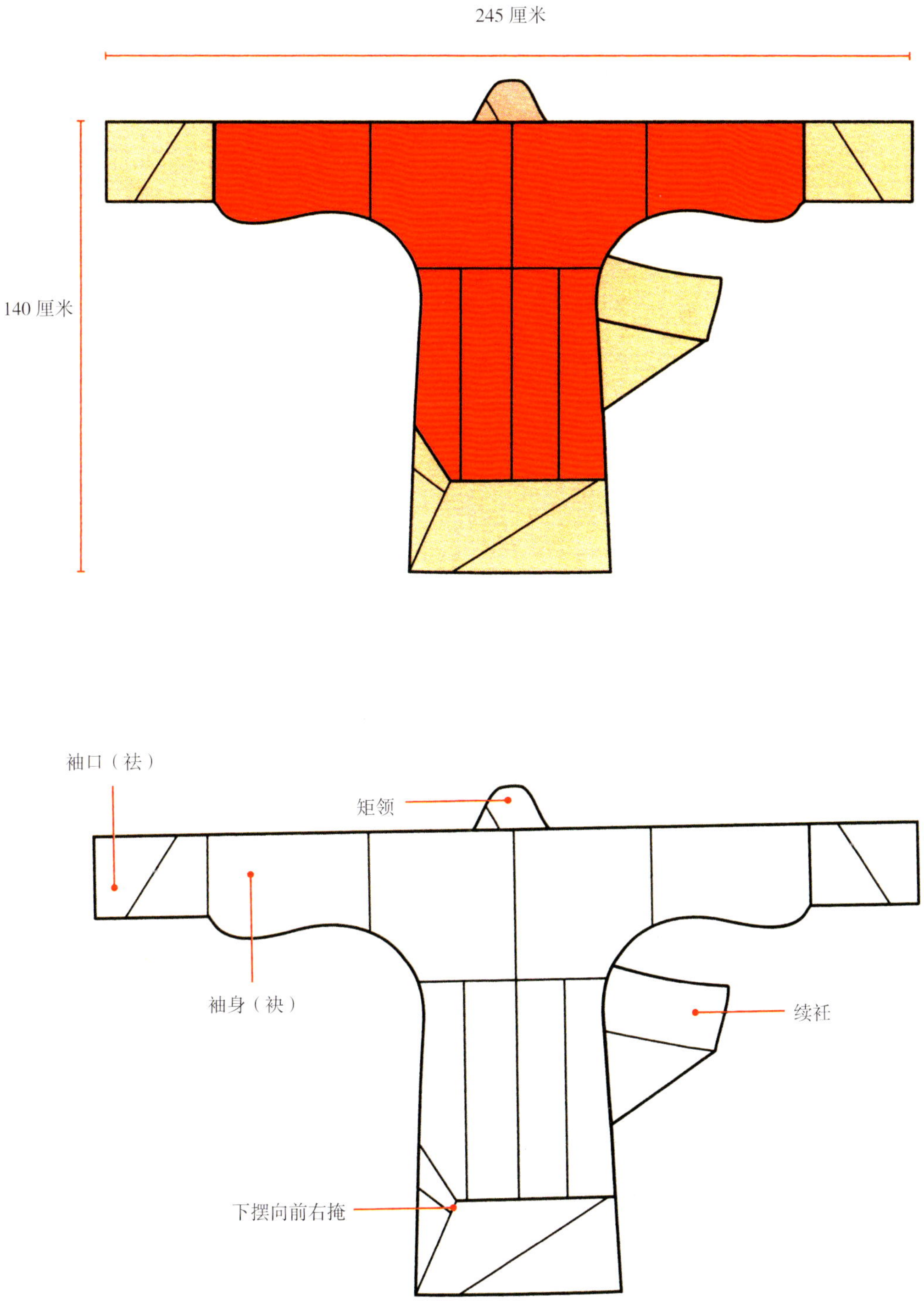

◆ 图 4.3.1.9- ④ 朱红色菱形纹罗丝绵袍形制示意图（背面）

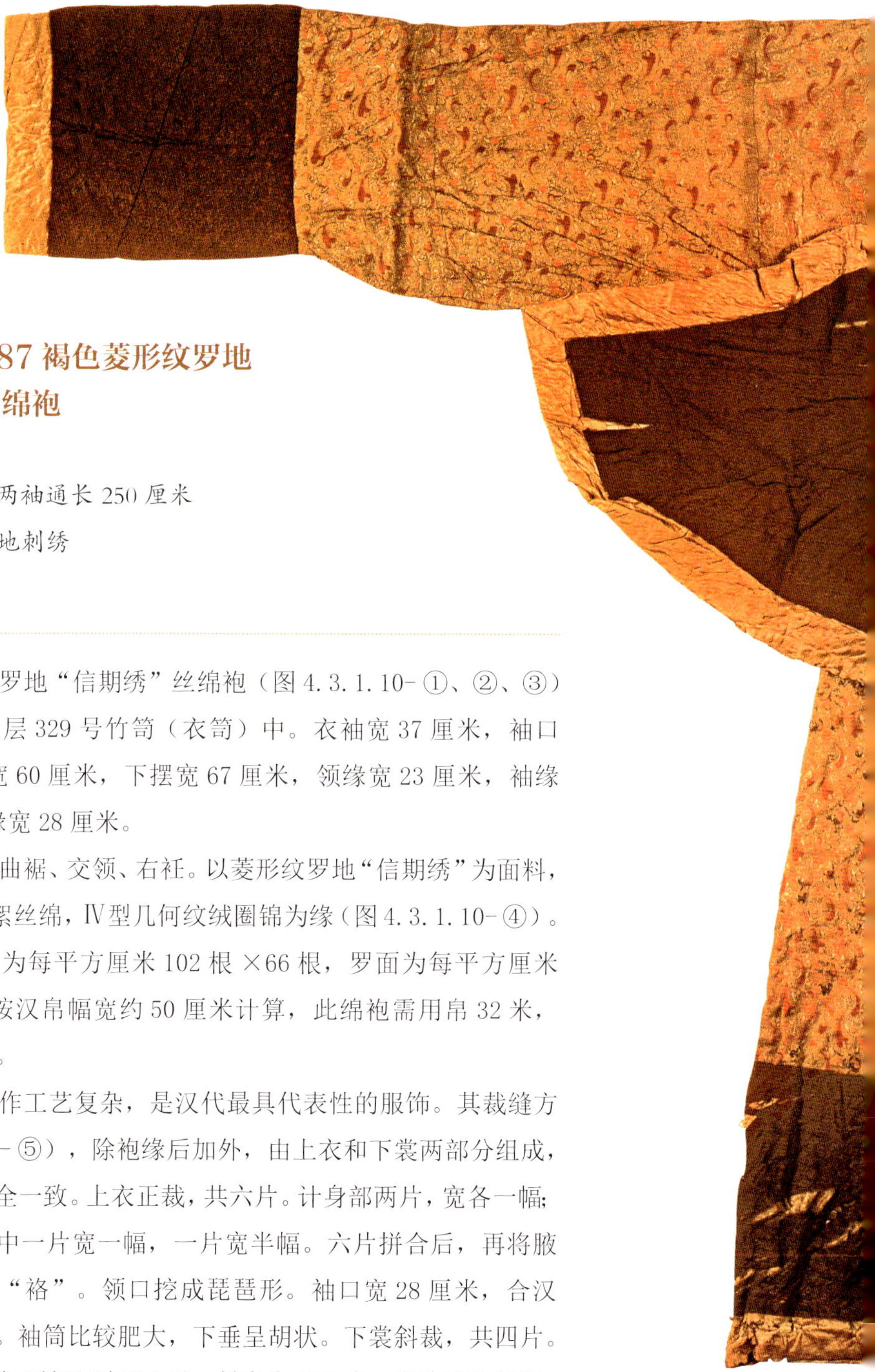

标本 10　6287 褐色菱形纹罗地“信期绣”丝绵袍

衣长 150 厘米，两袖通长 250 厘米

罗、绢、锦、罗地刺绣

分类号：329-10

褐色菱形纹罗地“信期绣”丝绵袍（图 4.3.1.10-①、②、③）出土于西边厢上层 329 号竹笥（衣笥）中。衣袖宽 37 厘米，袖口宽 28 厘米，腰宽 60 厘米，下摆宽 67 厘米，领缘宽 23 厘米，袖缘宽 33 厘米，摆缘宽 28 厘米。

衣式形制为曲裾、交领、右衽。以菱形纹罗地“信期绣”为面料，以素绢为里，内絮丝绵，Ⅳ型几何纹绒圈锦为缘（图 4.3.1.10-④）。绢里的经纬密度为每平方厘米 102 根 ×66 根，罗面为每平方厘米 96 根 ×34 根，按汉帛幅宽约 50 厘米计算，此绵袍需用帛 32 米，折合汉制十四丈。

曲裾袍服制作工艺复杂，是汉代最具代表性的服饰。其裁缝方法（图 4.3.1.10-⑤），除袍缘后加外，由上衣和下裳两部分组成，里和面的分片完全一致。上衣正裁，共六片。计身部两片，宽各一幅；两袖各二片，其中一片宽一幅，一片宽半幅。六片拼合后，再将腋下缝起，即所谓“袼”。领口挖成琵琶形。袖口宽 28 厘米，合汉制一尺二寸左右。袖筒比较肥大，下垂呈胡状。下裳斜裁，共四片。宽各一幅，按背缝（所谓“袈”）计，斜度为 25° 角，底边略作弧形。里襟的底角为 85°，穿着时掩入左侧身后。外襟的底角为 115°，

◆ 图 4.3.1.10- ① 褐色菱形纹罗地“信期绣”丝绵袍

上端长出的衽角为60°，穿着时裹于胸前，而将衽角折到右侧腋后。袍缘斜裁。领缘用绒圈锦四片拼成，宽各半幅。外襟下侧的绒圈锦缘，用三片拼成，其中两片宽一幅，一片宽半幅。底边的绒圈锦缘，用三片拼成，其中两片宽一幅，一片宽半幅，另加两个斜角。里襟的侧边无缘。袖缘的宽度与袖口宽略等，用绒圈锦一片旋绕而成，宽半幅。领、袖、襟和底边的绒圈锦缘之外，有宽5厘米的窄绢条，都是袍里的边缘翻出来的。衣片之间的缝合，均用平针。大体上，显露在表面的针脚较小，长0.15厘米左右，隐在袍里的针脚较大，长约0.4—0.5厘米。

丝绵袍上的“信期绣”花纹（图4.3.1.10-⑥），为II型“信期绣”，针法为锁绣法，采用绛红、朱红、黄色丝线绣成。刺绣针脚长0.16厘米，线径为0.05厘米。整体以云气纹为主，以变形卷枝花草纹为辅，烘托鸟纹，极富艺术色彩与浪漫情调，是汉代流行的名贵绣品，显示出汉代刺绣的高度艺术想象力，在色彩的运用上亦彰显了西汉初年纺织技术的精湛和高超的印染技术。

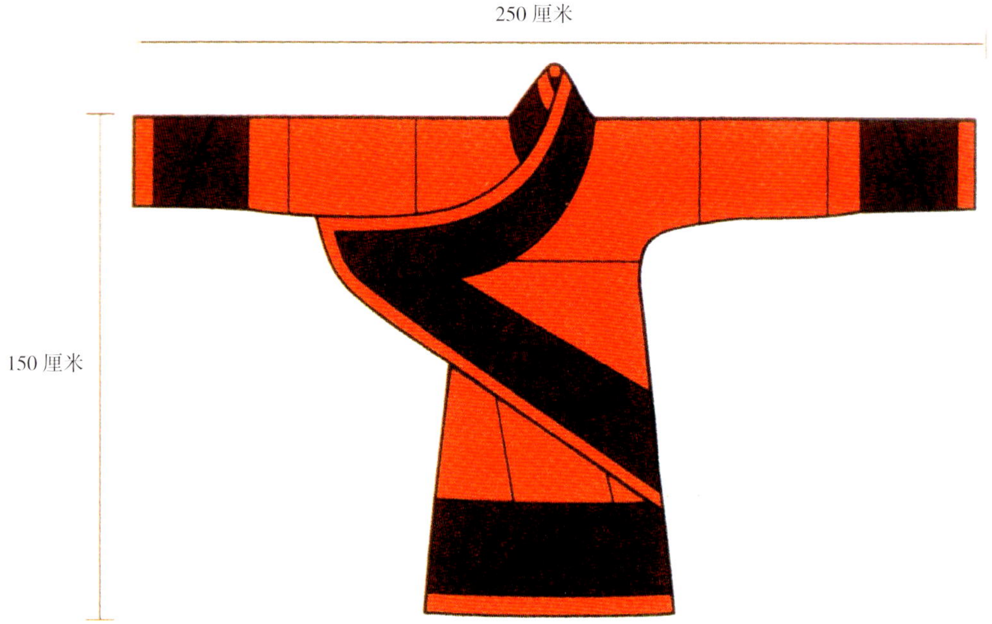

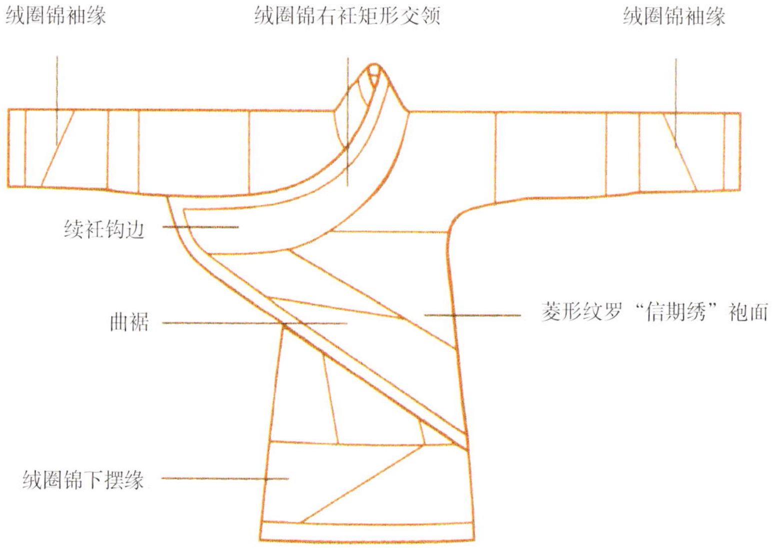

◆ 图 4.3.1.10- ② 褐色菱形纹罗地“信期绣”丝绵袍形制示意图（正面）

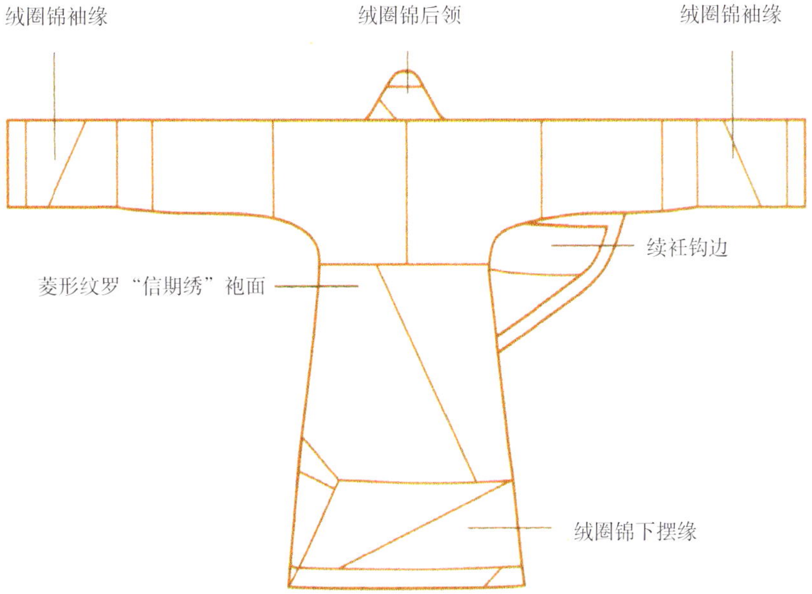

◆ 图 4.3.1.10-③ 褐色菱形纹罗地“信期绣”丝绵袍形制示意图（背面）

◆ 图 4.3.1.10- ④　Ⅳ型几何纹绒圈锦袍缘局部

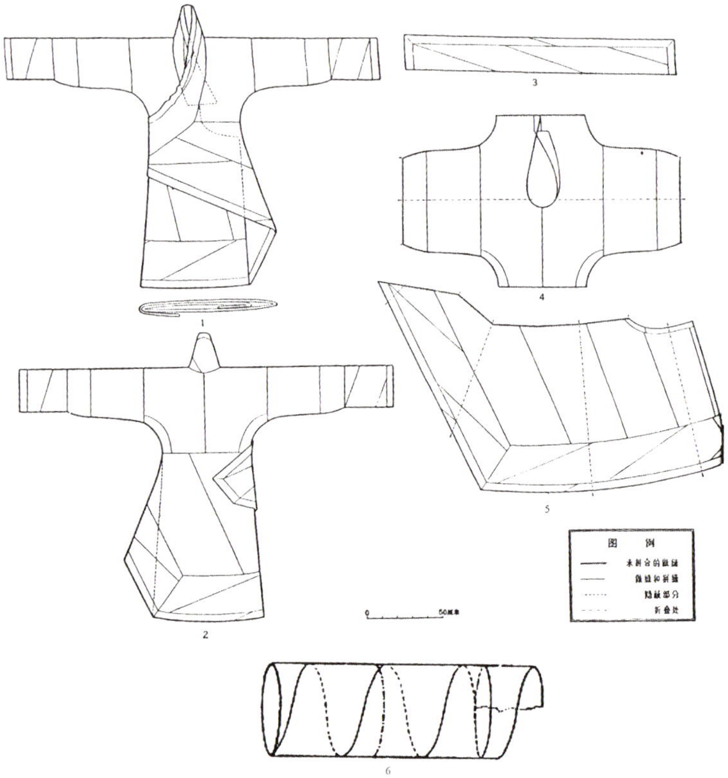

◆ 图 4.3.1.10- ⑤　曲裾式衣形制与裁缝方法示意图

（1. 前视　2. 后视　3. 衣领　4. 上衣分片　5. 下裳分片　6. 袖缘）

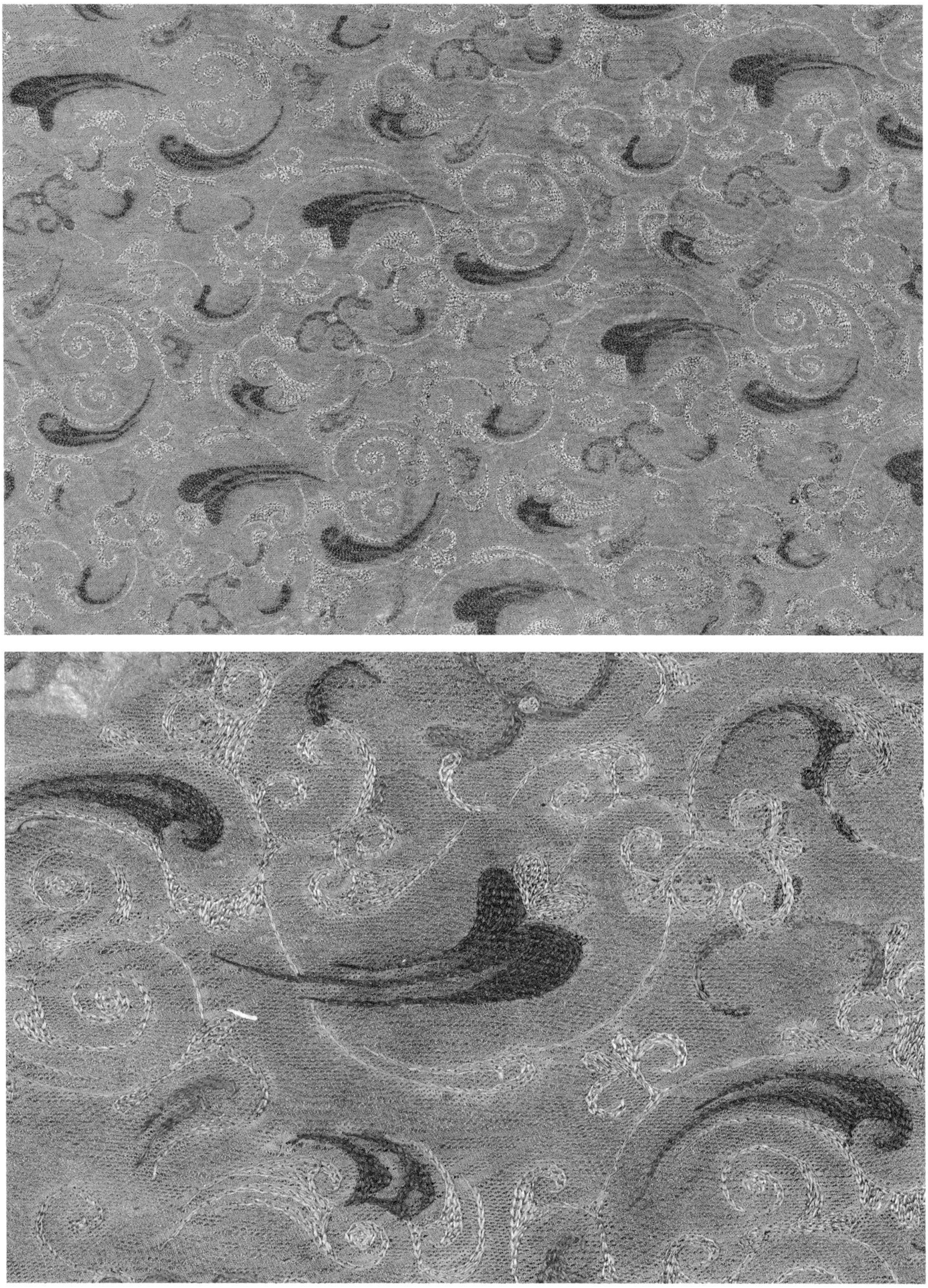

◆ 图 4.3.1.10- ⑥ 菱形纹罗地“信期绣”局部纹饰

标本 11　6288 茶黄色菱形纹罗地“信期绣”丝绵袍

衣长 155 厘米，两袖通长 243 厘米

罗、绢、罗地刺绣

分类号：329-11

茶黄色菱形纹罗地“信期绣”丝绵袍（图 4.3.1.11-①）出土于西边厢上层 329 号竹笥（衣笥）中，衣物绢面较残破，绣面较完整，稍有破损，有污渍。衣袖宽 35 厘米，袖口宽 27 厘米，腰宽 60 厘米，下摆宽 70 厘米，领缘宽 28 厘米，袖缘宽 30 厘米，摆缘宽 28 厘米。

衣式形制为曲裾、交领、右衽。以茶黄色菱形纹罗“信期绣”为面料，以素绢为里和袍缘（图 4.3.1.11-②），内絮丝绵。绢缘经纬密度为每平方厘米 130 根 ×82 根，绢里为每平方厘米 98 根 ×46 根，罗面为每平方厘米 120 根 ×38 根。

刺绣纹样为 I 型“信期绣”，刺绣针脚长 0.1—0.15 厘米。其绣线色彩搭配较其他 I 型“信期绣”略有不同，整体颜色更为鲜艳，穗状流云的燕尾也用不同颜色的绣线一分为二（图 4.3.1.11-③）。底纹罗织物的菱形纹样隐约可见。图案色彩由深到浅，层次丰富，穗状流云纹和罗地菱形纹饰上下叠压，具有律动感，装饰效果甚佳。

◆ 图 4.3.1.11-① 茶黄色菱形纹罗地“信期绣”丝绵袍

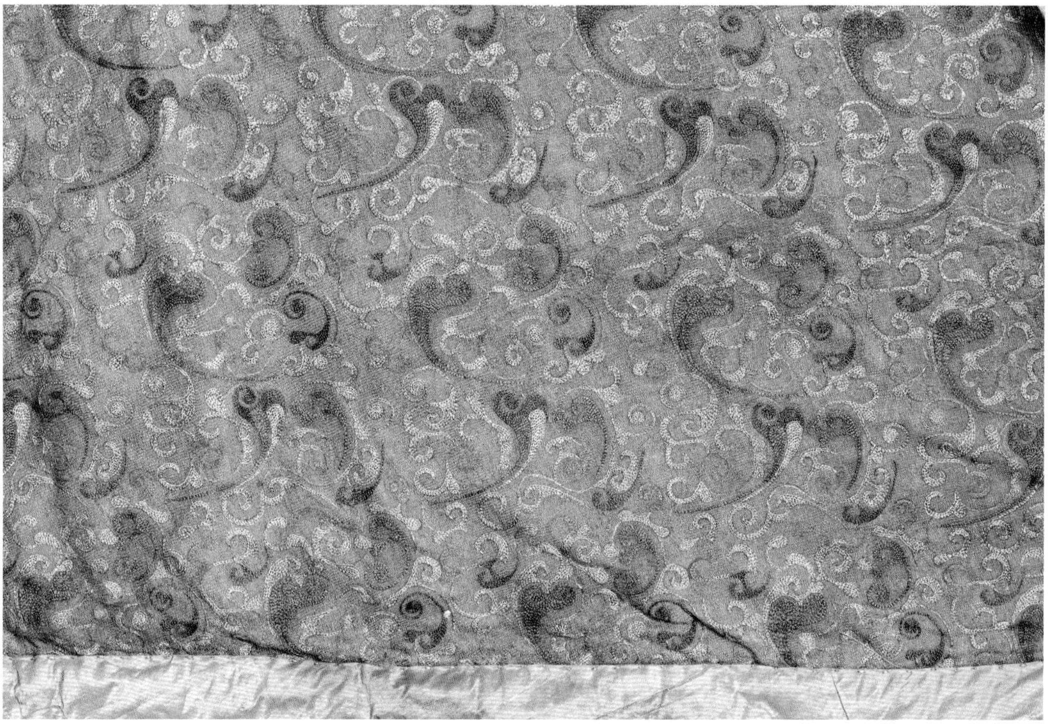

◆ 图 4.3.1.11- ② 菱形纹罗地“信期绣”纹饰及绢缘局部

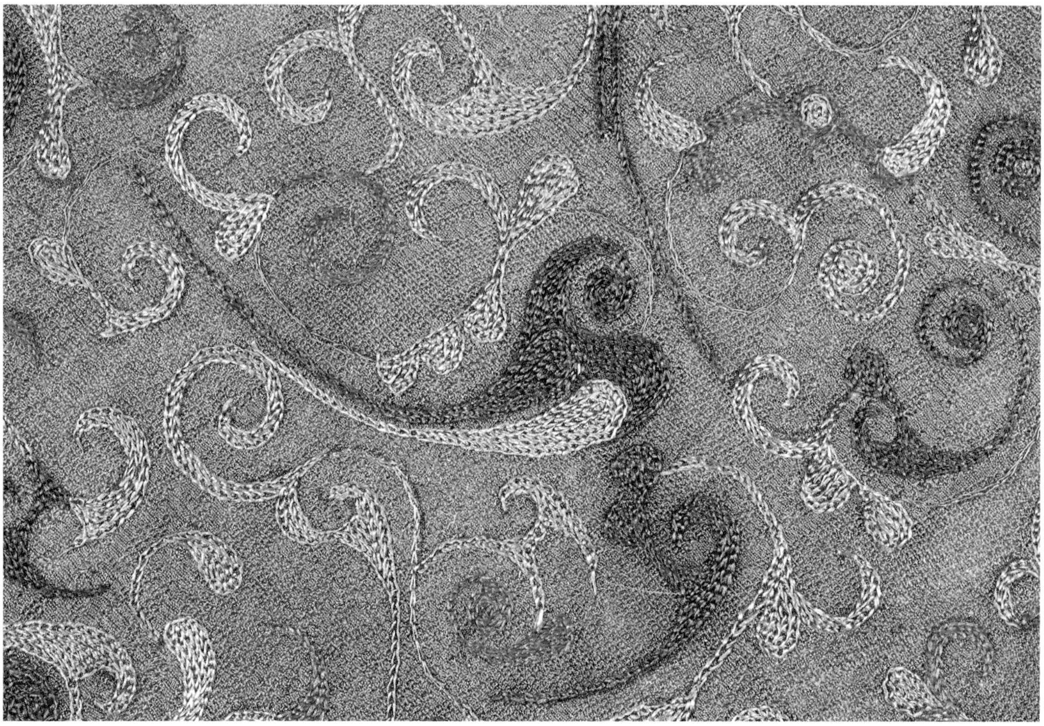

◆ 图 4.3.1.11- ③ 菱形纹罗地“信期绣”局部纹饰

标本 12　6291 印花敷彩黄纱丝绵袍

衣长 130 厘米，两袖通长 250 厘米
纱、绢、印、绘
分类号：329－12

印花敷彩黄纱丝绵袍（图 4.3.1.12-①）出土于西边厢上层 329 号竹笥（衣笥）中，整体保存较完整，局部有破口及晕褪、污迹。衣袖宽 39 厘米，袖口宽 25 厘米，腰宽 51 厘米，下摆宽 66 厘米，领缘宽 20 厘米，袖缘宽 44 厘米，摆缘宽 37 厘米。

衣式形制为直裾、交领、右衽。以印花敷彩黄纱为面料（图 4.3.1.12-②），以素绢为里，以素纱为领缘、袖缘（图 4.3.1.12-③），直裾与下摆部分为绢面，内絮丝绵。纱面的经纬密度为每平方厘米 62 根 ×44 根，纱领为每平方厘米 60 根 ×50 根，绢缘为每平方厘米 128 根 ×54 根，绢里为每平方厘米 52 根 ×34 根。329 号竹笥中共出土 3 件用印花敷彩纱制作的丝绵袍，可见它是当时一种华丽的时装用料。

绵袍（图 4.3.1.12-④）由上衣和下裳两部分组成，里和面完全一致。上衣部分正裁，共四片，计身部二片，两袖各一片，宽均一幅。四片拼合后，再将腋下缝起。领口挖成琵琶形，领缘用斜裁两片拼成。袖口宽 25 厘米，合汉制一尺一寸左右。袖筒较肥大，下垂呈胡状。袖缘的宽度与袖口略等，用半幅宽的白纱直条，按螺旋方式斜卷成筒状，再由中间折为里面两层，因而袖口无缝。下裳部分的上半部为印花敷彩纱面，正裁。后身和里外襟均用一片，宽各一幅，长度与宽相仿。下半部和里外襟侧为较宽的白纱缘，斜裁，其中底缘的高度与上半部纱面的长度相仿。后身的底缘作等腰梯形，两底均为 85° 角，用三片拼成，中间一片宽一幅，两侧各加一个边角。里外襟的底缘作不等腰梯形，两底分别呈 58° 角和 72° 角，用两片拼成，宽各半幅。里外襟的侧缘亦作梯形，斜裁一片，宽一幅，其一端的斜角为 32°，以与底缘的 58° 斜角端相拼，使之合成直角；另一端则为里、外襟上部的两衽角。

《说文解字》记载："直裾谓之襜褕。"襜褕最迟在西汉初期就已出现，分男女两式，最初多为妇女所着，男子穿着直裾式深衣则被认为失礼，武安侯"衣襜褕入宫"被除国即是例证。直裾服饰在先秦至西汉时期不能作为正式的礼服，原因是当时上层社会所穿的裤子皆无裤裆。这种无裆裤穿在里面，如果不用外衣掩住，裤子就会外露，这在当时被认为是不恭、不敬的事情，所以要在裤子外面穿着曲裾深衣。到了西汉晚期情况有所变化，襜褕开始普及，男女均可穿着，其尺寸宽阔肥大。马王堆一号汉墓出土的这件印花敷彩纱丝绵袍应为女子所穿。

◆ 图 4.3.1.12- ① 印花敷彩黄纱丝绵袍

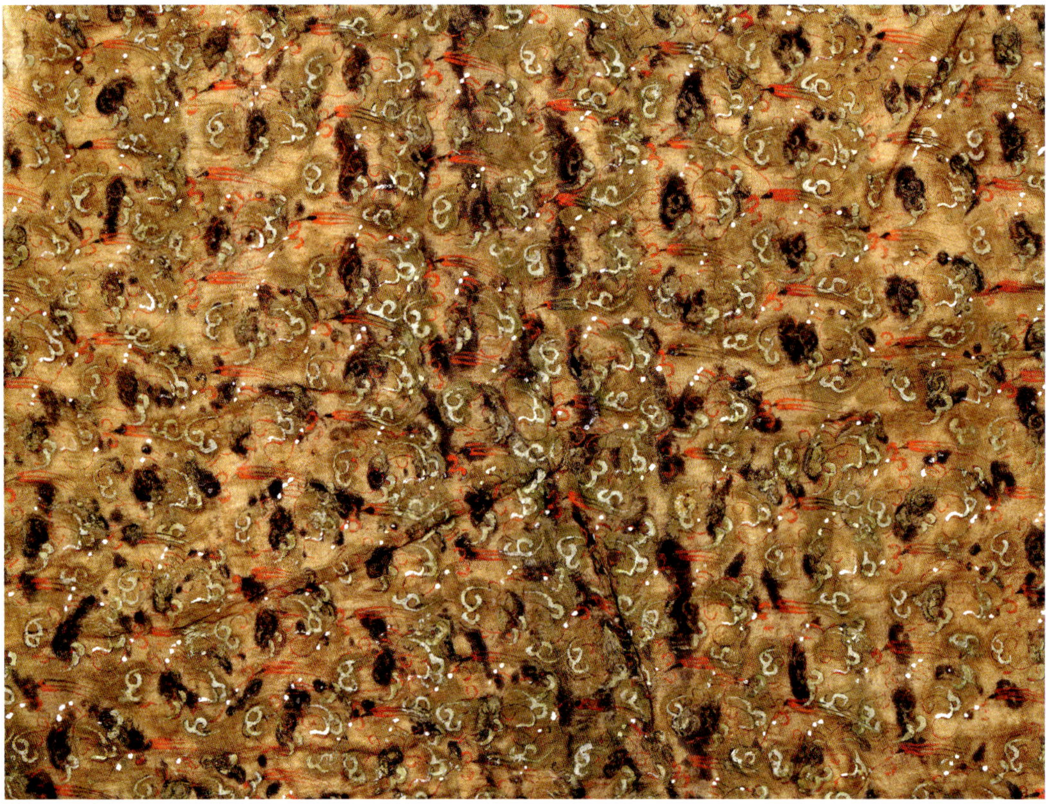

◆ 图 4.3.1.12- ② 印花敷彩黄纱局部纹饰

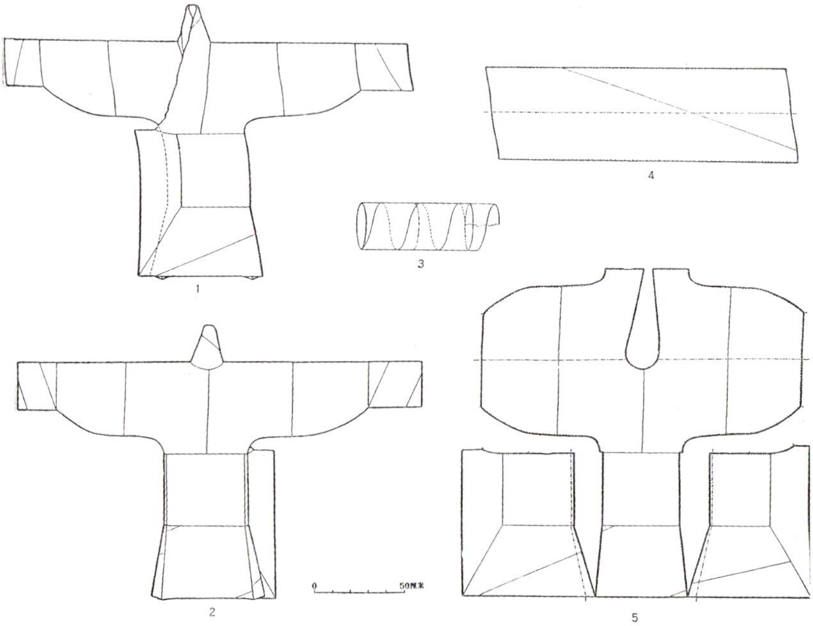

◆ 图 4.3.1.12- ④ 直裾式衣形制与裁缝方法示意图

（1. 前视 2. 后视 3. 袖缘 4. 衣领 5. 袍身分片）

◆ 图 4.3.1.12- ③ 印花敷彩黄纱丝绵袍衣领与衣袖

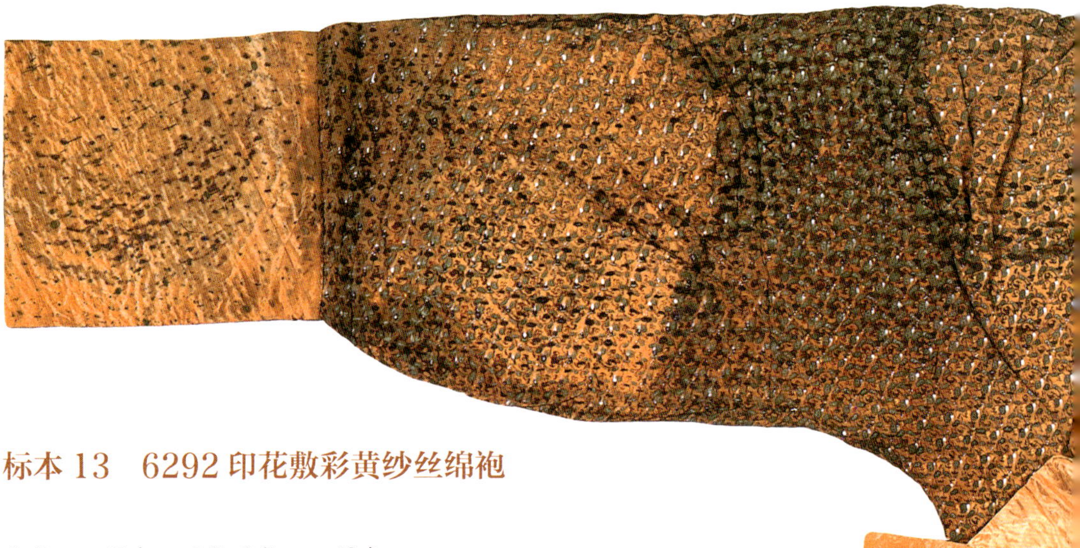

标本 13　6292 印花敷彩黄纱丝绵袍

衣长 132 厘米，两袖通长 228 厘米

纱、绢、印、绘

分类号：329—13

印花敷彩黄纱丝绵袍（图 4.3.1.13- ①）出土于西边厢上层 329 号竹笥（衣笥）中，保存较完整，印花敷彩有晕染变色，领、袖边均有污染，微有小破口。衣袖宽 38 厘米，袖口宽 28 厘米，腰宽 54 厘米，下摆宽 74 厘米，领缘宽 20 厘米，袖缘宽 30 厘米，摆缘宽 37 厘米。衣式形制为直裾、交领、右衽。以印花敷彩黄纱为面料，以素绢为里和缘，内絮丝绵。纱面的经纬密度为每平方厘米 64 根 ×52 根，绢缘为每平方厘米 134 根 ×50 根，绢里为每平方厘米 70 根 ×38 根。

印花敷彩黄纱面料的图案（图 4.3.1.13- ②）为变形藤本科植物纹样，外廓略作菱形，四方连续，错综排列。枝蔓为印花，蓓蕾、花穗和叶子为彩绘而成。整体纹样自然而生动，色彩和谐而统一，意境深邃，此种印花和彩绘相结合的丝织物，突破了古代刺绣纹饰的束缚，凸显了汉代纺织工艺与印染技艺的高超水准。

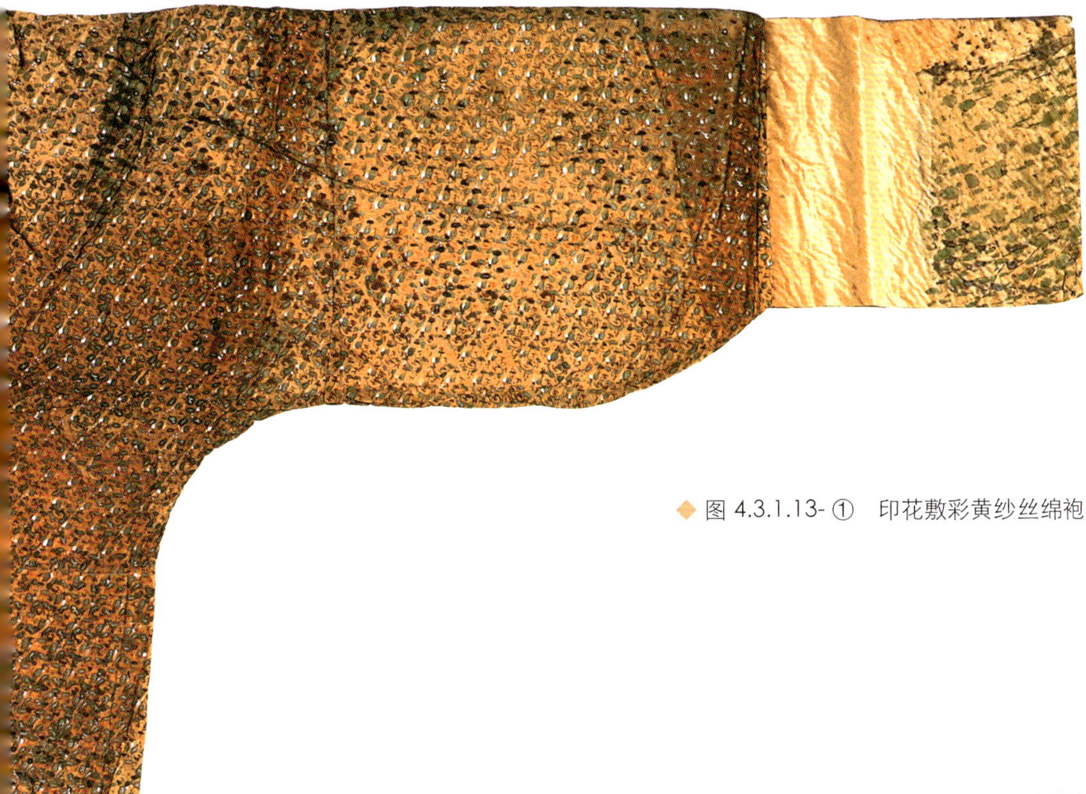

◆ 图 4.3.1.13- ① 印花敷彩黄纱丝绵袍

◆ 图 4.3.1.13- ② 印花敷彩黄纱局部

◆图 4.3.1.14-① 印花敷彩绛红色纱丝绵袍

标本 14 6293 印花敷彩绛红色纱丝绵袍

衣长 130 厘米，通袖长 236 厘米

纱、绢、印、绘

分类号：329-14

印花敷彩绛红色纱丝绵袍（图 4.3.1.14-①）出土于西边厢上层 329 号竹笥（衣笥）中，保存较完整，有晕染褪色及小破口。衣袖宽 41 厘米，袖口宽 30 厘米，腰宽 48 厘米，下摆宽 57 厘米，领缘宽 18 厘米，袖缘宽 29 厘米，摆缘宽 38 厘米。

衣式形制为直裾、交领、右衽（图 4.3.1.14-②）。以印花敷彩绛红纱为面料（图 4.3.1.14—③），以素绢为里和袍缘，内絮丝绵。纱面的经纬密度为每平方厘米 60 根 ×46 根，绢缘为每平方厘米 122 根 ×56 根，绢里为每平方厘米 74 根 ×40 根。

袖与下摆均镶大幅的宽缘。此件衣服的特点是有一个宽大续衽，即衣襟（衽）自腋下镶于下裾部位，直通与下摆齐平，似右衽的延续，故名“续衽”。此种续衽宽边直裾式深衣是西汉长沙地区流行的款式，它可以将宽大的衣襟覆包于身后，再用腰带束紧，在冬天能起到保暖的效果。该衣穿着时，里衽掩入左侧腋下，外衽折到右侧身旁，底摆呈喇叭状。双手平放，宽大的袖下垂呈胡状，衣形显示出似当今蝙蝠袖的外观。

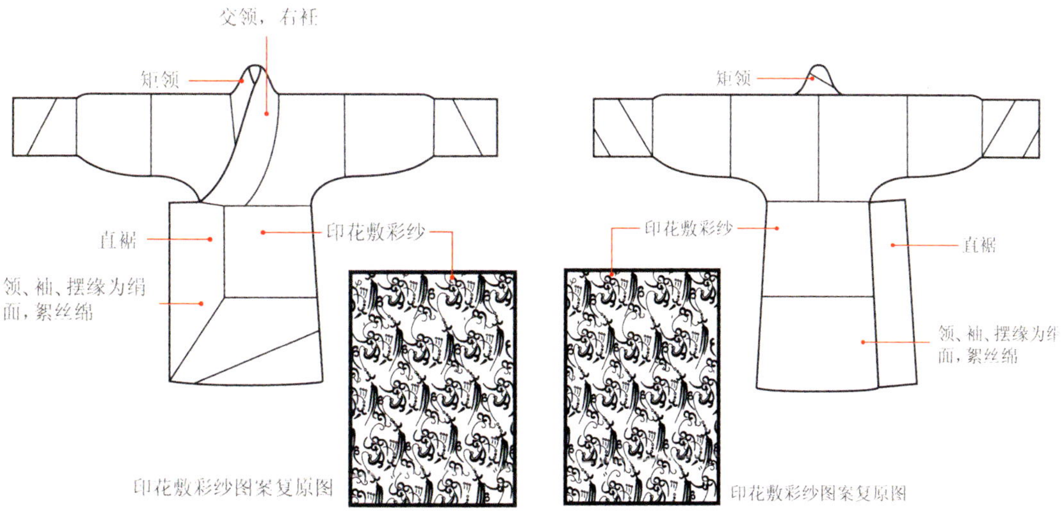

◆ 图 4.3.1.14- ② 印花敷彩绛红色纱丝绵袍形制示意图

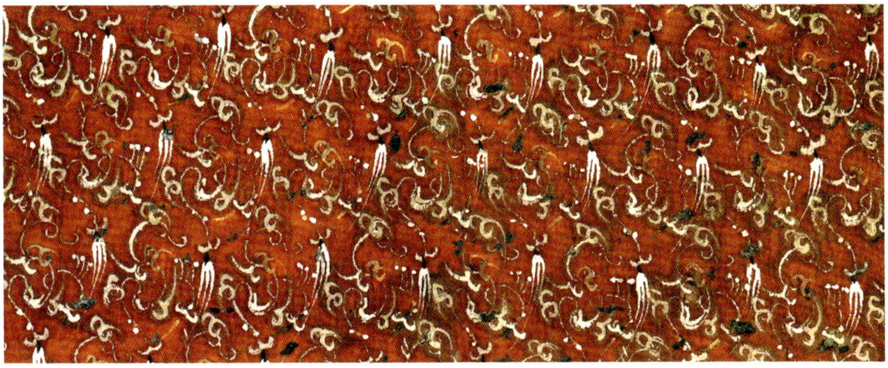

◆ 图 4.3.1.14- ③ 印花敷彩绛红色纱丝绵袍局部纹样

二、357 号竹笥内的衣物

357 号竹笥位于西边厢下层，共出土丝绵袍 5 件（见附表 7）。出土时，衣物皆有不同程度的破损，其中 1 件残损极为严重，已糟朽变形。

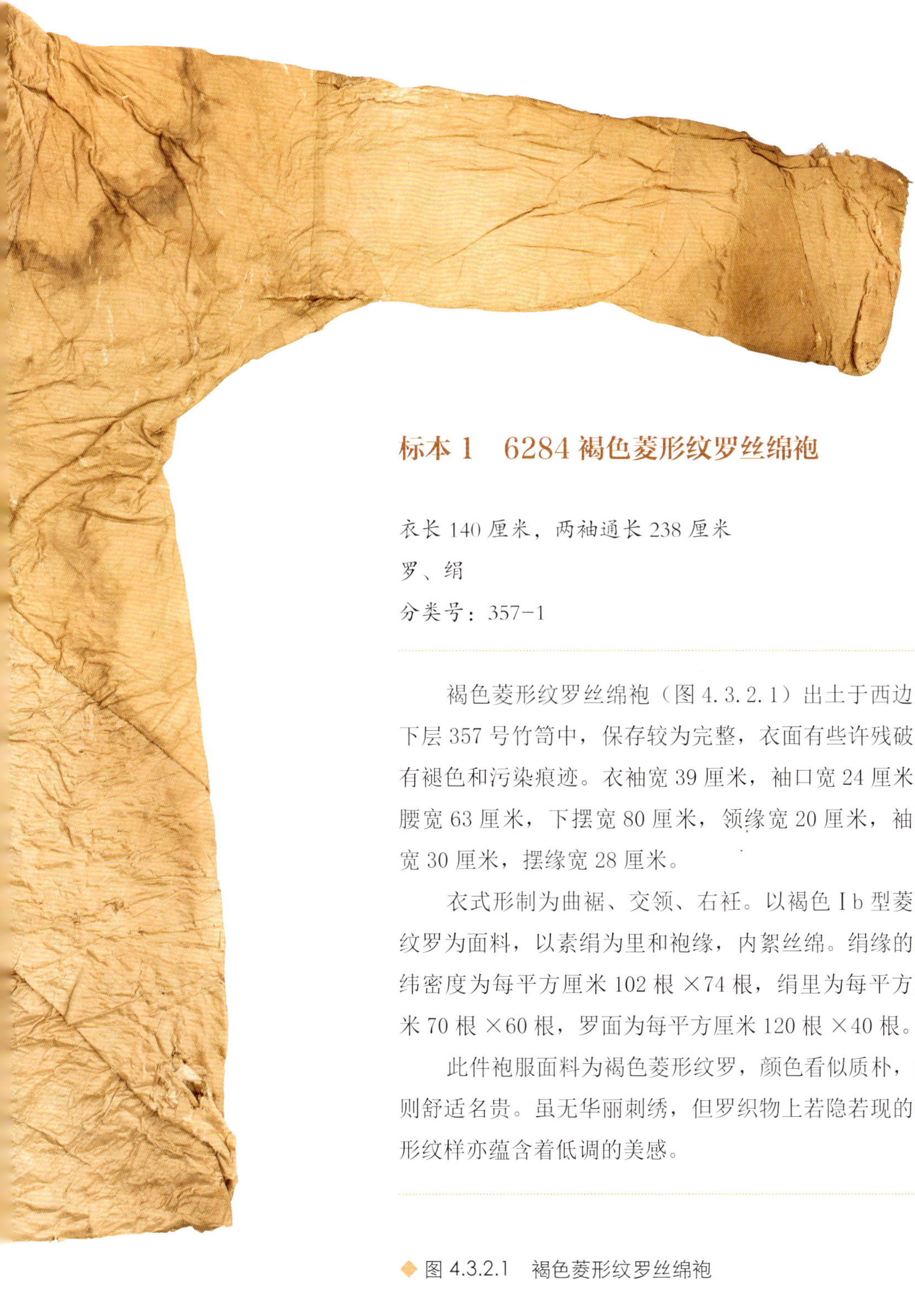

标本 1　6284 褐色菱形纹罗丝绵袍

衣长 140 厘米，两袖通长 238 厘米
罗、绢
分类号：357-1

褐色菱形纹罗丝绵袍（图 4.3.2.1）出土于西边厢下层 357 号竹笥中，保存较为完整，衣面有些许残破，有褪色和污染痕迹。衣袖宽 39 厘米，袖口宽 24 厘米，腰宽 63 厘米，下摆宽 80 厘米，领缘宽 20 厘米，袖缘宽 30 厘米，摆缘宽 28 厘米。

衣式形制为曲裾、交领、右衽。以褐色Ⅰb 型菱形纹罗为面料，以素绢为里和袍缘，内絮丝绵。绢缘的经纬密度为每平方厘米 102 根 ×74 根，绢里为每平方厘米 70 根 ×60 根，罗面为每平方厘米 120 根 ×40 根。

此件袍服面料为褐色菱形纹罗，颜色看似质朴，实则舒适名贵。虽无华丽刺绣，但罗织物上若隐若现的菱形纹样亦蕴含着低调的美感。

◆ 图 4.3.2.1　褐色菱形纹罗丝绵袍

标本 2　6289 褐色菱形纹罗地“信期绣”丝绵袍

衣长 150 厘米，两袖通长 240 厘米
罗、绢、罗地刺绣
分类号：357-2

褐色菱形纹罗地“信期绣”丝绵袍（图 4.3.2.2- ①）出土于西边厢下层 357 号竹笥中，保存较为完整，衣面多处残破，且有污染。衣袖宽 34 厘米，袖口宽 28 厘米，腰宽 57 厘米，下摆宽 63 厘米，领缘宽 20 厘米，袖缘宽 34 厘米，摆缘宽 31 厘米。

衣服形制为曲裾、交领、右衽。以褐色菱形纹罗地“信期绣”为面料，以素绢为里和袍缘，内絮丝绵。绢缘经纬密度为每平方厘米 102 根 ×66 根，绢里为每平方厘米 52 根 ×34 根，罗面为每平方厘米 96 根 ×34 根。

其刺绣纹样为 I 型“信期绣”（图 4.3.2.2- ②），是“信期绣”中出现最多的一种类型，“信期绣”是汉代流行的高贵绣品，以此刺绣制作而成的丝绵袍更是汉代服饰的上佳珍品。

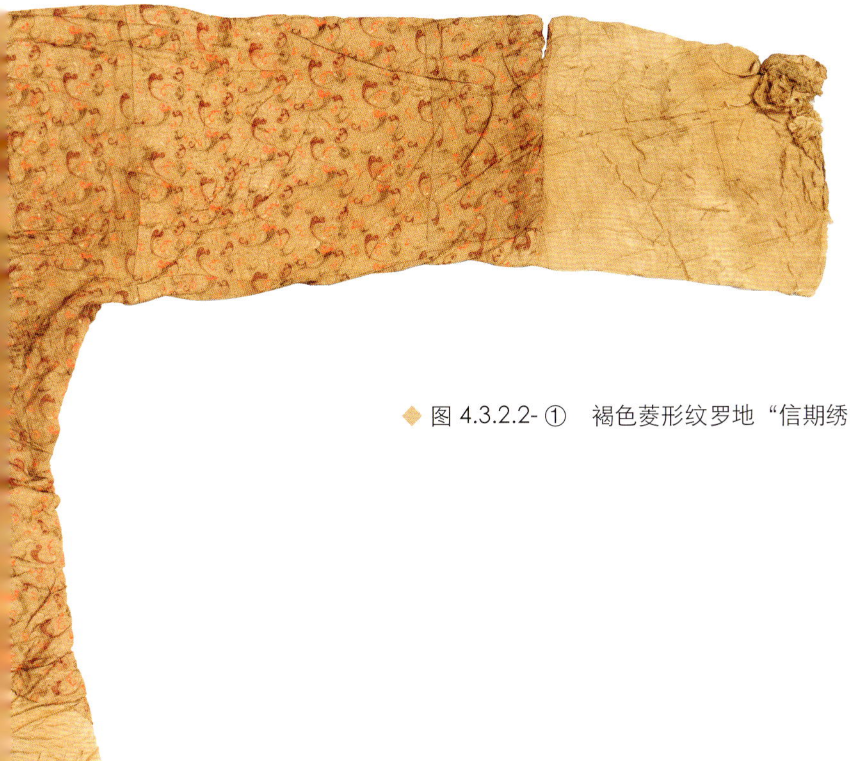

◆ 图 4.3.2.2- ① 褐色菱形纹罗地“信期绣”丝绵袍

◆ 图 4.3.2.2- ② 菱形纹罗地“信期绣”局部纹样

标本 3　6290 绛紫色绢地“长寿绣”丝绵袍

衣长 130 厘米，两袖通长 232 厘米

绢、锦、绢地刺绣

分类号：357-3

绛紫色绢地“长寿绣”丝绵袍（图 4.3.2.3-①）出土于西边厢下层 357 号竹笥中，出土时严重残破，经湖南博物院文保科技人员保护修复后，基本恢复原貌。

衣服形制为曲裾、交领、右衽。衣袖宽 30 厘米，袖口宽 24 厘米，腰宽 58 厘米，下摆宽 66 厘米，领缘宽 20 厘米，袖缘宽 26 厘米，摆缘宽 30 厘米。以绛紫色绢为面料，上绣“长寿绣”，里衬素绢，内絮丝绵，以几何纹绒圈锦和素绢为袖缘（图 4.3.2.3-②）。绢面经纬密度为每平方厘米 130 根 ×60 根，绢缘和绢里均为每平方厘米 86 根 ×42 根。

一号墓竹笥出土的 11 件绵袍中仅 3 件（329-10、357-3、357-5）绵袍的缘边装饰有绒圈锦，此件丝绵袍便是其中之一。这种绒圈锦的地纹饰以菱形纹，几何绒圈纹饰分布其间，使得每个纹样都在一个近似菱形纹的格子中，绒圈纹样与地纹相映衬托，层次分明，是典型的Ⅳ型几何纹绒圈锦。其织工精细巧妙，织造工艺高超复杂，是汉代丝织品中最高级的织物。

丝绵袍刺绣纹样为Ⅲ型“长寿绣”（图 4.3.2.3-③），其特点是图案单元的一端有似头状花纹和两个如意状花纹，另一端则有朱红和土黄色的如意状花纹各一个，隐约似藏在云中的龙头。Ⅲ型“长寿绣”图案仅见于此件丝绵袍。

从裁缝方式看，此件丝绵袍是先绣好面料后，再裁剪制衣的。马王堆汉墓出土的曲裾丝绵袍都是交领、右衽，上衣正裁，下裳斜裁。《释名 • 释衣服》载：“妇人以绛作衣裳，上下连，四起施缘，亦曰袍。”曲裾丝绵袍袖端较窄，而袖略带弧形，形制为上衣下裳相连的“深衣制”，但和深衣裁剪略有不同。曲裾袍的裁剪根据面料幅宽不同，上衣和下裳裁剪所需的面料数量也不相同。马王堆汉墓出土的面料幅宽有 40 厘米和 50 厘米两种规格。幅宽为 40 厘米的面料，上衣裁 6 片，下裳裁 4 片；幅宽为 50 厘米的面料，上衣裁 4 片，下裳裁 3 片。上衣部分采用直裁方法，下裳部分整幅直接斜裁。上下连接之后，再加以袍缘，合缝成外襟。这件绛紫色绢地“长寿绣”丝绵袍的裁片幅宽为 50 厘米，上衣 4 片，下裳 3 片，两腋下有袼，左腋下的袼由两片残片缝合而成，右腋下的袼则是以整幅面料沿着侧缝对折。这种裁缝方式既节省面料，又可很好地表现蚕丝面料的光泽效果。

经检测分析，衣身绛紫色绢面料为茜草染色，铝盐络合物媒染；黄色绣线为黄檗染色，铝盐媒染；朱红色绣线为朱砂染色。此件丝绵袍着色鲜艳，其精湛的织造工艺和独特的刺绣艺术，展示了汉代织绣与印染技艺的卓越水平。

◆ 图 4.3.2.3- ② 几何纹绒圈锦和素绢袖缘

◆ 图 4.3.2.3- ③ Ⅲ型“长寿绣”局部纹样

◆ 图 4.3.2.3-① 绛紫色绢地“长寿绣”丝绵袍

标本 4　6285 褐色菱形纹罗丝绵袍

衣长 136 厘米，两袖通长 240 厘米

罗、绢

分类号：357-4

褐色菱形纹罗丝绵袍（图 4.3.2.4-①）出土于西边厢下层 357 号竹笥中，衣面较为残破，有多处破口和污染痕迹。衣袖宽 30 厘米，袖口宽 24 厘米，腰宽 58 厘米，下摆宽 66 厘米，领缘宽 20 厘米，袖缘宽 30 厘米，摆缘宽 28 厘米。

衣服形制为曲裾、交领、右衽。以褐色 I 型菱形纹罗（图 4.3.2.4-②）为面料，以素绢为里和缘，内絮丝绵。绢缘的经纬密度为每平方厘米 96 根 ×60 根，绢里为每平方厘米 70 根 ×60 根，罗面为每平方厘米 120 根 ×40 根。

一号汉墓竹笥出土成品中有 12 件以罗织物为面料，如绵袍、夹袍、香囊、手套、帷幔等，其中 6 件以“信期绣”为地。用于衣服的罗织物多数较细密，每厘米经丝一般为 100—120 根左右，纬丝为 35—40 根左右，是当时上好的丝织物。

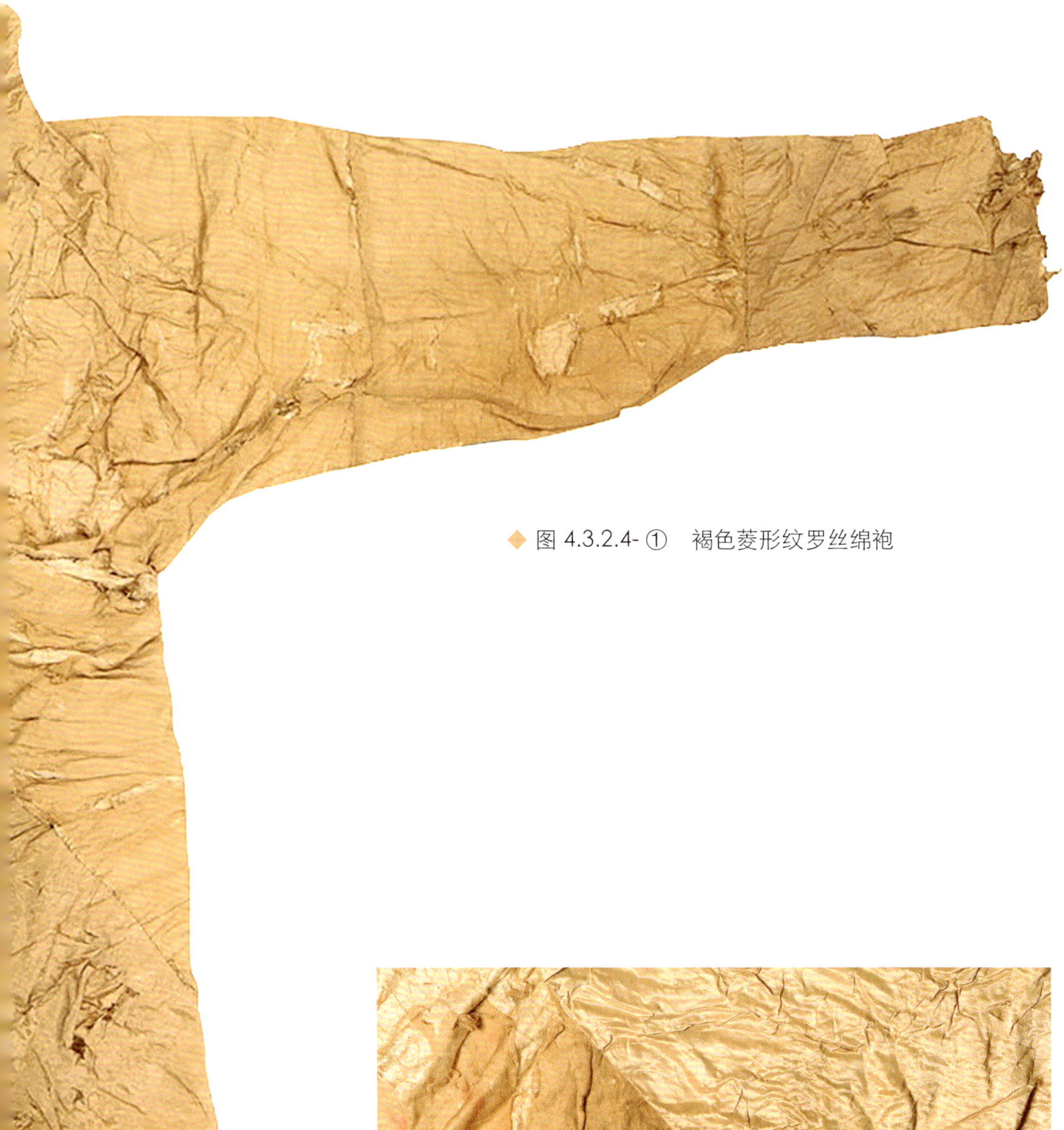

◆ 图 4.3.2.4- ① 褐色菱形纹罗丝绵袍

◆ 图 4.3.2.4- ② 菱形纹罗局部纹饰

标本 5　6294 绢面丝绵袍残片

衣长 160 厘米，袖宽 23 厘米

绢、锦

分类号：357-5

绢面丝绵袍（图 4.3.2.5-①）出土于西边厢下层 357 号竹笥中，出土时极为残破，成块状堆叠，糟朽不成形，丝绵裸露在外。

衣袖缘宽 29 厘米，摆缘宽 30 厘米。衣物形制为曲裾、交领、右衽。衣料为绢面，以素绢为里和缘，两袖饰以Ⅳ型几何纹绒圈锦和窄绢条。绢面的经纬密度为每平方厘米 53 根 ×44 根，绢里为每平方厘米 56 根 ×30 根。

其中一只几何纹绒圈锦衣袖保存较为完整（图 4.3.2.5-②），图案清晰可见，其地纹饰以菱形纹（图 4.3.2.5-③），几何绒圈纹饰分布其间，使得每个纹样都在一个近似菱形纹的格子中，绒圈纹样与地纹相映衬托，错落有致，层次分明。

另一只几何纹绒圈锦衣袖（图 4.3.2.5-④）较为残破，已弯曲变形，丝绵裸露在外。

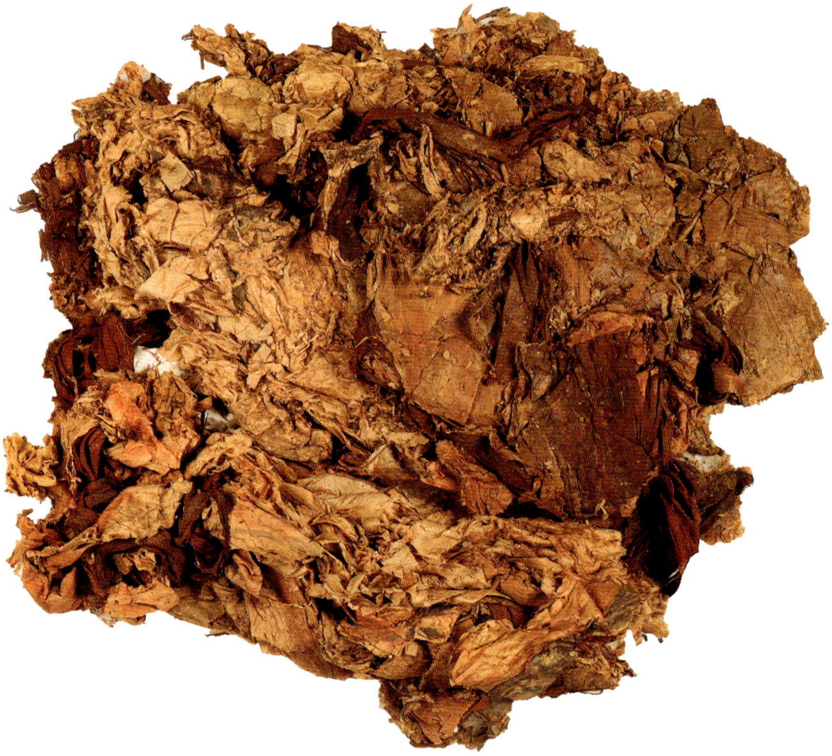

图 4.3.2.5-①　绢面丝绵袍残片

◆ 图 4.3.2.5- ② 几何纹绒圈锦衣袖

◆ 图 4.3.2.5- ③ Ⅳ型几何纹绒圈锦局部

◆ 图 4.3.2.5- ④ 几何纹绒圈锦衣袖

第四节

包裹器物的纺织品

西边厢出土包裹器物的纺织品共 6 件，包括包裹器物纺织品的缘边 3 件、包裹乐器的纺织品 2 件和盛物的麻布袋 1 件，除麻布袋残损严重以外，其他纺织品基本保存完好。包裹器物的纺织品材质共有三种，分别是绢、锦和麻，马王堆汉墓出土的纺织品常以绢和锦为缘边。

标本1 6116长柄竹扇绢缘

绢缘宽3.5厘米

绢、锦

分类号：321

长柄竹扇（图4.4.1-①）出土于西边厢上层的竹笥上方（图4.4.1-②），制作精致，保存完好，出土后无收缩变形。扇面边缘的包缝有3.5厘米宽的素绢，扇面呈梯形，用两经一纬的细竹篾编成，竹篾宽0.2厘米左右。正反两面的中部，又用两条竹篾分别劈成八九根竹丝加编几何形图案。扇柄长176厘米，用直径3厘米的竹竿制成，外面又裹以黄绢，扇柄轻微开裂；柄的上部则劈成两半，将扇面的内侧夹住，再用四道宽3—4厘米宽的锦条捆牢。遣册简279提到的“大扇一”，应即指此。

◆ 图4.4.1-① 包有绢缘的长柄竹扇

◆ 图4.4.1-② 长柄竹扇出土情景

标本 2 6117 草席绢缘

宽 19—22 厘米

绢

分类号：322

西边厢上层的竹笥上方出土草席 2 件，出土时均卷成筒状并束有丝带（图 4.4.2- ①），保存较好。其中一件席边包有青绢（图 4.4.2- ②），绢缘正面两侧宽 21.5 厘米，两端分别宽 19 厘米、22 厘米，背面四边均宽 2.5 厘米，用丝线缝缀。另一件席边包有锦，锦缘变色严重，现呈深棕色，花纹已难以分辨。遣册简 289 提到“莞席二其一青掾（缘）一锦掾（缘）”，应即指此。

◆ 图 4.4.2- ① 绢边草席出土情景

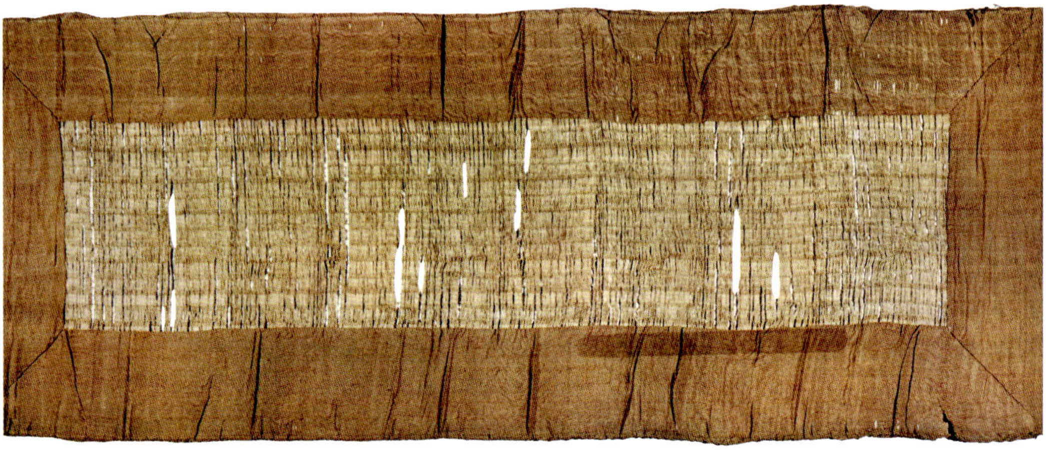

◆ 图 4.4.2- ② 绢边草席

标本 3　6319 深褐色鹿纹锦瑟套

长 133 厘米，宽 45 厘米

锦、绢

分类号：334-1

深褐色鹿纹锦瑟套（图 4.4.3-①、②）出土于西边厢中层，套在二十五弦瑟上，形制作长方形罩状，以单层鹿纹锦缝制而成，并加褐色绢夹缘，保存状况良好。仅尾端长 33 厘米的一段有底，并有高 21 厘米的堵头，构成袋形，以便将瑟的尾部套入其中。其余部分高 34 厘米，无底，头端也没有堵头。其缝制的方法是：将整幅的锦平铺于瑟面之上，折过瑟尾包至尾底，再与两侧的各半幅锦缝合起来。尾部的袋状以外部分，锦面之外另加宽 13 厘米的绢质夹缘。绢缘的经纬密度为每平方厘米 112 根 ×46 根。

瑟衣主要用料为鹿纹锦（图 4.4.3-③、④、⑤），经纬密度为每平方厘米 153 根 ×40 根，经丝三根为一组，是平面显花的织锦。纹样单元图案长 2.5 厘米，宽 6.4 厘米为一循环，单元图案交错排列，错落有致。此锦没有底经，以地纹经 I 和地纹经 II 相互交替，轮流起地纹组织和地部一上三下的组织。纹锦上的鹿颔首奔跑，造型奇异，造型夸张而奔放。鹿在汉代被视为仙兽，是仙人的坐骑。

遣册简 276 提到“瑟一越（越）閏锦衣一赤掾（缘）”应即指此。一号墓出土的二十五弦瑟制作较粗糙，但形制完备且通体未发现任何磨损痕迹，应是专为随葬制作的一具新瑟。这具新瑟仍用贵重的纹锦包裹，可见是一件被极为珍视的器物。

◆ 图 4.4.3- ①　深褐色鹿纹锦瑟套

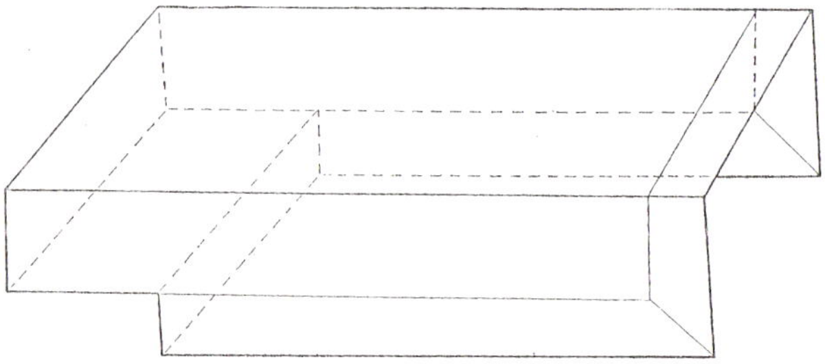

◆ 图 4.4.3- ② 瑟衣形制示意图

◆ 图 4.4.3- ③ 鹿纹锦局部细节图

◆ 图 4.4.3- ④ 鹿纹锦纹样图

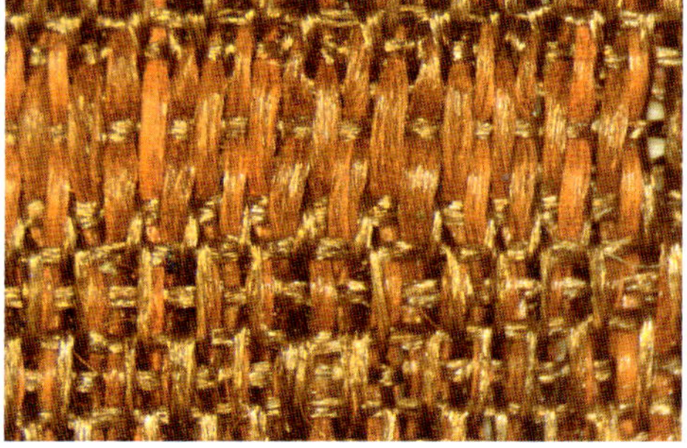

◆ 图 4.4.3- ⑤ 鹿纹锦立体显微镜照

标本 4　6320 深褐色鹿纹锦竽套

长 137 厘米，身宽 20.5 厘米，上口径 35 厘米，底口径 15 厘米
锦、绢、绢地刺绣
分类号：334-2

深褐色鹿纹锦竽套（图 4. 4. 4- ①、②）出土于西边厢中层，套在竽上，再装入瑟衣内，保存状况良好。

竽套用与瑟衣相同的单层鹿纹锦（图 4. 4. 4- ③、④）缝制而成，并加褐色绢夹缘。鹿纹锦为两重三枚经线提花组织。绢缘经纬密度为每平方厘米 104 根 ×36 根。其缝制方法是：用整幅的锦裹住竽的管部，再将嘴侧缝住，使之呈顶小底大的圆筒状，顶盖为绢地"信期绣"，顶盖已残。另外，又在底部及嘴部加缀 15 厘米宽的绢质夹缘。

竽外形完整，但内部结构不完备，是一件不能实际吹奏的明器。但这件明器用竽衣包裹，斜放在瑟面近尾端处，也是一件受到珍视的器物。遣册简 277 提到的"竽一越（越）閨锦衣素掾（缘）"，应即指竽和竽衣。

◆ 图 4.4.4- ①　深褐色鹿纹锦竽套

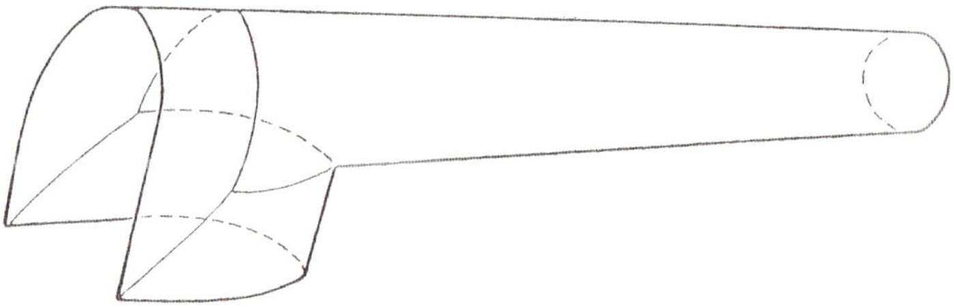

◆ 图 4.4.4- ② 竽套形制示意图

◆ 图 4.4.4- ③ 鹿纹锦局部细节图

◆ 图 4.4.4- ④ 鹿纹锦立体显微镜照

标本 5 6350 麻布袋残片

长 23 厘米

麻

分类号：369

麻布袋（图 4.4.5）出土于西边厢第四层，呈褐色，残损严重，仅剩余数小块，上有破口。麻布袋应用于盛放粮食或其他物品。出土于边厢中的丝织物品保存较好，并能耐一定程度的折叠，而麻质品则保存不好，大多数已朽烂。

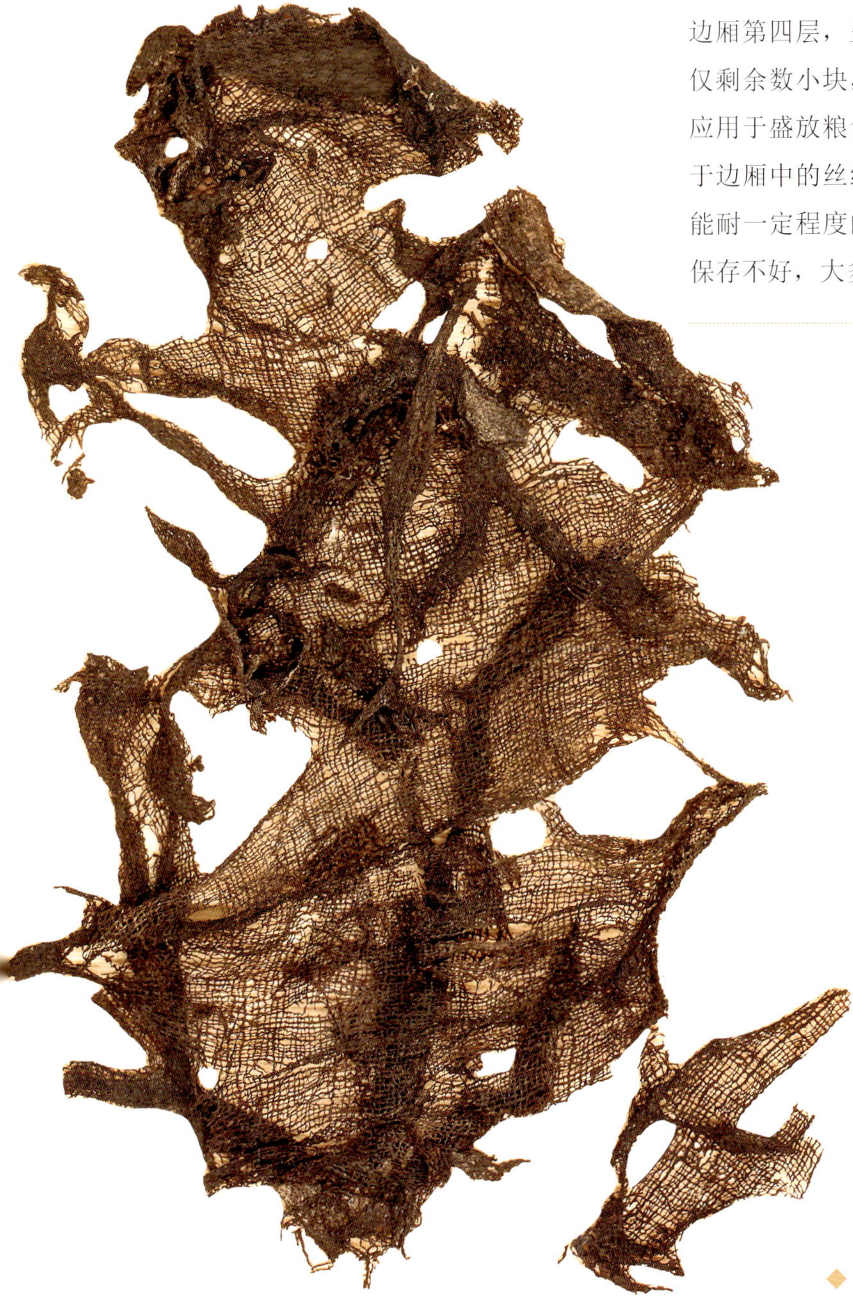

图 4.4.5 麻布袋残片

第五节
竹笥上的麻绳

西边厢共出土竹笥 33 个，出土时叠压三层，排列整齐，上层 7 个（324—330 号），中层 16 个（331—333、335—347 号），下层 10 个（348—357 号），每层的叠放方法均为平、竖两层。

出土时，大部分竹笥的外形保存完整，并用红色苘麻绳索捆扎，有的还留有封缄的封泥匣，以及表明所盛物品名称的木牌。红色麻绳经检测是以赤铁矿（Fe_2O_3）和朱砂（HgS）复染呈色。部分麻绳上还附着多处蓝色斑迹，经检测，此蓝色斑迹为蓝铁矿，蓝铁矿形成所需的磷来自于竹笥内食材骨骼析出。

部分竹笥受上部物品叠压和积水浸泡的影响，竹质糟朽，现已收缩变形，竹笥上所系麻绳亦糟朽不存。西边厢出土的竹笥中，现仍有 22 个竹笥上残存麻绳。

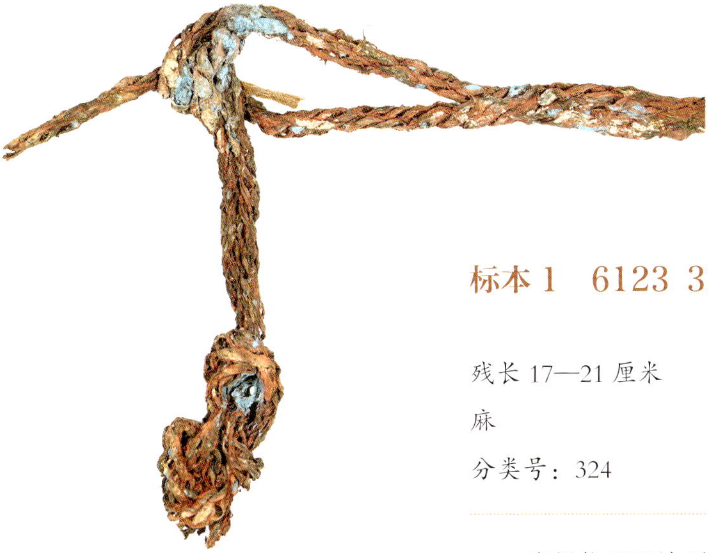

◆ 图 4.5.1- ② 麻绳局部

标本 1 6123 324 号竹笥上的麻绳

残长 17—21 厘米

麻

分类号：324

麻绳位于西边厢上层出土的 324 号竹笥顶面（图 4.5.1- ①），现已残成数小段。麻绳呈暗红色，是以赤铁矿（Fe_2O_3）和朱砂（HgS）复染呈色。其上附着多处蓝色斑迹（图 4.5.1- ②），经检测，应为蓝铁矿，蓝铁矿形成所需的磷来自于竹笥内食材骨骼析出。竹笥整体保存完整，出土时悬挂“熬雉笥”木牌，内存雉、鸡及猪、羊、狗、鹿骨。

◆ 图 4.5.1- ① 324 号竹笥及麻绳

标本 2　5344 325 号竹笥上的麻绳

残长 25 厘米

麻

分类号：325

麻绳位于西边厢上层出土的 325 号竹笥顶面（图 4.5.2），已残成数小段。麻绳呈暗红色，其上附着少量蓝色斑迹，绳结处附有封泥一枚。竹笥整体保存完整，四角微残，出土时内存 2 个兔骨架和茅草，竹笥旁掉落“熬兔笥”木牌，遣册简 70“熬兔一笥”当指此。

图 4.5.2　325 号竹笥及麻绳

标本 3　6208 326 号竹笥上的麻绳

残长 56 厘米，残宽 47 厘米

麻

分类号：326

麻绳位于西边厢上层出土的 326 号竹笥顶面。竹笥整体保存完整，局部微残，出土时内存植物茎叶。笥外顶面现由四横一竖的麻绳捆绑（图 4.5.3-①、②），在中部第三横格绑有封泥一枚（图 4.5.3-③），侧面的麻绳大多残朽断裂并掉落。麻绳呈红色，染色均匀，颜色鲜艳。麻绳的末梢残段上见有些许蓝色斑迹附着。

◆ 图 4.5.3-① 326 号竹笥及麻绳

◆ 图 4.5.3- ② 麻绳局部

◆ 图 4.5.3- ③ 麻绳上的封泥

标本 4　6207　329 号竹笥上的麻绳

残长 9—49 厘米

麻

分类号：329

麻绳位于西边厢上层出土的 329 号竹笥顶面（图 4.5.4），现已残成数小段，麻绳呈暗红色，上方留有绳结，并附有封泥一枚。此件竹笥是墓中保存最为完整的一件，形制较大，制作精良，笥内有黄绢里衬。竹笥上悬挂“衣笥”木牌，出土时内盛绵袍 6 件、单衣 3 件、裙 2 件、袜 2 双和袍缘 1 件。

图 4.5.4　329 号竹笥及麻绳

标本 5　C699 330 号竹笥上的麻绳

残长 18.5—34.3 厘米

麻

分类号：330

麻绳位于西边厢上层出土的 330 号竹笥顶面（图 4.5.5-①），现已残成数小段，麻绳呈暗红色，附近留有轪侯家丞封泥匣（图 4.5.5-②），麻绳上方多处附着蓝色斑迹（图 4.5.5-③）。竹笥微残，周缘多处竹片脱落、碎裂。出土时内存鹤骨。

◆ 图 4.5.5-①　330 号竹笥及麻绳

◆ 图 4.5.5-②　麻绳局部及封泥匣

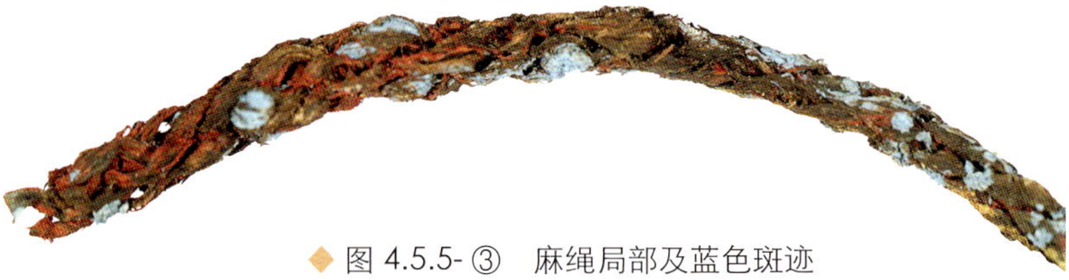

◆ 图 4.5.5-③　麻绳局部及蓝色斑迹

标本 6　C697 331 号竹笥上的麻绳

残长 38 厘米

麻

分类号：331

麻绳位于西边厢上层出土的 331 号竹笥顶面（图 4.5.6- ①、②），仅残余一段，缠绕在一起，部分留有绳结，麻绳呈暗红色，上面附着少量蓝色斑迹。竹笥微残，出土时内存串以竹签的鸟类骨。

图 4.5.6- ①　331 号竹笥及麻绳

图 4.5.6- ②　竹笥上的麻绳

标本 7　5340 333 号竹笥上的麻绳

残长 11—18 厘米

麻

分类号：333

麻绳位于西边厢中层出土的 333 号竹笥顶面（图 4.5.7- ①），已断成数小段，散落在竹笥上方，麻绳呈暗红色，上方多处附着结团状蓝色斑迹（图 4.5.7- ②）。竹笥整体保存较为完整，局部微残，周缘有竹片脱落。出土时内含植物茎叶和烧过的牛骨。

◆ 图 4.5.7- ①　333 号竹笥及麻绳

◆ 图 4.5.7- ②　麻绳局部

标本 8 5349 335 号竹笥上的麻绳

◆ 图 4.5.8- ① 335 号竹笥及麻绳

残长 32 厘米

麻

分类号：335

麻绳位于西边厢中层出土的 335 号竹笥顶面（图 4.5.8- ①），已残断，散落在竹笥上方，麻绳呈暗红色，质地较脆，上方多处附着结团状蓝色斑迹（图 4.5.8- ②）。竹笥周缘残缺。篾条脆裂，掉渣。出土时内含植物茎叶和烧过的鹿骨。

◆ 图 4.5.8- ② 麻绳局部

标本 9　5347 336 号竹笥上的麻绳

残长 7—18 厘米

麻

分类号：336

麻绳位于西边厢中层出土的 336 号竹笥顶面（图 4.5.9- ①），现已残成数小段，麻绳呈红色，颜色鲜艳，其上多处附着结团状的蓝色斑迹（图 4.5.9- ②）。竹笥保存较为完整，周缘残缺，竹竿断裂。出土时内含植物残迹。

◆ 图 4.5.9- ①　336 号竹笥及麻绳

◆ 图 4.5.9- ②　麻绳局部及结团状的蓝色斑迹

标本 10　5343 337 号竹笥上的麻绳

残长 25 厘米

麻

分类号：337

麻绳位于西边厢中层出土的 337 号竹笥顶面（图 4.5.10-①），现已残断，大致保留着原本捆绑的形态，中间有绳结，麻绳呈暗红色，其上附着蓝色斑迹（图 4.5.10-②）。竹笥保存较为完整，四角微残，出土时内含丝织品小块。该竹笥原本悬挂“缯聂币笥”木牌，出土时已散落，遣册简 284“合青笥二合盛聶（聂）敝（币）”当指此。

◆ 图 4.5.10-①　337 号竹笥及麻绳

◆ 图 4.5.10-②　麻绳局部

标本 11　C698 338 号竹笥上的麻绳

残长 18 厘米

麻

分类号：338

麻绳位于西边厢中层出土的 338 号竹笥顶面（图 4.5.11- ①），现已残断，仅余数小段。麻绳呈暗红色，其上附着少量蓝色斑迹（图 4.5.11- ②）。竹笥保存较为完整，四角微残，出土时内含垫草。

◆ 图 4.5.11- ①　338 号竹笥及麻绳

◆ 图 4.5.11- ②　麻绳局部及蓝色斑迹

标本 12　5351　340 号竹笥上的麻绳

残长 18 厘米

麻

分类号：340

麻绳位于西边厢中层出土的 340 号竹笥顶面（图 4.5.12-①），部分呈暗红色，部分已褪色为棕色，其上附着多处蓝色斑迹（图 4.5.12-②）。竹笥周缘残缺，微有掉渣。出土时内含丝织品 26 卷、小竹管 8 件，附近掉落有“缯笥”木牌。

◆ 图 4.5.12-①　340 号竹笥及麻绳

◆ 图 4.5.12-②　麻绳局部

标本 13　C707 341 号竹笥上的麻绳

残长 18.7—45.3 厘米

麻

分类号：341

麻绳位于西边厢中层出土的 341 号竹笥顶面（图 4.5.13-①），现已残成数小段（图 4.5.13-②）。麻绳呈暗红色，上方附着多处蓝色斑迹。竹笥周缘残缺，掉渣，底部残破变形。出土时内含黄绢袋，袋内盛豆类物。

◆ 图 4.5.13-① 341 号竹笥及麻绳

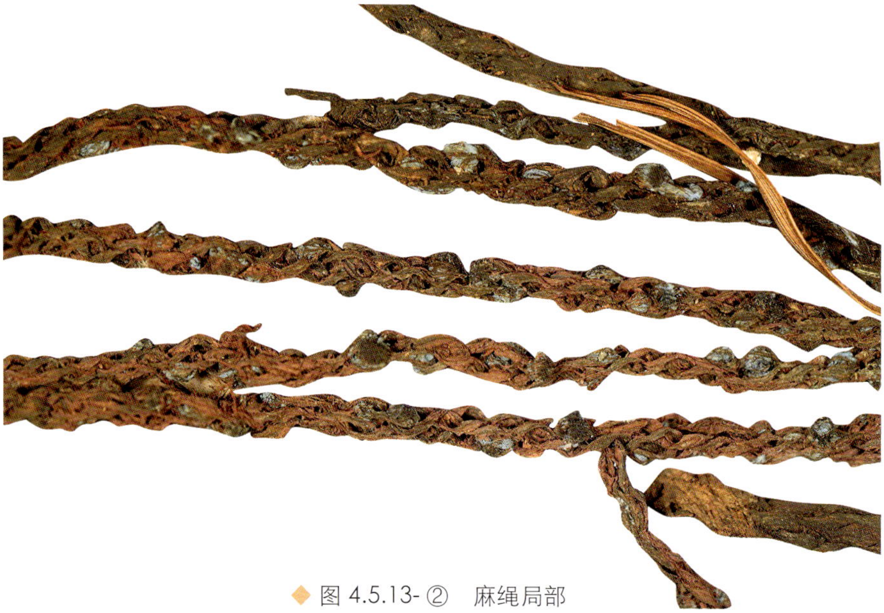

◆ 图 4.5.13-② 麻绳局部

标本 14　5346 345 号竹笥上的麻绳

残长 31 厘米

麻

分类号：345

麻绳位于西边厢中层出土的 345 号竹笥顶面（图 4.5.14），现已残成数小段。麻绳呈红色，颜色鲜艳，上方附着多处蓝色斑迹。竹笥保存完整，出土时内含丝、麻袋残迹，袋内有串食品的竹签。

◆ 图 4.5.14　竹笥上的麻绳

标本 15　C709 348 号竹笥上的麻绳

残长 13 厘米

麻

分类号：348

麻绳散落在西边厢下层出土的 348 号竹笥顶面（图 4.5.15），现已残成数小段。麻绳呈暗红色，上方附着少量蓝色斑迹。竹笥微残，出土时悬挂“金二千一笥”木牌，内存泥质“郢称”约 300 块。

图 4.5.15　348 号竹笥及麻绳

标本16 C705 350号竹笥上的麻绳

残长 38.8 厘米

麻

分类号：350

麻绳位于西边厢下层出土的350号竹笥顶面（图4.5.16-①），现已残成数小段。麻绳呈暗红色，上方附着少量蓝色斑迹（图4.5.16-②）。竹笥保存较差，已残损变形，出土时内含残丝袋及酱状物。

◆ 图4.5.16-① 350号竹笥及麻绳

◆ 图4.5.16-② 麻绳局部

标本 17　5345 351 号竹笥上的麻绳

残长 23 厘米

麻

分类号：351

麻绳位于西边厢下层出土的 351 号竹笥顶面（图 4.5.17-①），现已残成数段。麻绳呈暗红色，上方附着少量蓝色斑迹（图 4.5.17-②）。竹笥整体保存较为完整，微有变形和破损，易掉渣。出土时内存木璧 23 个。

◆ 图 4.5.17-①　351 号竹笥及麻绳

◆ 图 4.5.17-②　麻绳局部

标本 18 C700 352 号竹笥上的麻绳

残长 32.5 厘米

麻

分类号：352

麻绳位于西边厢下层出土的 352 号竹笥顶面（图 4.5.18-①），现已残成数小段，麻绳呈暗红色，多处附着蓝色斑迹（图 4.5.18-②）。竹笥顶面除残有红色麻绳以外，还散落着封泥匣、“轪侯家丞”封泥、泥半两和丝织品残片（图 4.5.18-③），封泥之中还缠绕着几小段麻绳（图 4.5.18-④）。竹笥整体较为残破，外观已严重变形，出土时内含理成束状的茅香根茎若干。

◆ 图 4.5.18-① 352 号竹笥及麻绳

◆ 图 4.5.18-② 麻绳上的蓝色斑迹

◆ 图 4.5.18- ③ 麻绳局部与封泥匣、封泥、泥半两及丝织品残片

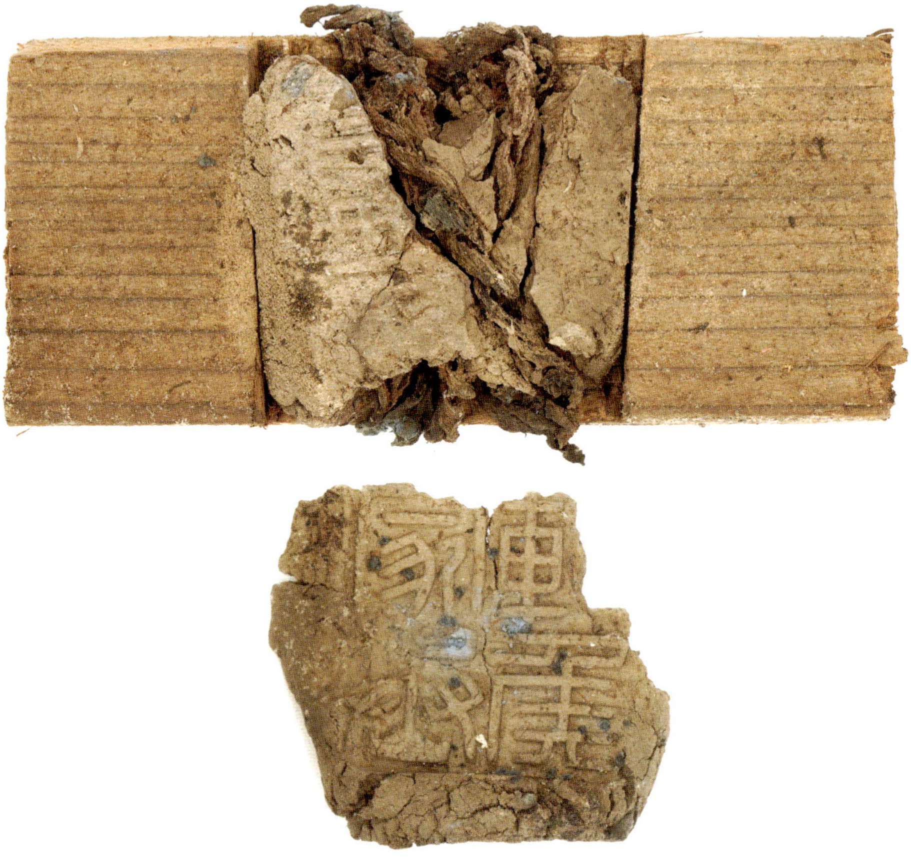

◆ 图 4.5.18- ④ 封泥匣、封泥及缠绕的麻绳

标本 19　C701 354 号竹笥上的麻绳

残长 29.8 厘米

麻

分类号：354

◆ 图 4.5.19-① 354 号竹笥及麻绳

麻绳位于西边厢下层出土的 354 号竹笥顶面(图 4.5.19-①),已残成数段(图 4.5.19-②),部分留有绳结并缠绕在封泥匣上（图 4.5.19-③）。麻绳呈暗红色，多处附着蓝色斑迹。该竹笥出土时上悬挂“缯笥”木牌，内含丝织品 20 卷。

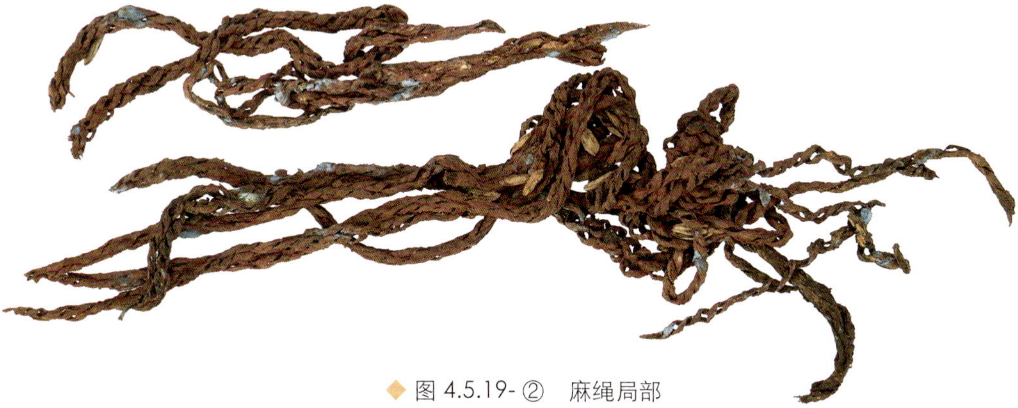

◆ 图 4.5.19-② 麻绳局部

◆ 图 4.5.19-③ 封泥匣及麻绳

标本 20　C703 356 号竹笥上的麻绳

残长 8 厘米

麻

分类号：356

麻绳位于西边厢下层出土的 356 号竹笥处（图 4.5.20- ①），现已残断，结成一团。麻绳呈暗红色，多处附着蓝色斑迹。竹笥已严重残损（图 4.5.20- ②），出土时内存麻袋残迹。

◆ 图 4.5.20- ②　356 号竹笥

◆ 图 4.5.20- ①　竹笥上的麻绳

标本 21　C702 357 号竹笥上的麻绳

残长 12 厘米

麻

分类号：357

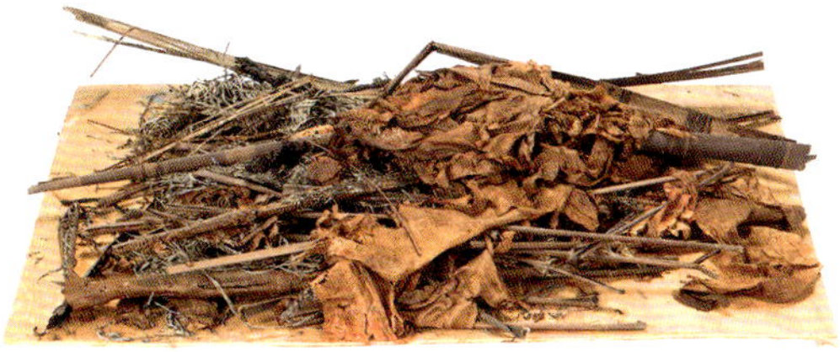

◆ 图 4.5.22- ②　357 号竹笥

麻绳散落在西边厢下层出土的 357 号竹笥处，残损严重，仅残余数段，颜色偏暗（图 4.5.21- ①）。竹笥糟朽已不成形，麻绳、垫草和丝织物残片散落在竹笥残件中（图 4.5.21- ②），出土时内存绵袍 5 件。

◆ 图 4.5.21- ①　竹笥上的麻绳

标本 22　C708 竹笥上的麻绳

残长 21 厘米

麻

麻绳散落在西边厢出土的竹笥顶面（图 4.5.22- ①），已残成数小段。麻绳颜色呈红色，较为鲜艳，上方多处附着蓝色斑迹（图 4.5.22- ②）。竹笥外形保存较为完整，四角有破口。

◆ 图 4.5.22- ①　C708 竹笥及麻绳

◆ 图 4.5.22- ②　麻绳局部

附 表

附表 1 北边厢出土无法归类的着衣俑服饰残件统计表

序号	总号	文物名称	数量	尺寸（厘米，长 × 宽）	插图号	备注
1	ZMS385	褐色菱形纹绮残片	1	12.2×18.1		
2	ZMS1736	褐色菱形纹绮残片	1	18×13		夹封
3	ZMS1737	绢地“信期绣”残片	1	33×20		
4	ZMS1862	几何纹锦袖口	1	12.5×6.5		
5	ZMS1863	几何纹绒圈锦袖口	1	14×5.5		
6	ZMS1864	麻、绢缘袖口	1	17×9.5		
7	ZMS1865	褐色绢袖口	1	10×5		
8	LMS549	着衣俑绢残片	1	2×1.4		

附表 2 西边厢 337 号竹笥出土聂币统计表

序号	总号	分类号	文物名称	数量	尺寸（厘米，长 × 宽）	插图号	备注
1	6344	337-1	绢聂币	若干		图 4.2.1.4	
2	6345-1	337-2	绢聂币	若干	4.7—5.9×3.6—5	图 4.2.1.1	
3	7218	337-2 ①	几何纹绒圈锦聂币	5	12×11	图 4.2.1.12	
4	7219	337-2 ②	朱红色菱形纹罗聂币	17	6×3.59	图 4.2.1.11	
5	7220	337-2 ③	褐色菱形纹罗聂币	16	6×5	图 4.2.1.9	夹封
6	7221	337-2 ④	素色纱聂币	7	4—10×4	图 4.2.1.5	夹封
7	7222	337-2 ⑤	印花敷彩纱聂币	9	3—5.5×2.5—4.5	图 4.2.1.6	夹封
8	7223	337-2 ⑥	金银色火焰纹印花纱聂币	8	5×5	图 4.2.1.8	夹封
9	7224	337-2 ⑦	纱地“信期绣”聂币	5	4.5—6.6×4.3—4.6	图 4.2.1.14	
10	7225	337-2 ⑧	罗地“信期绣”聂币	9	3.2—9.6×4	图 4.2.1.15	
11	7226	337-2 ⑨	绢地方棋纹绣聂币	5	6.6×6.3	图 4.2.1.16	
12	7233	337-2 ⑩	深褐色绢聂币	1	6×4.8	图 4.2.1.3	夹封
13	6345-2	337-2	纱地“信期绣”聂币	19	4.1—10×3.7—5	图 4.2.1.13	
14	6345-3	337-2	聂币	5	5.3—9×3.5—4.5	图 4.2.1.17	
15	ZMS136	337-2	印花敷彩纱聂币	1	16.5×6	图 4.2.1.7	
16	ZMS411	337-2	纱地“信期绣”聂币	1	15×5.5		
17	ZMS412	337-2	纱地“信期绣”聂币	2	7×4.5		
18	ZMS1137	337-2	褐色绢聂币	1	6.5×5		
19	ZMS1138	337-2	褐色绢聂币	1	3.5×2.2		

序号	总号	分类号	文物名称	数量	尺寸（厘米，长 × 宽）	插图号	备注
20	ZMS1139	337−2	褐色绢聂币	1	5.6 × 3		
21	ZMS1140	337−2	褐色绢聂币	1	6.5 × 3.5		
22	ZMS1141	337−2	褐色绢聂币	1	4.5 × 4		
23	ZMS1142	337−2	褐色绢聂币	1	5.5 × 4		
24	ZMS1143	337−2	褐色绢聂币	1	7 × 2.5		
25	ZMS1144	337−2	褐色绢聂币	1	5 × 3.2		
26	ZMS1145	337−2	褐色绢聂币	1	4 × 3.5		
27	ZMS1146	337−2	褐色绢聂币	1	5 × 3.5		
28	ZMS1147	337−2	褐色绢聂币	1	4 × 2.2		4 片粘连
29	ZMS1148	337−2	褐色绢聂币	1	3.6 × 3.5		
30	ZMS1149	337−2	褐色绢聂币	1	4.6 × 4		
31	ZMS1150	337−2	褐色绢聂币	3	3.5 × 2.2		
32	ZMS1151	337−2	褐色绢聂币	1	7.5 × 2.5		
33	ZMS1152	337−2	褐色绢聂币	1	4.1 × 2.5		
34	ZMS1153	337−2	褐色绢聂币	2	4.8 × 3.5		
35	ZMS1154	337−2	褐色绢聂币	1	3.2 × 2.9		
36	ZMS1155	337−2	褐色绢聂币	1	5 × 3.2		
37	ZMS1156	337−2	褐色绢聂币	1	6.7 × 3.2		
38	ZMS1157	337−2	褐色绢聂币	1	4 × 3.8		
39	ZMS1158	337−2	褐色绢聂币	1	4 × 3.6		
40	ZMS1159	337−2	褐色绢聂币	1	5.2 × 4		
41	ZMS1160	337−2	褐色绢聂币	1	4 × 3.2		
42	ZMS1161	337−2	褐色绢聂币	1	4 × 4		
43	ZMS1162	337−2	褐色绢聂币	1	6.5 × 3		
44	ZMS1163	337−2	褐色绢聂币	1	5 × 3.5		
45	ZMS1164	337−2	褐色绢聂币	1	5.5 × 5		
46	ZMS1165	337−2	褐色绢聂币	1	3.5 × 3		
47	ZMS1166	337−2	褐色绢聂币	1	4 × 4.5		
48	ZMS1167	337−2	褐色绢聂币	1	4.2 × 4		
49	ZMS1168	337−2	褐色绢聂币	1	5 × 4		
50	ZMS1169	337−2	褐色绢聂币	1	7.5 × 3.5		
51	ZMS1170	337−2	褐色绢聂币	1	5.5 × 3.5		
52	ZMS1171	337−2	褐色绢聂币	1	4 × 3.5		
53	ZMS1172	337−2	褐色绢聂币	1	7.5 × 6.5		
54	ZMS1173	337−2	褐色绢聂币	1	4.5 × 4.2		
55	ZMS1174	337−2	褐色绢聂币	2	5.5 × 4.5		
56	ZMS1175	337−2	褐色绢聂币	1	5.5 × 3.5		
57	ZMS1176	337−2	褐色绢聂币	1	5.5 × 3		
58	ZMS1177	337−2	褐色绢聂币	1	4 × 3.5		
59	ZMS1178	337−2	褐色绢聂币	1	4.3 × 3		
60	ZMS1179	337−2	褐色绢聂币	4	3 × 1.2		

序号	总号	分类号	文物名称	数量	尺寸（厘米，长×宽）	插图号	备注
61	ZMS1180	337−2	褐色绢聂币	1	6×3		
62	ZMS1181	337−2	褐色绢聂币	3	3.5×2.7		
63	ZMS1182	337−2	褐色绢聂币	1	4.2×3.5		
64	ZMS1183	337−2	褐色绢聂币	3	4×2.5		
65	ZMS1184	337−2	褐色绢聂币	1	6.5×3.5		
66	ZMS1185	337−2	褐色菱形纹罗聂币	1	4×2	图 4.2.1.10	
67	ZMS1186	337−2	褐色绢聂币	1	6.7×4		
68	ZMS1187	337−2	褐色绢聂币	2	4.5×4.5		
69	ZMS1188	337−2	褐色绢聂币	1	4×4		
70	ZMS1189	337−2	褐色绢聂币	1	4×3.5		
71	ZMS1190	337−2	褐色绢聂币	1	4×4		
72	ZMS1191	337−2	褐色绢聂币	1	5.5×4		
73	ZMS1192	337−2	褐色绢聂币	1	4×3.5		
74	ZMS1193	337−2	褐色绢聂币	1	4.5×3		
75	ZMS1194	337−2	褐色绢聂币	1	5×3.5		
76	ZMS1195	337−2	褐色绢聂币	1	5.5×3.5		
77	ZMS1196	337−2	褐色绢聂币	1	7.5×3		
78	ZMS1197	337−2	褐色绢聂币	1	4.5×3.5		
79	ZMS1198	337−2	褐色绢聂币	3	5×4		
80	ZMS1199	337−2	褐色绢聂币	1	4.5×5		3 片粘连
81	ZMS1200	337−2	褐色绢聂币	1	3×3.5		
82	ZMS1201	337−2	褐色绢聂币	1	5×4		
83	ZMS1202	337−2	褐色绢聂币	1	3.5×4		
84	ZMS1203	337−2	褐色绢聂币	1	5×3.5		
85	ZMS1204	337−2	褐色绢聂币	1	6×3		
86	ZMS1205	337−2	褐色绢聂币	2	7.5×4.5		
87	ZMS1206	337−2	褐色绢聂币	1	7.5×3.5		
88	ZMS1207	337−2	褐色绢聂币	1	5×2.5		
89	ZMS1208	337−2	褐色绢聂币	1	5.5×3.2		
90	ZMS1209	337−2	褐色绢聂币	1	5.2×3.4		
91	ZMS1210	337−2	褐色绢聂币	1	5.5×4.2		
92	ZMS1211	337−2	印花敷彩纱聂币	1	3.3×3.5		
93	ZMS1212	337−2	褐色菱纹形纹罗聂币	2	3×2		
94	ZMS1213	337−2	褐色菱纹形纹罗聂币	1	4×2		
95	ZMS1214	337−2	褐色绢聂币	2	5.5×2.5		
96	ZMS1215	337−2	褐色绢聂币	1	6×3		
97	ZMS1216	337−2	褐色绢聂币	1	5×5		
98	ZMS1217	337−2	褐色绢聂币	1	7×3		
99	ZMS1218	337−2	褐色绢聂币	2	4×3		
100	ZMS1219	337−2	褐色绢聂币	2	4.5×2.5		
101	ZMS1220	337−2	褐色绢聂币	2	4.6×3.5		

序号	总号	分类号	文物名称	数量	尺寸（厘米，长 × 宽）	插图号	备注
102	ZMS1221	337–2	褐色绢聂币	1	9.5×3		
103	ZMS1222	337–2	褐色绢聂币	1	9×3.5		
104	ZMS1223	337–2	褐色绢聂币	1	4×3		
105	ZMS1224	337–2	褐色绢聂币	1	7×4		
106	ZMS1225	337–2	褐色绢聂币	1	5×3		
107	ZMS1226	337–2	褐色绢聂币	1	4.5×3.5		
108	ZMS1227	337–2	褐色绢聂币	1	6×4		
109	ZMS1228	337–2	褐色绢聂币	1	4.5×3.5		
110	ZMS1229	337–2	褐色绢聂币	1	4×3		
111	ZMS1230	337–2	褐色绢聂币	1	4.2×3		
112	ZMS1231	337–2	褐色绢聂币	1	4.5×3.5		
113	ZMS1232	337–2	褐色绢聂币	1	6.5×4.2		
114	ZMS1233	337–2	褐色绢聂币	1	4.9×3.4		
115	ZMS1234	337–2	褐色绢聂币	1	6×4.4		
116	ZMS1235	337–2	褐色绢聂币	1	5.4×3.5		
117	ZMS1236	337–2	褐色绢聂币	1	5×5		
118	ZMS1237	337–2	褐色绢聂币	1	5.6×4.7		
119	ZMS1238	337–2	褐色绢聂币	2	14×4.5		2片粘连
120	ZMS1239	337–2	褐色绢聂币	1	长 25		7片粘连
121	ZMS1240	337–2	织物聂币	1	6×1		
122	ZMS1241	337–2	褐色绢聂币	4	4×2.5		
123	ZMS1242	337–2	褐色绢聂币	1	9×7		
124	ZMS1243	337–2	褐色绢聂币	1	6.5×4		
125	ZMS1244	337–2	褐色绢聂币	1	7.5×4.5		
126	ZMS1245	337–2	褐色绢聂币	2	3.5×3		
127	ZMS1246	337–2	褐色绢聂币	3	4.5×3		
128	ZMS1247	337–2	褐色绢聂币	3	3×2.2		
129	ZMS1248	337–2	褐色绢聂币	1	6.5×3.5		
130	ZMS1249	337–2	褐色绢聂币	2	4.5×5		
131	ZMS1250	337–2	褐色绢聂币	1	4.5×4		
132	ZMS1251	337–2	褐色绢聂币	1	4×3.5		
133	ZMS1252	337–2	褐色绢聂币	1	4×3.5		
134	ZMS1253	337–2	褐色绢聂币	1	4.5×4		
135	ZMS1254	337–2	褐色绢聂币	1	4×4		
136	ZMS1255	337–2	褐色绢聂币	1	6.5×4		
137	ZMS1256	337–2	褐色绢聂币	1	7×3		
138	ZMS1257	337–2	褐色绢聂币	1	5×5.5		
139	ZMS1258	337–2	褐色绢聂币	1	6×5.5		
140	ZMS1259	337–2	褐色绢聂币	1	5.5×3.5		
141	ZMS1260	337–2	褐色绢聂币	1	4×4		

序号	总号	分类号	文物名称	数量	尺寸（厘米，长 × 宽）	插图号	备注
142	ZMS1261	337-2	褐色绢聂币	1	5.2×3		
143	ZMS1262	337-2	褐色绢聂币	1	5×3.5		
144	ZMS1263	337-2	褐色绢聂币	1	6.5×4		
145	ZMS1264	337-2	褐色绢聂币	2	4×3		
146	ZMS1265	337-2	褐色绢聂币	1	5×3.5		
147	ZMS1266	337-2	褐色绢聂币	3	4×3.5		
148	ZMS1267	337-2	褐色绢聂币	2	4×2		
149	ZMS1268	337-2	褐色绢聂币	1	7×4		
150	ZMS1269	337-2	褐色绢聂币	1	7×3		
151	ZMS1270	337-2	褐色绢聂币	1	7×4		
152	ZMS1271	337-2	褐色绢聂币	1	7×4		
153	ZMS1272	337-2	褐色绢聂币	1	6×5		
154	ZMS1273	337-2	褐色绢聂币	1	4.2×2.6		4片粘连
155	ZMS1274	337-2	褐色绢聂币	1	6×3		5片粘连
156	ZMS1275	337-2	褐色绢聂币	1	12.5×5		2片粘连
157	ZMS1276	337-2	褐色绢聂币	1	6×5		4片粘连
158	ZMS1278	337-2	褐色绢聂币	1	4.7×4.4		
159	ZMS1279	337-2	褐色绢聂币	1	4.2×4		
160	ZMS1280	337-2	褐色绢聂币	1	4.2×4		
161	ZMS1281	337-2	褐色绢聂币	2	4.5×3.5		
162	ZMS1282	337-2	褐色绢聂币	1	4.5×4		
163	ZMS1283	337-2	褐色绢聂币	2	4×3.5		
164	ZMS1284	337-2	褐色绢聂币	1	6×5		
165	ZMS1285	337-2	褐色绢聂币	1	5×4.5		
166	ZMS1286	337-2	褐色绢聂币	1	5.5×3		
167	ZMS1287	337-2	褐色绢聂币	1	6.5×3		
168	ZMS1288	337-2	褐色绢聂币	1	4.3×2.7		2片粘连
169	ZMS1289	337-2	褐色绢聂币	1	5.5×3		
170	ZMS1290	337-2	褐色绢聂币	1	6×4.2		
171	ZMS1291	337-2	褐色绢聂币	1	3.6×3.3		
172	ZMS1292	337-2	褐色绢聂币	1	6×3		
173	ZMS1293	337-2	褐色绢聂币	1	3.6×3.3		
174	ZMS1294	337-2	褐色绢聂币	1	4.5×4.5		
175	ZMS1295	337-2	褐色绢聂币	1	4×3.2		
176	ZMS1296	337-2	褐色绢聂币	1	5.5×3		
177	ZMS1297	337-2	褐色绢聂币	2	3.5×2		
178	ZMS1298	337-2	褐色绢聂币	1	6.5×4		
179	ZMS1299	337-2	褐色绢聂币	1	5.5×2.5		

序号	总号	分类号	文物名称	数量	尺寸（厘米，长 × 宽）	插图号	备注
180	ZMS1300	337–2	褐色绢聂币	1	12.5×3		4片粘连
181	ZMS1301	337–2	褐色绢聂币	1	14×4		4片粘连
182	ZMS1302	337–2	褐色绢聂币	1	5.2×4		
183	ZMS1303	337–2	褐色绢聂币	1	5.6×4		
184	ZMS1304	337–2	褐色绢聂币	1	9.5×7		
185	ZMS1305	337–2	褐色绢聂币	1	5.4×2.6		
186	ZMS1306	337–2	褐色绢聂币	1	5.4×5.3		
187	ZMS1307	337–2	褐色绢聂币	1	5.2×4.7		
188	ZMS1308	337–2	褐色绢聂币	1	5.5×3.2		
189	ZMS1309	337–2	褐色绢聂币	1	4.2×4.2		
190	ZMS1310	337–2	褐色绢聂币	2	3.6×3.6		
191	ZMS1311	337–2	褐色绢聂币	1	6.2×3		
192	ZMS1312	337–2	褐色绢聂币	4	4×3.6		
193	ZMS1313	337–2	褐色绢聂币	2	3×5		
194	ZMS1314	337–2	褐色绢聂币	1	长 15		4片粘连
195	ZMS1315	337–2	褐色绢聂币	2	4×5		
196	ZMS1316	337–2	褐色绢聂币	4	5×2.8		
197	ZMS1317	337–2	褐色绢聂币	1	6.5×3.7		
198	ZMS1318	337–2	褐色绢聂币	1	7×4		
199	ZMS1319	337–2	褐色绢聂币	1	3.2×5		
200	ZMS1320	337–2	褐色绢聂币	1	7×5		
201	ZMS1321	337–2	褐色绢聂币	1	8×4.6		
202	ZMS1322	337–2	褐色绢聂币	1	5×3.5		
203	ZMS1323	337–2	褐色绢聂币	1	6.3×5		
204	ZMS1324	337–2	褐色绢聂币	1	6.3×4		
205	ZMS1325	337–2	褐色绢聂币	1	11×3.2		
206	ZMS1326	337–2	褐色绢聂币	2	3.5×3		
207	ZMS1327	337–2	褐色绢聂币	2	4.9×3.4		
208	ZMS1328	337–2	褐色绢聂币	1	5.5×3.6		
209	ZMS1329	337–2	褐色绢聂币	1	4.5×3.5		
210	ZMS1330	337–2	褐色绢聂币	1	3.7×4.9		
211	ZMS1331	337–2	褐色绢聂币	1	7.5×4		
212	ZMS1332	337–2	褐色绢聂币	1	5.5×4.3		
213	ZMS1333	337–2	褐色绢聂币	1	长 26		9片粘连
214	ZMS1334	337–2	褐色绢聂币	1	长 17.5		4片粘连
215	ZMS1335	337–2	褐色绢聂币	1	14.2×4		
216	ZMS1336	337–2	褐色绢聂币	1	长 36.5		6片粘连

序号	总号	分类号	文物名称	数量	尺寸（厘米，长 × 宽）	插图号	备注
217	ZMS1337	337-2	褐色绢聂币	1	18×4.5		3 片粘连
218	ZMS1338	337-2	褐色绢聂币	1	6×5.2		
219	ZMS1339	337-2	褐色绢聂币	2	4.7×2.2		
220	ZMS1340	337-2	褐色绢聂币	1	5×4.6		
221	ZMS1341	337-2	褐色绢聂币	1	长 11		3 片粘连
222	ZMS1342	337-2	褐色绢聂币	2	4×4.5		
223	ZMS1343	337-2	褐色绢聂币	1	4.6×4		
224	ZMS1344	337-2	褐色绢聂币	1	7×4		
225	ZMS1345	337-2	褐色绢聂币	1	4.5×4.3		
226	ZMS1346	337-2	褐色绢聂币	1	4.5×4.6		
227	ZMS1347	337-2	褐色绢聂币	1	4×4		
228	ZMS1348	337-2	褐色绢聂币	1	4×4.2		
229	ZMS1349	337-2	褐色绢聂币	1	3.6×5.2		
230	ZMS1350	337-2	褐色绢聂币	1	7×4.9		
231	ZMS1351	337-2	褐色绢聂币	1	6×3.5		
232	ZMS1352	337-2	褐色绢聂币	1	6.5×4.9		
233	ZMS1353	337-2	褐色绢聂币	1	长 36		6 片粘连
234	ZMS1354	337-2	褐色绢聂币	1	长 26		4 片粘连
235	ZMS1355	337-2	褐色绢聂币	3	4×3.4		
236	ZMS1356	337-2	褐色绢聂币	2	3.6×3.5		
237	ZMS1357	337-2	褐色绢聂币	2	6.5×3.4		
238	ZMS1358	337-2	褐色绢聂币	1	6×4.6		
239	ZMS1359	337-2	褐色绢聂币	1	10×5		2 片粘连
240	ZMS1360	337-2	褐色绢聂币	1	7×5.5		2 片粘连
241	ZMS1361	337-2	褐色绢聂币	1	6.5×5		
242	ZMS1362	337-2	褐色绢聂币	1	4.5×4		
243	ZMS1363	337-2	褐色绢聂币	1	6.2×4		
244	ZMS1364	337-2	褐色绢聂币	1	6×3.5		
245	ZMS1365	337-2	褐色绢聂币	1	6×5		
246	ZMS1366	337-2	褐色绢聂币	1	5×4		
247	ZMS1368	337-2	褐色绢聂币	1	10×4.8		2 片粘连
248	ZMS1369	337-2	褐色绢聂币	1	12×6.2		3 片粘连
249	ZMS1370	337-2	褐色绢聂币	1	13×4		
250	ZMS1371	337-2	褐色绢聂币	1	12.7×5		2 片粘连

序号	总号	分类号	文物名称	数量	尺寸（厘米，长×宽）	插图号	备注
251	ZMS1372	337-2	褐色绢聂币	1	12×5		2片粘连
252	ZMS1373	337-2	褐色绢聂币	1	12×6		2片粘连
253	ZMS1374	337-2	褐色绢聂币	1	21×5.5		4片粘连
254	ZMS1375	337-2	褐色绢聂币	1	长15		
255	ZMS1376	337-2	褐色菱形纹罗聂币	2	长14		
256	ZMS1377	337-2	褐色绢聂币	2	3.5×3.4		
257	ZMS1378	337-2	褐色绢聂币	5	2.9×2.7		
258	ZMS1379	337-2	褐色绢聂币	2	3.6×3.6		
259	ZMS1380	337-2	褐色绢聂币	2	6×2.5		
260	ZMS1381	337-2	褐色绢聂币	3	3.4×2.5		
261	ZMS1382	337-2	褐色绢聂币	2	4×6		
262	ZMS1383	337-2	褐色绢聂币	3	4.5×3		
263	ZMS1384	337-2	褐色绢聂币	2	4.5×3		
264	ZMS1385	337-2	褐色绢聂币	2	5×2.6		
265	ZMS1386	337-2	褐色绢聂币	1	6.5×3.2		
266	ZMS1387	337-2	褐色绢聂币	1	5×2.8		
267	ZMS1388	337-2	褐色绢聂币	1	3.5×4.6		
268	ZMS1389	337-2	褐色绢聂币	1	5.5×4		
269	ZMS1390	337-2	褐色绢聂币	1	长19.5		粘连
270	ZMS1391	337-2	菱形纹罗聂币 印花敷彩纱聂币	4	3×1.9		
271	ZMS1392	337-2	褐色绢聂币	1	5.5×3.9		
272	ZMS1393	337-2	褐色绢聂币	1	12.5×3.7		
273	ZMS1394	337 2	褐色绢聂币	1	10.5×4		2片粘连
274	ZMS1395	337-2	褐色绢聂币	3	4×3.4		
275	ZMS1396	337-2	褐色绢聂币	1	6.5×3.2		
276	ZMS1397	337-2	褐色绢聂币	1	5.3×3.6		
277	ZMS1398	337-2	褐色绢聂币	1	7.9×4.1		
278	ZMS1399	337-2	褐色绢聂币	1	4×4		
279	ZMS1400	337-2	褐色绢聂币	1	9×3		2片粘连
280	ZMS1401	337-2	褐色绢聂币	2	6.5×3		
281	ZMS1402	337-2	褐色绢聂币	2	7×3.2		
282	ZMS1403	337-2	褐色绢聂币	2	4×3.6		
283	ZMS1404	337-2	褐色绢聂币	1	6×4.5		
284	ZMS1405	337-2	褐色绢聂币	1	6.7×3.2		
285	ZMS1406	337-2	褐色绢聂币	1	5.5×5.4		
286	ZMS1407	337-2	褐色绢聂币	1	7.7×5.7		
287	ZMS1408	337-2	褐色绢聂币	1	12×4.9		

序号	总号	分类号	文物名称	数量	尺寸（厘米，长 × 宽）	插图号	备注
288	ZMS1409	337−2	褐色绢聂币	1	11 × 3.6		
289	ZMS1410	337−2	褐色绢聂币	1	15 × 4.5		3 片粘连
290	ZMS1411	337−2	褐色绢聂币	1	5.4 × 12		2 片粘连
291	ZMS1412	337−2	褐色绢聂币	2	5.5 × 2		
292	ZMS1413	337−2	褐色绢聂币	1	4 × 3.5		
293	ZMS1414	337−2	褐色绢聂币	3	4.2 × 2		
294	ZMS1415	337−2	褐色绢聂币	1	7 × 3		
295	ZMS1416	337−2	褐色绢聂币	1	5 × 3		
296	ZMS1417	337−2	褐色绢聂币	1	7.3 × 3		
297	ZMS1418	337−2	褐色绢聂币	2	3.2 × 3		
298	ZMS1419	337−2	褐色绢聂币	1	4.2 × 3		
299	ZMS1420	337−2	褐色绢聂币	1	4.2 × 3.5		
300	ZMS1421	337−2	褐色绢聂币	2	3 × 3.3		
301	ZMS1422	337−2	褐色绢聂币	1	4 × 3.5		
302	ZMS1423	337−2	褐色绢聂币	1	4.5 × 2.8		
303	ZMS1424	337−2	褐色绢聂币	1	5.5 × 3		
304	ZMS1425	337−2	褐色绢聂币	1	3.5 × 3.7		
305	ZMS1426	337−2	褐色绢聂币	2	2.5 × 2.5		
306	ZMS1427	337−2	褐色绢聂币	1	4 × 2		
307	ZMS1428	337−2	褐色绢聂币	1	6 × 3		
308	ZMS1429	337−2	褐色绢聂币	1	4.5 × 4		
309	ZMS1430	337−2	褐色绢聂币	1	4.5 × 4.2		
310	ZMS1431	337−2	褐色绢聂币	1	3.3 × 3.2		
311	ZMS1432	337−2	褐色绢聂币	1	4.5 × 4		
312	ZMS1433	337−2	褐色绢聂币	1	3.5 × 3		
313	ZMS1434	337−2	褐色绢聂币	1	5 × 3.7		
314	ZMS1435	337−2	褐色绢聂币	1	7.5 × 4		
315	ZMS1436	337−2	褐色绢聂币	1	5 × 4		
316	ZMS1437	337−2	褐色绢聂币	1	4.5 × 3.5		
317	ZMS1438	337−2	褐色绢聂币	1	4.5 × 3		
318	ZMS1439	337−2	褐色绢聂币	1	3.5 × 5.5		
319	ZMS1440	337−2	褐色绢聂币	1	4 × 3.3		
320	ZMS1441	337−2	褐色绢聂币	1	4.5 × 3.5		
321	ZMS1442	337−2	褐色绢聂币	1	4 × 4		
322	ZMS1443	337−2	褐色绢聂币	1	5 × 3		
323	ZMS1444	337−2	褐色绢聂币	1	6 × 4.6		
324	ZMS1445	337−2	褐色绢聂币	1	4.5 × 3		
325	ZMS1446	337−2	褐色绢聂币	1	5.5 × 4		
326	ZMS1447	337−2	褐色绢聂币	1	5 × 4.5		
327	ZMS1448	337−2	褐色绢聂币	1	4 × 4		

序号	总号	分类号	文物名称	数量	尺寸（厘米，长 × 宽）	插图号	备注
328	ZMS1449	337-2	褐色绢聂币	1	4.5×4.2		
329	ZMS1450	337-2	褐色绢聂币	1	5×3.5		
330	ZMS1451	337-2	褐色绢聂币	1	7×3		
331	ZMS1452	337-2	褐色绢聂币	1	8×2.5		
332	ZMS1453	337-2	褐色绢聂币	1	4×3		
333	ZMS1454	337-2	褐色绢聂币	1	5.5×4		
334	ZMS1455	337-2	褐色绢聂币	1	4.2×4		
335	ZMS1456	337-2	褐色绢聂币	1	13×7.5		2 片粘连
336	ZMS1457	337-2	褐色绢聂币	1	9×6.5		2 片粘连
337	ZMS1458	337-2	褐色绢聂币	1	15×6.5		2 片粘连
338	ZMS1459	337-2	褐色绢聂币	1	13×4		4 片粘连
339	ZMS1460	337-2	褐色绢聂币	1	19.5×5		3 片粘连
340	ZMS1461	337-2	褐色绢聂币	1	19×4.5		5 片粘连
341	ZMS1462	337-2	褐色绢聂币	1	30×4.5		6 片粘连
342	ZMS1463	337-2	褐色绢聂币	1	6.8×3.3		
343	ZMS1464	337-2	褐色绢聂币	2	8.2×4.6		
344	ZMS1465	337-2	褐色绢聂币	1	5×5		
345	ZMS1466	337-2	褐色绢聂币	1	6.8×3		
346	ZMS1467	337-2	褐色绢聂币	1	6×4.5		
347	ZMS1468	337-2	褐色绢聂币	1	6.5×3.7		
348	ZMS1469	337-2	褐色绢聂币	1	10.2×4.8		
349	ZMS1470	337-2	褐色绢聂币	1	5×3.2		
350	ZMS1471	337-2	褐色绢聂币	1	3.2×4.5		
351	ZMS1472	337-2	褐色绢聂币	1	6.5×5.5		
352	ZMS1473	337-2	褐色绢聂币	1	6×6.2		
353	ZMS1474	337-2	褐色绢聂币	2	3.5×4.1		
354	ZMS1475	337-2	褐色绢聂币	2	3.4×4		
355	ZMS1476	337-2	褐色绢聂币	2	4.1×3.5		
356	ZMS1477	337-2	褐色绢聂币	1	4×3.5		
357	ZMS1478	337-2	褐色绢聂币	1	4×2		
358	ZMS1479	337-2	褐色绢聂币	1	3.2×3.5		
359	ZMS1480	337-2	褐色绢聂币	1	6×4.2		
360	ZMS1481	337-2	褐色绢聂币	1	5.5×2		2 片粘连
361	ZMS1482	337-2	褐色绢聂币	1	5.5×1.5		
362	ZMS1483	337-2	褐色绢聂币	1	4×3		

序号	总号	分类号	文物名称	数量	尺寸（厘米，长 × 宽）	插图号	备注
363	ZMS1484	337−2	褐色绢聂币	1	4 × 2.5		
364	ZMS1485	337−2	褐色绢聂币	1	6 × 3		
365	ZMS1486	337−2	褐色绢聂币	1	5 × 4		
366	ZMS1487	337−2	褐色绢聂币	1	5.5 × 4		
367	ZMS1488	337−2	褐色绢聂币	1	5 × 5		
368	ZMS1489	337−2	褐色绢聂币	1	6.5 × 4		
369	ZMS1490	337−2	褐色绢聂币	1	4.5 × 4		
370	ZMS1491	337−2	褐色绢聂币	1	13 × 4		3 片粘连
371	ZMS1492	337−2	褐色绢聂币	1	17 × 4		5 片粘连
372	ZMS1493	337−2	褐色绢聂币	1	51 × 4		9 片粘连
373	ZMS1494	337−2	褐色绢聂币	1	14 × 5.5		2 片粘连
374	ZMS1495	337−2	褐色绢聂币	1	13 × 5		3 片粘连
375	ZMS1496	337−2	褐色绢聂币	1	15 × 5		4 片粘连
376	ZMS1497	337−2	褐色绢聂币	1	41 × 4.5		8 片粘连
377	ZMS1498	337−2	褐色绢聂币	1	64 × 3.7		14 片粘连
378	ZMS1499	337−2	褐色绢聂币	1	40 × 4.5		7 片粘连
379	ZMS1500	337−2	褐色绢聂币	1	27 × 5	图 4.2.1.2	5 片粘连
380	ZMS1501	337−2	褐色绢聂币	1	27.7 × 4.5	图 4.2.1.2	4 片粘连
381	ZMS1502	337−2	褐色绢聂币	1	41 × 4	图 4.2.1.2	11 片粘连
382	ZMS1507	337−2	褐色绢聂币	2	13.5 × 4		
383	ZMS1508	337−2	褐色绢聂币	2	12 × 5.5		
384	ZMS2091	337−2	朱红色菱形纹罗聂币	1	6.5 × 3.5		
385	ZMS2092	337−2	褐色菱形纹罗聂币	1	6 × 5.5		夹封
386	ZMS2093	337−2	几何纹绒圈锦聂币	1	7.6 × 5.3		夹封

附表3 西边厢竹笥出土聂币统计表（337号或346号）

序号	总号	文物名称	数量	尺寸（厘米，长×宽）	插图号	备注
1	ZMS20	几何纹绒圈锦聂币	4	5.5×3		
2	ZMS22	几何纹绒圈锦聂币	3	8×4		
3	ZMS23	几何纹绒圈锦聂币	1	4.3×3.8		
4	ZMS24	几何纹绒圈锦聂币	9	5.5×2		
5	ZMS25	几何纹绒圈锦聂币	10	5×2.2		
6	ZMS39	褐色菱形纹罗聂币	1	14×6.5		
7	ZMS40	褐色菱形纹罗聂币	1	5×3		
8	ZMS41	褐色菱形纹罗聂币	1	6.5×3		
9	ZMS42	褐色菱形纹罗聂币	1	4×2.5		
10	ZMS43	褐色菱形纹罗聂币	1	6.5×3.5		
11	ZMS44	褐色菱形纹罗聂币	1	3.5×4		
12	ZMS45	褐色菱形纹罗聂币	1	3×3		
13	ZMS46	褐色菱形纹罗聂币	1	4.8×2		
14	ZMS47	褐色菱形纹罗聂币	1	5.4×2.5		
15	ZMS48	褐色菱形纹罗聂币	1	2.5×3		
16	ZMS49	褐色菱形纹罗聂币	1	3.5×2.1		
17	ZMS50	褐色菱形纹罗聂币	1	4×3.2		2块粘连
18	ZMS51	褐色菱形纹罗聂币	1	3.5×2.1		
19	ZMS52	褐色菱形纹罗聂币	1	4×3.2		
20	ZMS53	褐色菱形纹罗聂币	1	5×3.1		
21	ZMS54	褐色菱形纹罗聂币	1	4×2.8		
22	ZMS55	褐色菱形纹罗聂币	1	3.5×3.3		
23	ZMS56	褐色菱形纹罗聂币	1	6×2.7		
24	ZMS57	褐色菱形纹罗聂币	1	4×3.6		
25	ZMS58	褐色菱形纹罗聂币	1	3×1.7		
26	ZMS59	褐色菱形纹罗聂币	1	4.7×3		
27	ZMS60	褐色菱形纹罗聂币	1	3.6×2.3		
28	ZMS61	褐色菱形纹罗聂币	1	4.3×2.3		
29	ZMS62	褐色菱形纹罗聂币	1	4×3.1		
30	ZMS63	褐色菱形纹罗聂币	1	3.5×2.1		
31	ZMS64	褐色菱形纹罗聂币	1	3.4×2		
32	ZMS65	褐色菱形纹罗聂币	1	3.5×1.8		
33	ZMS66	褐色菱形纹罗聂币	1	4×2.7		
34	ZMS67	褐色菱形纹罗聂币	1	5×3		
35	ZMS68	褐色菱形纹罗聂币	1	3×2.8		
36	ZMS69	褐色菱形纹罗聂币	1	3.6×3.1		
37	ZMS70	褐色菱形纹罗聂币	1	3.9×2.5		
38	ZMS71	褐色菱形纹罗聂币	1	4.5×3.8		

序号	总号	文物名称	数量	尺寸（厘米，长 × 宽）	插图号	备注
39	ZMS72	褐色菱形纹罗聂币	1	4.1 × 2.4		
40	ZMS73	褐色菱形纹罗聂币	1	3.8 × 3.5		
41	ZMS74	褐色菱形纹罗聂币	1	7.1 × 3.5		
42	ZMS75	褐色菱形纹罗聂币	1	7.3 × 2.2		
43	ZMS76	褐色菱形纹罗聂币	1	8.2 × 4.6		2 块粘连
44	ZMS77	褐色菱形纹罗聂币	1	3.7 × 1.6		
45	ZMS78	褐色菱形纹罗聂币	1	5.5 × 3.4		
46	ZMS79	褐色菱形纹罗聂币	1	3.7 × 2.1		
47	ZMS80	褐色菱形纹罗聂币	1	6.5 × 2		
48	ZMS81	褐色菱形纹罗聂币	1	4.3 × 2.1		
49	ZMS82	褐色菱形纹罗聂币	1	5 × 4.4		
50	ZMS83	褐色菱形纹罗聂币	1	5.3 × 4.4		
51	ZMS84	褐色菱形纹罗聂币	1	3.7 × 2.7		
52	ZMS85	褐色菱形纹罗聂币	1	4.5 × 3		
53	ZMS86	褐色菱形纹罗聂币	1	4 × 2		
54	ZMS87	褐色菱形纹罗聂币	1	13 × 6		
55	ZMS88	印花敷彩纱聂币	1	6.4 × 4.5		
56	ZMS89	印花敷彩纱聂币	1	6.2 × 2.8		2 块粘连
57	ZMS90	印花敷彩纱聂币	1	4.5 × 2		
58	ZMS91	印花敷彩纱聂币	1	4.3 × 1.8		
59	ZMS92	印花敷彩纱聂币	1	3.5 × 3.1		
60	ZMS93	印花敷彩纱聂币	1	5 × 4.3		
61	ZMS94	印花敷彩纱聂币	1	5 × 4.7		
62	ZMS95	印花敷彩纱聂币	1	6 × 5		
63	ZMS96	印花敷彩纱聂币	1	5 × 1		
64	ZMS97	印花敷彩纱聂币	1	4 × 3		
65	ZMS98	印花敷彩纱聂币	1	5 × 2.6		
66	ZMS99	印花敷彩纱聂币	1	5.7 × 1.4		
67	ZMS100	印花敷彩纱聂币	1	4.7 × 2		
68	ZMS101	印花敷彩纱聂币	1	7 × 2.7		
69	ZMS102	印花敷彩纱聂币	1	5 × 4.2		
70	ZMS103	印花敷彩纱聂币	1	5.7 × 1.7		
71	ZMS104	印花敷彩纱聂币	1	6 × 3.5		
72	ZMS105	印花敷彩纱聂币	1	4 × 3.2		
73	ZMS106	印花敷彩纱聂币	1	5.2 × 4.5		
74	ZMS107	印花敷彩纱聂币	1	5 × 3.8		
75	ZMS108	印花敷彩纱聂币	1	5.3 × 3.1		
76	ZMS109	印花敷彩纱聂币	1	4.3 × 3.8		
77	ZMS110	印花敷彩纱聂币	1	4.8 × 2.7		

序号	总号	文物名称	数量	尺寸（厘米，长 × 宽）	插图号	备注
78	ZMS111	印花敷彩纱聂币	1	4.2×3.7		
79	ZMS112	印花敷彩纱聂币	1	4.5×3		
80	ZMS113	印花敷彩纱聂币	1	5×3.3		
81	ZMS114	印花敷彩纱聂币	1	4×1.7		
82	ZMS115	印花敷彩纱聂币	1	3.5×2.8		
83	ZMS116	印花敷彩纱聂币	1	6×5.2		
84	ZMS117	印花敷彩纱聂币	1	10×4		3 块粘连
85	ZMS118	印花敷彩纱聂币	1	23.5×4		5 块粘连
86	ZMS119	印花敷彩纱聂币	1	11.2×3.4		
87	ZMS120	印花敷彩纱聂币	1	10×4		
88	ZMS121	印花敷彩纱聂币	1	11.4×3.5		
89	ZMS122	印花敷彩纱聂币	1	12×4.5		
90	ZMS123	金银色火焰纹印花纱聂币	1	4.2×2.5		
91	ZMS124	金银色火焰纹印花纱聂币	1	6.5×3.7		
92	ZMS125	金银色火焰纹印花纱聂币	1	4.8×1.2		
93	ZMS126	金银色火焰纹印花纱聂币	1	3.5×1.4		
94	ZMS127	金银色火焰纹印花纱聂币	1	4×3.4		
95	ZMS128	金银色火焰纹印花纱聂币	1	5.4×2.6		
96	ZMS129	金银色火焰纹印花纱聂币	1	5.2×3.6		
97	ZMS130	金银色火焰纹印花纱聂币	1	3.4×2.6		
98	ZMS131	金银色火焰纹印花纱聂币	1	6×3.7		
99	ZMS132	金银色火焰纹印花纱聂币	1	4.2×3.4		
100	ZMS133	金银色火焰纹印花纱聂币	1	4×4.1		
101	ZMS134	金银色火焰纹印花纱聂币	1	5.7×4.6		
102	ZMS137	印花敷彩纱聂币	1	9.5×6.5		2 片粘连；托裱
103	ZMS138	印花敷彩纱聂币	1	7×5.5		
104	ZMS139	金银色火焰纹印花纱聂币	1	5.5×3		托裱
105	ZMS154	几何纹绒圈锦聂币	1	5×3.6		
106	ZMS155	几何纹绒圈锦聂币	1	5.5×3.4		
107	ZMS164	几何纹绒圈锦聂币	1	3.5×2		
108	ZMS165	绢地“信期绣”聂币	1	3.5×3		
109	ZMS166	绢地“信期绣”聂币	1	4.5×3.2		
110	ZMS170	朱红色菱形纹罗聂币	1	11.5×6		2 片粘连
111	ZMS171	朱红色菱形纹罗聂币	1	4.4×4.2		
112	ZMS172	朱红色菱形纹罗聂币	1	8.7×3.5		托裱
113	ZMS173	朱红色菱形纹罗聂币	1	7×3		
114	ZMS174	朱红色菱形纹罗聂币	1	3.2×2		
115	ZMS175	朱红色菱形纹罗聂币	1	3.4×2.8		
116	ZMS176	朱红色菱形纹罗聂币	1	3.8×3		

序号	总号	文物名称	数量	尺寸（厘米，长 × 宽）	插图号	备注
117	ZMS177	朱红色菱形纹罗聂币	1	3 × 2.6		
118	ZMS178	朱红色菱形纹罗聂币	1	2.8 × 2.7		
119	ZMS182	罗地“信期绣”聂币	1	4.3 × 4		
120	ZMS183	绢地“信期绣”聂币	1	5.2 × 3.6		
121	ZMS184	罗地“信期绣”聂币	1	3.9 × 3.6		
122	ZMS335	褐色绢聂币	1	4.4 × 3.5		
123	ZMS336	褐色绢聂币	1	4.5 × 4.3		
124	ZMS337	褐色绢聂币	1	3.9 × 3.6		
125	ZMS338	褐色绢聂币	1	5 × 5.5		
126	ZMS339	褐色绢聂币	1	4 × 4.3		
127	ZMS340	褐色绢聂币	1	5.3 × 2.3		
128	ZMS341	褐色绢聂币	1	4.4 × 4.2		
129	ZMS342	褐色绢聂币	1	5 × 4		
130	ZMS343	褐色绢聂币	1	8 × 3.5		
131	ZMS344	褐色绢聂币	1	5.2 × 3.6		
132	ZMS345	褐色绢聂币	1	5.8 × 4.2		
133	ZMS346	褐色绢聂币	1	5.5 × 4		
134	ZMS347	褐色绢聂币	1	5.5 × 3.8		
135	ZMS348	褐色绢聂币	1	5 × 2.8		
136	ZMS349	褐色绢聂币	1	5.5 × 4.8		
137	ZMS350	褐色绢聂币	1	4 × 4		
138	ZMS351	褐色绢聂币	1	5 × 4.8		
139	ZMS352	褐色绢聂币	1	8 × 3.7		
140	ZMS353	褐色绢聂币	1	5 × 4		
141	ZMS354	褐色绢聂币	1	4.8 × 4.2		
142	ZMS355	褐色绢聂币	1	5.3 × 3.6		
143	ZMS356	褐色绢聂币	1	4 × 3.5		
144	ZMS357	褐色绢聂币	1	4.5 × 3		
145	ZMS358	褐色绢聂币	1	6.2 × 4		
146	ZMS359	褐色绢聂币	1	3.5 × 4		
147	ZMS360	褐色绢聂币	1	5.8 × 3		
148	ZMS361	褐色绢聂币	1	4.8 × 4.5		
149	ZMS362	褐色绢聂币	1	6 × 4		
150	ZMS363	褐色绢聂币	1	6.2 × 3		
151	ZMS364	褐色绢聂币	1	5 × 4.5		
152	ZMS365	褐色绢聂币	1	4 × 3.6		
153	ZMS366	褐色绢聂币	1	4.5 × 3.6		
154	ZMS367	褐色绢聂币	1	5 × 3		
155	ZMS368	褐色绢聂币	1	6.7 × 4		

序号	总号	文物名称	数量	尺寸（厘米，长 × 宽）	插图号	备注
156	ZMS369	褐色绢聂币	1	5.8×4.2		
157	ZMS370	褐色绢聂币	1	4×3.5		
158	ZMS371	褐色绢聂币	1	5×4		
159	ZMS372	褐色绢聂币	1	3.5×2.1		
160	ZMS373	褐色绢聂币	1	3.5×2.2		
161	ZMS374	褐色绢聂币	1	3.3×3.2		
162	ZMS375	褐色绢聂币	1	2.2×2.2		
163	ZMS376	褐色绢聂币	1	10×3.8		
164	ZMS377	褐色绢聂币	1	14×4.6		
165	ZMS378	褐色绢聂币	1	9.8×8.5		
166	ZMS379	褐色绢聂币	1	8.1×7.4		
167	ZMS380	褐色绢聂币	1	10×5.3		
168	ZMS381	褐色绢聂币	1	6.8×5.5		
169	ZMS382	褐色绢聂币	1	6.5×5.5		
170	ZMS383	褐色绢聂币	1	6.5×5.3		
171	ZMS384	褐色绢聂币	1	6.6×5.3		
172	ZMS395	丝织聂币	20	装裱尺寸：41×39		已裱成一页，含信期绣、长寿绣、乘云绣、茱萸纹绣、方棋纹绣、印花敷彩、绢、菱形纹罗、锦聂币
173	ZMS396	菱形纹罗聂币	1	4.5×3.9		
174	ZMS397	菱形纹罗聂币	1	5.3×4.5		
175	ZMS398	菱形纹罗聂币	1	5.8×3.1		
176	ZMS399	菱形纹罗聂币	1	5.1×4.5		
177	ZMS400	菱形纹罗聂币	1	15.5×5.2		
178	ZMS403	菱形纹罗聂币	1	8.5×4		
179	ZMS1600	纱地“信期绣”聂币	1	5×3.2		
180	ZMS1601	几何纹绒圈锦聂币	1	6×4		
181	ZMS3041	绢地“信期绣”聂币	1	3.5×2.4		
182	ZMS3147	菱形纹罗聂币	1	3×2.5		
183	ZMS3313	几何纹绒圈锦聂币	1	5×3		
184	ZMS3314	几何纹绒圈锦聂币	1	4.5×4		
185	ZMS3315	几何纹绒圈锦聂币	1	4.5×4		
186	ZMS3316	几何纹绒圈锦聂币	1	6×3		
187	ZMS3317	几何纹绒圈锦聂币	1	5×3		
188	ZMS3318	几何纹绒圈锦聂币	1	4.2×3		
189	ZMS3319	几何纹绒圈锦聂币	1	2×2.8		

序号	总号	文物名称	数量	尺寸（厘米，长 × 宽）	插图号	备注
190	ZMS3320	几何纹绒圈锦聂币	1	5.5 × 3.5		
191	ZMS3321	几何纹绒圈锦聂币	1	11 × 5.8		
192	ZMS3322	几何纹绒圈锦聂币	1	4.2 × 3.8		
193	ZMS3323	几何纹绒圈锦聂币	1	6 × 2.5		
194	ZMS3324	几何纹绒圈锦聂币	1	6 × 3.2		
195	ZMS3402	印花敷彩纱聂币	1	24 × 4		
196	LMS22	几何纹绒圈锦聂币	1	5 × 3		
197	LMS36	印花敷彩纱聂币	1	3.8 × 3.8		
198	LMS118	朱红色菱形纹罗聂币	2	3 × 2.4		
199	LMS123	朱红色菱形纹罗聂币	1	1.6 × 1.5		
200	LMS124	朱红色菱形纹罗聂币	1	2.2 × 1.4		
201	LMS1001	印花敷彩纱聂币	1	9 × 3		
202	LMS4870	深棕色绢聂币	2	3.7 × 3.3		
203	LMS4871	深棕色绢聂币	1	5.1 × 2.5		
204	LMS4872	菱形纹罗聂币	1	3.7 × 2		
205	LMS4873	棕色绢聂币	1	3.7 × .8		
206	LMS4874	棕色绢聂币	1	5 × 4		
207	LMS4875	棕色绢聂币	1	4.3 × 3.3		
208	LMS4876	朱红色菱形纹罗聂币	1	4.5 × 0.7		2 片粘连
209	LMS4877	朱红色菱形纹罗聂币	1	4 × 2.8		
210	LMS4878	锦聂币	1	2.5 × 1.9		
211	LMS4879	棕色绢聂币	1	5.5 × 5.3		
212	LMS4880	金银色火焰纹印花纱聂币	1	3 × 1.8		
213	LMS4881	棕色绢聂币	1	6.1 × 5.3		
214	LMS4882	菱形纹罗聂币	1	3 × 2.5		
215	LMS4883	金银色火焰纹印花纱聂币	1	5 × 3.7		
216	LMS4930	印花敷彩纱聂币	1	4.7 × 2		
217	LMS4931	印花敷彩纱聂币	1	2.5 × 2.5		
218	LMS4932	印花敷彩纱聂币	1	2.5 × 2.2		
219	LMS4938	绢聂币	6	7 × 6		
220	LMS4940	褐色绢聂币	5	6.7 × 6		

附表 4 西边厢 340 号竹笥出土丝织品统计表

序号	总号	分类号	文物名称	数量	尺寸（厘米，长 × 宽）	重量	边维	经纬密度（根 / 平方厘米）	插图号	备注
1	6269	340–1	绛色菱形纹绮	1	58.2 × 38.5	6.2	0.35	40 × 30	图 4.2.2.23	
2	6262	340–2	藕色方孔纱	1	84 × 47	7.5	0.2	64 × 54	图 4.2.2.11	
3	6230	340–3	绛紫色绢地蚕纹绣	1	61 × 45	12.5	无	84 × 42	图 4.2.2.25	
4	6234	340–4	深棕色绢	1	54 × 49	11.2	1.2	82 × 48	图 4.2.2.1	
5	6232	340–5	绛紫色绢地蚕纹绣	1	54 × 43	9.8	无	88 × 36	图 4.2.2.26	
6	6235	340–8	褐色绢	1	72 × 50	10.7	0.5	112 × 62	图 4.2.2.2	
7	6266	340–11	金银色火焰纹印花纱	1	62 × 47	7.8	0.3	60 × 58	图 4.2.2.13	
8	6238	340–13	黄棕色绢	1	73 × 48.5	7.7	0.7	64 × 26	图 4.2.2.3	
9	6241	340–15	深褐色绢	1	47–48.5 × 47	6.2	无	124 × 56	图 4.2.2.4	
10	6243	340–16	绛紫色绢	1	58 × 48	9.5	0.4	96 × 44	图 4.2.2.5	
11	6255	340–17	褐色菱形纹罗	1	51 × 40	7.2	0.5	96 × 34	图 4.2.2.16	花纹：实 14 枚，虚 13 枚
12	6256	340–18	褐色菱形纹罗	1	67 × 39	7.5	0.5	104 × 34	图 4.2.2.17	花纹：实 13 枚，虚 12 枚
13	6258	340–19	褐色菱形纹罗	1	63.5 × 38	6.3	0.5	104 × 34	图 4.2.2.18	花纹：实 13 枚，虚 14 枚
14	6259	340–20	褐色菱形纹罗	1	60 × 49.5	9.3	0.5	64 × 40	图 4.2.2.19	花纹：实 11 枚，虚 12 枚
15	6257	340–21	褐色菱形纹罗	1	56 × 49.5	8.7	0.5	64 × 40	图 4.2.2.20	花纹：实 11 枚，虚 12 枚
16	6265	340–22	藕色方孔纱	1	61 × 50	4	0.5	58 × 40	图 4.2.2.12	
17	6267	340–24	金银色火焰纹印花纱	1	63 × 48	8.5	0.3	60 × 60	图 4.2.2.14	
18	6271	340–25	黄褐色对鸟菱形纹绮	1	64 × 51	13.2	0.7	100 × 46	图 4.2.2.22	
19	6247	340–26	黄褐色绢	1	57 × 51	17.5	1.2	120 × 40	图 4.2.2.6	
20	6248	340–27	黄褐色绢	1	62.5 × 50	16.7	1	64 × 32	图 4.2.2.7	
21	6254	340–28	褐色菱形纹罗	1	57 × 40	8.5	0.4	96 × 36	图 4.2.2.21	花纹：实纹 14 枚，虚纹 13 枚
22	6275	340–29	褐色花卉纹锦	1	87.5 × 51.5	22.3	0.3	112 × 45	图 4.2.2.24	
23	6249	340–30	黄褐色绢	1	55 × 51	16.5	1.2	116 × 52	图 4.2.2.8	

序号	总号	分类号	文物名称	数量	尺寸（厘米，长×宽）	重量	边维	经纬密度（根/平方厘米）	插图号	备注
24	6250	340−31	黄褐色绢	1	67×50	9.3	1	74×50	图 4.2.2.9	
25	6268	340−32	印花敷彩纱	1	53×47	7	0.3	62×56	图 4.2.2.15	
26	6251	340−34	黄棕色绢	1	77×49	7.8	0.7	62×28	图 4.2.2.10	
27	LMS7021	340−15	扎带残片	2	4×0.6				图 4.2.2.27	
28	LMS7017	340−17	扎带残片	1	7.5×0.5				图 4.2.2.28	
29	LMS7015	340−18	扎带残片	2	4.4×0.5				图 4.2.2.29	
30	LMS7010	340−19	扎带残片	3	8.5×0.5				图 4.2.2.30	
31	LMS7019	340−26	扎带残片	1	7.3×0.6				图 4.2.2.31	
32	LMS7008	340−27	扎带残片	4	9×0.5				图 4.2.2.32	
33	LMS7014	340−28	扎带残片	1	5×0.4				图 4.2.2.33	
34	LMS7020	340−29	扎带残片	2	5×0.5				图 4.2.2.34	
35	LMS7018	340−30	扎带残片	1	8×1				图 4.2.2.35	
36	LMS7016	340−31	扎带残片	2	10×0.5				图 4.2.2.36	
37	LMS7012	340−34	扎带残片	1	8.6×0.3				图 4.2.2.37	
小计：西边厢 340 号竹笥共出土单幅丝织品 26 幅和丝织扎带 11 件（组），其中单幅丝织品包括绢 10 幅、纱 5 幅、罗 6 幅、绮 2 幅、锦 1 幅、刺绣 2 幅。（注：340−6、7、9、10、12、14、23、33 号都是没有卷丝织品的空荻茎。）										

附表 5　西边厢 354 号竹笥出土丝织品统计表

序号	总号	分类号	文物名称	数量	尺寸（厘米，长×宽）	重量	边维	经纬密度（根/平方厘米）	插图号	备注
1	6252	354−1	朱红色菱形纹罗	1	75×48	15	0.1	108×36	图 4.2.3.11	花纹：实 12 枚，虚 11 枚
2	LMS7022	354−1	朱红色菱形纹罗残片	2	3×0.7					
3	6253	354−2	朱红色菱形纹罗	1	72×48	16	0.1	108×36	图 4.2.3.12	花纹：实 12 枚，虚 11 枚
4	6272	354−3	褐色隐花波折纹凤纹锦	1	71×51	22.5	0.6	118×48	图 4.2.3.14	
5	6263	354−4	藕色方孔纱	1	49×45	2.8	0.3	58×54	图 4.2.3.9	
6	6246	354−5	深褐色绢	1	61×50	12.5	0.5	56×44	图 4.2.3.1	
7	6231	354−6	绛紫色绢地蚕纹绣	1	78×45	14.5	0.4	90×42	图 4.2.3.17	
8	6260	354−7	褐色菱形纹罗地“信期绣”	1	54×40	10.7	0.9	80×32	图 4.2.3.18	
9	6264	354−8	藕色方孔纱	1	60×50	3.7	0.4	58×40	图 4.2.3.10	

序号	总号	分类号	文物名称	数量	尺寸（厘米，长×宽）	重量	边维	经纬密度（根/平方厘米）	插图号	备注
10	6273	354-9	深褐色地绛红色几何纹锦	1	60×49.5	21	0.6–0.8	126×48	图 4.2.3.15	
11	6236	354-10	深褐色绢	1	59×49.5	11.5	0.6	84×52	图 4.2.3.2	
12	6237	354-11	深褐色绢	1	62×49	16.8	0.6	84×50	图 4.2.3.3	
13	6274	354-12	褐色隐花波折纹凤纹锦	1	84×64	23	0.7		图 4.2.3.16	
14	6239	354-13	黄褐色绢	1	60×48	12.3	0.9	72×30	图 4.2.3.4	
15	6240	354-14	深褐色绢	1	62×48	12.7	0.6	80×62	图 4.2.3.5	
16	6242	354-15	深褐色绢	1	63×50	10.3	0.5	102×46	图 4.2.3.6	
17	6244	354-16	黄褐色绢	1	77×49	6.8	1.1	60×24	图 4.2.3.7	
18	6245	354-17	深褐色绢	1	63×50	14.3	0.7	57×32	图 4.2.3.8	
19	6261	354-18	褐色菱形纹罗地“信期绣”	1	58×40	11.7	0.5–0.9	80×32	图 4.2.3.19	
20	6270	354-19	绛色菱形纹绮	1	57×38.5	6.3	0.5	40×30	图 4.2.3.13	
21	6233	354-20	黄褐色绢地“信期绣”	1	50×49.5	14.7	0.8	100×56	图 4.2.3.20	
22	LMS7007	354-11	扎带残片	1	4.5×0.4				图 4.2.3.21	
23	LMS7013	354-16	扎带残片	1	8.5×0.2				图 4.2.3.22	
24	LMS7011	354-18	扎带残片	1	7.8×0.3				图 4.2.3.23	
25	LMS7009	354-20	扎带残片	1	4.2×1.2				图 4.2.3.24	
小计：西边厢 354 号竹笥共出土单幅丝织品 20 幅、丝织扎带 4 件和从 354-1 朱红菱形纹罗上掉落的残片 1 组，其中单幅丝织品包括绢 8 幅、纱 2 幅、罗 2 幅、绮 1 幅、锦 3 幅、刺绣 4 幅。										

附表 6 西边厢 329 号竹笥出土丝织品统计表

序号	总号	分类号	文物名称	数量	尺寸（厘米）	经纬密度（根 / 平方厘米）	插图号	备注
1	6296	329-1	绛紫色绢单裙	1	高 87，腰宽 145，下摆宽 193	68×50	图 4.3.1.1	
2	6297	329-2	银褐色绢单裙	1	高 87，腰宽 143，下摆宽 158	84×30（裙身） 58×29（裙腰）	图 4.3.1.2	
3	6301	329-3①②	褐色绢袜	1	底长 23.4，靿长 22.5	94×52（绢面） 54×28（绢里）	图 4.3.1.3	
4	6302	329-4①②	绛紫色绢袜	1	底长 23，靿长 21	82×36（绢面） 76×32（绢里）	图 4.3.1.4	
5	6276	329-5	曲裾素纱单衣	1	衣长 160，两通袖长 195，袖口宽 27，腰宽 48，下摆宽 49，领缘宽 7，袖缘宽 5	62×62（纱面） 66×46（绢缘）	图 4.3.1.5	重 48 克
6	6277	329-6	直裾素纱单衣	1	衣长 128，两通袖长 190，袖口宽 30，腰宽 49，下摆宽 50，领缘宽 5.5，袖缘宽 5.5	62×62（纱面） 86×38（绢里）	图 4.3.1.6	重 49 克
7	6295	329-7	褐色绢袍缘	1	全长 348，袖口宽 28	138×70	图 4.3.1.8	
8	6286	329-8	朱红色菱形纹罗丝绵袍	1	衣长 140，两通袖长 245，袖宽 36，袖口宽 25，腰宽 52，下摆宽 58，领缘宽 21，袖缘宽 35，摆缘宽 29	120×70（绢缘、绢里） 88×32（罗面）	图 4.3.1.9	
9	6278	329-9	白绢曲裾单衣	1	衣长 140，两通袖长 232，袖口宽 25，腰宽 50，下摆宽 75，领缘宽 20，袖缘宽 32		图 4.3.1.7	
10	6287	329-10	褐色菱形纹罗地“信期绣”丝绵袍	1	衣长 150，两通袖长 250，袖宽 37，袖口宽 28，腰宽 60，下摆宽 67，领缘宽 23，袖缘宽 33，摆缘宽 28	102×66（绢里） 96×34（罗面）	图 4.3.1.10	
11	6288	329-11	茶黄色菱形纹罗地“信期绣”丝绵袍	1	衣长 155，两通袖长 243，袖宽 35，袖口宽 27，腰宽 60，下摆宽 70，领缘宽 28，袖缘宽 30，摆缘宽 28	130×82（绢缘） 98×46（绢里） 120×38（罗面）	图 4.3.1.11	
12	6291	329-12	印花敷彩黄纱丝绵袍	1	衣长 130，两通袖长 250，袖宽 39，袖口宽 25，腰宽 51，下摆宽 66，领缘宽 20，袖缘宽 44，摆缘宽 37	62×44（纱面） 60×50（纱领） 128×54（绢缘） 52×34（绢里）	图 4.3.1.12	

序号	总号	分类号	文物名称	数量	尺寸（厘米）	经纬密度（根 / 平方厘米）	插图号	备注
13	6292	329-13	印花敷彩黄纱丝绵袍	1	衣长 132，两通袖长 228，袖宽 38，袖口宽 28，腰宽 54，下摆宽 74，领缘宽 20，袖缘宽 30，摆缘宽 37	64×52（纱面） 134×50（绢缘） 70×38（绢里）	图 4.3.1.13	
14	6293	329-14	印花敷彩绛红色纱丝绵袍	1	衣长 130，两通袖长 236，袖宽 41，袖口宽 30，腰宽 48，下摆宽 57，领缘宽 18，袖缘宽 29，摆缘宽 38	60×46（纱面） 122×56（绢缘） 74×40（绢里）	图 4.3.1.14	
小计：西边厢 329 号竹笥共出土丝织品服饰 14 件，其中袍 6 件、单衣 3 件、裙 2 件、袜 2 件、袍缘 1 件。								

附表 7　西边厢 357 号竹笥出土丝织品统计表

序号	总号	分类号	文物名称	数量	尺寸（厘米）	经纬密度（根 / 平方厘米）	插图号	备注
1	6284	357-1	褐色菱形纹罗丝绵袍	1	衣长 140，两通袖长 238，袖宽 39，袖口宽 24，腰宽 63，下摆宽 80，领缘宽 20，袖缘宽 30，摆缘宽 28	102×74（绢缘） 70×60（绢里） 120×40（罗面）	图 4.3.2.1	
2	6289	357-2	褐色菱形纹罗地“信期绣”丝绵袍	1	衣长 150，两通袖长 240，袖宽 34，袖口宽 28，腰宽 57，下摆宽 63，领缘宽 20，袖缘宽 34，摆缘宽 31	102×66（绢缘） 52×34（绢里） 96×34（罗面）	图 4.3.2.2	
3	6290	357-3	绛紫色绢地“长寿绣”丝绵袍	1	衣长 130，两通袖长 232，袖宽 30，袖口宽 24，腰宽 58，下摆宽 66，领缘宽 20，袖缘宽 26，摆缘宽 30	130×60（绢面） 86×42 （绢缘、里）	图 4.3.2.3	
4	6285	357-4	褐色菱形纹罗丝绵袍	1	衣长 136，两通袖长 240，袖宽 30，袖口宽 24，腰宽 58，下摆宽 66，领缘宽 20，袖缘宽 30，摆缘宽 28	96×60（绢缘） 70×60（绢里） 120×40（罗面）	图 4.3.2.4	
5	6294	357-5	绢面丝绵袍	1	衣长 160，袖宽 23，袖缘宽 29，摆缘宽 30	53×44（绢面） 56×30（绢里）	图 4.3.2.5	残破严重
小计：西边厢 357 号竹笥共出土丝织品服饰 5 件，均为丝绵袍。								

图书在版编目（CIP）数据

马王堆一号汉墓纺织品. 第一卷/ 湖南博物院编，喻燕姣主编；李明洁著.—长沙：岳麓书社，2024.7
（长沙马王堆汉墓文库）
ISBN 978-7-5538-2064-4

Ⅰ. ①马… Ⅱ. ①湖… ②喻… ③李… Ⅲ. ①马王堆汉墓－纺织品－研究 Ⅳ. ①K876.94

中国国家版本馆CIP数据核字(2024)第087938号

马王堆一号汉墓纺织品（第一卷）
MAWANGDUI YI HAO HAN MU FANGZHIPIN（DI-YI JUAN）

编　　者：湖南博物院
主　　编：喻燕姣
著　　者：李明洁
文物摄影：刘　琦　湖南博物院数据中心

出 版 人：崔　灿
出版统筹：王文西
责任编辑：邱建明　包文放　鲁云云
助理编辑：庞若溪
责任校对：舒　舍
装帧设计：帧艺坊文化

岳麓书社出版发行
地　　址：湖南省长沙市爱民路47号
直销电话: 0731-88804152　0731-88885616
邮　　编: 410006

版　　次：2024年 7 月第1版
印　　次：2024年 7 月第1次印刷
开　　本：787 mm × 1092 mm　1/16
印　　张：22.75
字　　数：430千字
书　　号：ISBN 978-7-5538-2064-4
定　　价：298.00元
承　　印：雅昌文化（集团）有限公司
地　　址：深圳市南山区深云路19号
电　　话：0731-88884129（如有印装质量问题，请与本社印务部联系）